MARKET **MOVER**

시장을 움직이는 손

MARKET MOVER

시장을 움직이는 손

로버트 그리필드 지음 | 강성실 옮김

MARKET
MOVER

아이템하우스

로버트 그리필드가 전하는
위기에서 살아남기 위한
혁신과 전략의 여섯 가지 명제!

2003년 로버트 그리필드는 나스닥의 최고경영자 자리를 제안 받는다. 당시 나스닥은 거래 전산화 바람으로 시대에 뒤처질 위기에 놓여 휘청거리고 있는 증권 거래소였다. 금융 기술 기업가인 그리필드는 월스트리트의 전통적인 엘리트 세계 밖에서 최초로 영입된 CEO가 되었다. 그는 도전을 적극적으로 받아들였다.

닷컴 거품 붕괴와 경제 역풍, 기술 파괴, 미국 주택 시장 붕괴, 국제적 주식 폭락이 일어나는 상황에서도 그리필드의 임기 중 나스닥의 시장 가치는 2,000퍼센트 이상 상승했다. 나스닥은 애플, 마이크로소프트, 구글, 스타벅스, 아마존과 같은 고성장 기업들을 상장사로 보유하고 있는 세계 최고의 증권 거래소 중 하나로 성장했으며, 6개 대륙에 걸쳐 거래소 분야의 선두주자가 되었다.

이 책에서 그리필드는 미래의 경영자들을 위해 '위기에서 살아남기 위한 혁신과 전략의 여섯 가지 명제'를 다음과 같이 제시하고 들려준다.

◆ 기업의 전환기에 어떻게 조직원들을 선별할 것인가?
◆ 유능한 경영진을 어떻게 만들 것인가?
◆ 조직의 유전자에 어떻게 혁신 인자를 심을 것인가?
◆ 대외 홍보 관계의 위기 상황에 어떻게 대처할 것인가?
◆ 인수 기회를 어떻게 면밀하게 평가할 것인가?
◆ 전환기에 어떻게 시장을 추월할 것인가?

나스닥은 미국의 위대한 양대 경제 엔진인 월스트리트와 실리콘밸리 사이의 중요한 연결 고리라 할 수 있다. 《시장을 움직이는 손》은 이 상징적 조직을 들여다 볼 수 있는 창을 제공하며 모든 업계에서 변화를 도모하는 사업가들에게 소중한 직관을 선사한다.

Robert Greifeld
Chief Executive Officer

목차

들어가기 --- 004

CHAPTER 01
나스닥과의 운명적인 만남 --------------------------------------- 009
◆ 미래의 시장 ◆ 나스닥 첫 출근

CHAPTER 02
사람이 우선이다 --- 029
◆ 버스에 누구를 태울 것인가?
◆ 문화가 바뀌면 그에 맞는 새로운 인재들이 필요하다
◆ 좋은 인재들을 가졌다면 그들의 말을 경청하라
◆ 채용 실수에 미련을 가지지 마라

CHAPTER 03
선별 작업 --- 059
◆ 돈이 새는 구멍 ◆ 경영자의 직감
◆ 당신의 주력 사업은 얼마나 건전한가?
◆ 변화하는 시장 ◆ 방어에서 공격으로

CHAPTER 04
승자를 인수하라 --- 085
◆ 무법 거래자들의 아일랜드 ◆ 감수할 가치가 있는 위험
◆ 균형 잡기 ◆ 지하실에서 임원실로

CHAPTER 05
애플에서 질로까지 -- 112
◆ 비즈니스에서 고려해야 할 인간적인 요소 ◆ 변화하는 경쟁구도
◆ 커피 한 잔 더 ◆ 차기 대통령 ◆ 과거와 미래의 자본주의자

CHAPTER 06
정치 교육 --- 139
◆ 정계 알아가기 ◆ 로비는 곧 교육이다
◆ 공평한 경쟁의 장 만들기 ◆ 불완전한 발전

CHAPTER 07
글로벌 기업으로의 약진--------------------------------------167
◆ 새벽의 기습 ◆ 사업은 개인의 일이 아니다 ◆ 추운 날씨 속의 따뜻한 협상
◆ 국제 거래 체결의 험난한 모험 ◆ 결승선

CHAPTER 08
성장을 위한 투쟁--193
◆ 인수 타당성 평가하기: 네 가지 위험 요소 ◆ 바이킹을 찾아서
◆ 학습된 지식 vs 산지식 ◆ 글로벌 기업 경영
◆ 부서 이기주의를 없애라 ◆ 먹구름 낀 하늘

CHAPTER 09
사상 최대의 경제 위기------------------------------------216
◆ 대 신용 경색 시대 ◆ 규제할 것인가 말 것인가
◆ 레버리지의 위험성 ◆ 메이도프 사기 사건

CHAPTER 10
또다시 달아난 기회---------------------------------------249
◆ 주의를 끄는 '판매 중' 표지판 ◆ 법무부와의 줄다리기
◆ 속 쓰린 뒷이야기 ◆ 한 시대의 종언

CHAPTER 11
페이스북 기업 공개 소동-----------------------------------274
◆ 시스템 오작동 분석 ◆ 고객의 마음을 되돌려라 ◆ 이 주의 패배자
◆ 행운 부적 ◆ 책임 떠안기 ◆ 장기적 여파 ◆ 거북이를 닮으라

CHAPTER 12
혁신을 제도화하기--308
◆ 기술 프랜차이즈 만들기 ◆ 재능 위원회
◆ 블록체인과 유니콘의 부상 ◆ 플래시 보이스와 속도 추구

CHAPTER 13
뒤돌아보지 마라--337
◆ 승계 작업 ◆ 마지막 건배

CHAPTER 1

나스닥과의 운명적인 만남

◆

나스닥, 신임 최고경영자로 로버트 그리필드 선임
〈월스트리트 저널〉, 2003년 4월 16일

아무리 서둘러도 이미 늦었다

2003년 5월, 내가 나스닥(Nasdaq)의 최고경영자(CEO) 자리에 올랐을 때 줄곧 머릿속을 떠나지 않았던 생각이었다. 나는 30년의 역사 동안 가장 불안한 시기를 지나가고 있었던 위기의 미국 최대 금융기관에 돌파구를 마련할 전환점을 만들기 위해 채용되었다. 이 자리는 내가 원하던 자리가 아니었기 때문에 나는 면접을 보는 것조차 주저했다. 나스닥 조직이 안고 있는 문제가 무엇인지 이미 알 만큼은 알고 있었기 때문에 그곳이 내가 정말 일하고 싶은 곳인지 스스로 의문을 제기할 수밖에 없었다. 하지만 나는 도전을 거부하는 사람은 아니었다. 막상 나스닥 건물에 발을 들여놓자 채용 기회가 이미 물 건너 간 건 아닌지 궁금해지기 시작했다.

그해 나스닥에 입사하기 전 나는 금융업계에 소프트웨어와 서비스를 제공하는 대기업인 선가드 데이터 시스템즈(SunGard Data Systems)에 채용되어 만족스럽게 일하고 있었다. 그리고 그 전에는 ASC의 공동 대표이자 소프트웨어 사업가이기도 했다. ASC는 선가드에 매각되었고, 선가드가 실행한 기업 인수 중 두 번째로 큰 규모였다. 나는 빠른 속도로 승진해 연간 10억 이상의 매출을 올렸고, 수천 명의 직원들을 거느리는 여러 자회사들을 책임지는 부사장이 되었다. 이 업계는 매우 빠른 속도로 움직이는 흥미로운 분야였고, 나는 내 일을 사랑했다. 새로운 기술을 구축하는 일은 매우 창조적이고 성취감이 높은 활동이다. 나는 항상 진심으로 소프트웨어 관련 일을 사랑했다. 그 일을 할 때는 마치 우리가 무엇이든 창조해낼 수 있는 자유가 있는 것처럼 느껴졌기 때문이다. 그래서 헤드헌팅 업체에서 처음에 내게 전화해 나스닥이 새로운 CEO를 찾고 있다고 말했을 때 나는 우쭐해지기도 했지만 한편으로 망설여지기도 했다. 이 모든 소프트웨어 관련 일을 뒤로하고 나스닥처럼 통제가 심하고 심각한 문제를 안고 있는 조직으로 옮겨가는 것이 과연 내가 진심으로 원하는 것일까? 그것도 나스닥에 견줄 만큼 이름 있는 회사를 마다하고 말이다.

"아, 잘 모르겠네요. 그건 제 분야가 아니라서요. 저는 기술 전문가이지 주식 거래 전문가는 아닙니다. 게다가 나스닥은 문제가 많은 곳이잖아요"라고 나는 정색하며 헤드헌터에게 말했다.

그 정도는 나로선 절제해서 표현한 것이었다. 2003년 나스닥은 휘청거리고 있었다. 닷컴 기업들의 파산으로 신규 상장 시장(initial public offering)

도 위험수위에 다다라 있었다. 불과 몇 년 전만 해도 금융계의 샛별로 떠올랐던 유망 기술주들이 그 빛을 잃고 가치가 폭락한 것이다. 또한 나스닥은 통제된 비영리 기관에서 영리를 추구하는 기업으로 발돋움하는 데 어려움을 겪고 있기도 했다. 나스닥은 돈을 잃어가고 있었다. 시장이 팽창하던 시기였던 1990년대에 나스닥은 거래량의 지속적인 증가와 그에 비례해 발생하는 수익 덕분에 주식 거래자들이 가장 좋아하는 플랫폼으로 떠올랐다. 하지만 이제는 옛말이 되어 버렸다.

　나스닥이 곤경에 처하게 된 상황은 공격자가 피해자의 입장으로 전락하는 전형적인 이야기와 다름없었다. 30년 된 주식 거래소인 나스닥은 한때 기술적 혁신의 표상이었고 세계 최초의 가상 주식시장이었다. 증권 거래소들은 전통적으로 '트레이딩 플로어' 모델을 채택했다. 아마 영화에서 본 적이 있을 것이다. 주식 거래자들이 소리지르며 협상하고 수신호를 보내는 모습은 마치 록 콘서트장의 무대 바로 앞에서 팬들이 손짓하는 모습과 흡사해 보이는 황홀한 광경이다. 소기업들을 위한 주식 거래소들도 있다. 전화 거래가 주를 이루는 장외거래시장이 바로 그것인데, 이들의 비중은 크지 않고 그다지 많은 규제를 받지도 않는다. ※**나스닥**은 바로 이러한 장외거래시장의 질서와 공정성을 위해 1971년에 설립된 것이다. 나스닥은 일종의 가상 트레이딩 플로어로서, 주가를 보여주는 중앙 집중 시스템이라 할 수 있다. 전국의 주식 중개인

※ (Nasdaq)은 원래 National Association of Securities Dealers Automated Quotation System(미국증권업협회 시세 자동 표시 시스템)의 앞 글자를 따서 붙여진 이름이다.

과 거래자들은 더 이상 주가를 알아보기 위해 주식 시세 동향 일보를 보거나 전화를 걸 필요가 없어졌다. 이제 그들은 한곳에서 실시간으로 주식 시황을 확인할 수 있게 되었다. 실시간으로 주식 시세 정보를 얻기 위해 끊임없이 전화 통화를 하지 않아도 되었으며 ※'마켓메이커'라 불리는 나스닥의 중개인들은 실제 거래를 실행할 때에만 전화기를 사용하면 되었다.

90년대 장기 호황이 지속되는 흥분 속에서 나스닥은 큰 발전을 일구어냈다. 미국의 모든 증권시장들이 뉴욕 증권 거래소(New York Stock Exchange(NYSE))보다 못한 대우를 받았던 때가 있었다. 하지만 20세기의 마지막 10년간 나스닥은 시스코, 마이크로소프트, 델, 애플, 인텔과 같은 신흥 기술 기업들의 성장을 지원했다. 이 기업들 중의 대다수는 주요 벤처 자본가의 투자를 받기가 어려웠다. 뉴욕 증권 거래소에서도 검증되지 않은 신생 기업들을 상장시켜 주지 않던 시절, 나스닥을 통해 자금을 조달해 소규모로 시작한 기업들이다. 나스닥은 그들이 유일하게 의지할 수 있는 곳이었고, 그 결과 나스닥은 수백의 유망주들을 길러낸 공개 시장의 대부가 된 것이다. 물론 그 기업들 모두가 살아남은 것은 아니었지만 그들 중 일부는 세상을 바꾸어 놓기도 했다. 그리고 그들이 국가 혹은 세계적 선두 기업으로 성장하고 더 막강해짐에 따라

※**마켓메이커**(나스닥 중개인)는 매수자와 매도자를 연결해 주거나 재고자산에서 주문을 처리해 주는 중재자 역할을 했다. 일반적으로 나스닥 장외거래시장의 거래량이 많지 않은 것을 감안했을 때, 마켓메이커들은 증권시장에서 윤활유 역할을 했다. 그래서 그들이 없었다면 거래되기 힘든 거래를 성사시켰으므로 시장이 원활히 굴러가는 데 없어서는 안 될 존재들이었다. 그들은 서비스를 제공한 대가로 보통 '매수 가격(사는 사람이 지불하고자 하는 가격)'과 '매도 가격(파는 사람이 수용할 수 있는 가격)'의 차액에서 소액의 수수료를 가져갔다.

> "나스닥이라는 브랜드가 성공과 기술,
> 세계화의 전 세계적 지표가 된 것이다."

나스닥에 대한 그들의 충성심도 계속 이어졌다. 미국 경제의 중심이 동부와 중서부의 공장 산업에서 서부의 뜨거운 태양이 내리쬐는 실리콘밸리로 급속도로 방향 전환이 이루어지게 되자 나스닥은 가장 큰 수혜자가 되었다. 나스닥이라는 브랜드가 성공과 기술, 세계화의 전 세계적 지표가 된 것이다.

90년대 후반 경기 호황이 거품이었음이 드러날 즈음 나스닥은 번창을 이어가고 있었다. '이상 과열' 현상이 빚어낸 골드러시의 흥분 속에서 인터넷 사업으로 부자가 될 수 있다는 믿음이 수많은 신생 기업들을 온라인 비즈니스 모델 사업에 뛰어들게 했다. 인터넷 상에서 마케팅 메시지에 노출되는 고객의 수만 충분하면 사업에 승산이 있었고, 투자자들도 이미 온라인 비즈니스 사업의 매력에 빠져 있는 것 같았다. 아마존과 같은 몇몇 기업들은 기대를 훨씬 뛰어넘는 성공을 거두었고, 세계 경제를 떠받치는 기둥으로 성장했다. 그리고 훨씬 더 많은 수의 기업들이 하늘 높은 줄 모르고 기업 가치가 치솟았다가 결국에는 처참한 최후를 맞이했다고 기억된다. 이토이즈(eToys)나 펫츠닷컴(Pets.com)이 대표적인 예다. 나스닥은 그 모든 것의 중심에 있었다. 불과 10년 전까지만 해도 상상도 할 수 없었던 국제 온라인 상거래, 주식 투기, 부의 창출과 같은 새로운 가능성의 문을 연 것이다. 사실상 나스닥이 없이는 닷컴 기업들의 호황은 불가능했다고 해도 과언이 아니다.

1999년 한 해에만 나스닥 종합주가지수(거래소에 상장된 수천 개 주식들의 가중지수)는 거의 86% 상승했다. 그러나 나스닥이라는 이름이 한층 더 명성을 얻게 되자 새로운 혁신 세력들이 나타나며 나스닥은 서서히 위험에 직면하게 되었다.

나도 그 혁신 세력들 중 하나였다. 지금은 '핀테크'라고 알려져 있는 금융 기술업계의 사업가로서 나는 ASC의 초기 전자 주식 거래 시스템(ECNs) 중 하나를 만들었다. 전자 주식 거래 시스템은 컴퓨터 기반의 주식 거래 시스템으로, 주식 시세를 보여주는 것뿐만 아니라 전자 방식으로 매수자와 매도자를 연결해주고 주문을 처리하기도 했다. 나스닥의 시스템에서는 매수 호가와 매도 호가를 스크린을 통해 바로 바로 확인할 수는 있었지만 중개인이 없이는 거래가 이루어지기 어려웠다. 고객들은 거래를 성사시키기 위해 여전히 수화기를 들어야만 했다. 실제로 나스닥의 트레이딩 데스크는 개장 벨이 울리면 끊임없이 전화벨이 울려대고 거래자들은 헤드셋에 대고 소리를 지르는 등 뉴욕 증권 거래소를 방불케 할 만큼 소란스러웠다. 그런 와중에 전자 주식 거래 시스템이 등장해 고객이 직접 거래시장에 접근해서 더 저렴한 비용으로 더 신속하게 거래할 수 있도록 거래의 마지막 단계를 자동화한 것이다. 시스템은 모두 디지털 방식으로 이루어졌고 미래는 바로 여기에 있었다. 아직 모두에게 동등하게 주어지는 조건은 아니었지만 (저술가 윌리엄 깁슨(William Gibson)의 표현을 빌자면) 우리 주변에 있는 주식 거래소에서도 이러한 변화가 가까운 미래에 일어날 것이다. 전자 주식 거래 시

> "전자 주식 거래 시스템은 서서히 영향력을 넓혀가며 매매 활동이 활발한 주식시장에서 점유율을 높여가고 있었다."

템은 서서히 영향력을 넓혀가며 매매 활동이 활발한 주식시장에서 점유율을 높여가고 있었다.

전자 주식 거래 시스템은 사실상 온라인 중개업, 데이트레이딩(일중 매매거래), 그 밖의 비전통적인 방식의 주식 거래 활동들이 부상함으로써 주식 거래자들이 다른 시장으로 흘러갔을 수도 있었던 주문을 나스닥 주식 거래소로 집중시켜 막대한 주문량을 발생시킨 것이었다. 물이 넘치면 아래로 흐르는 것처럼 이러한 흐름은 새로운 거래 방식에 대한 요구를 낳았다.

새로운 거래 흐름은 전통적인 거래소들을 압도했고, 확장된 나스닥의 거래 풍경에 새로운 길을 만들어냈다. 갑작스럽게 주문량이 증가함에 따라 전자 주식 거래 시스템은 속도와 유연성이 강조되는 거래시장에서 실시간으로 거래 정보를 제공함으로써 그 위상이 높아졌다. 이 시스템은 온라인 방식의 플랫폼으로, 이 새로운 스타일의 플랫폼은 항상 열려 있는 국제적인 플랫폼이었다. 주식 거래의 분권화와 민주화가 대대적으로 진행되게 되었던 것이다. 누구라도 나서서 해야 할 일이었고, 전자 주식 거래 시스템이 그 혁명을 가능하게 한 것이다.

ASC는 1999년에 높은 가격에 매각되었다. 하지만 경기 호황이 지속되면서 2000년까지 평가 가치가 치솟는 것을 바라보며 나는 너무 서

> "나스닥은 매일 더 작고 더 가볍고 더 민첩한
> 새로운 실험적인 배에게 추월당하고 있었다."

둘러 매각한 것과 평생에 한 번 올까 말까 한 강세 장에서 기업 공개를 하지 않은 것을 애석해하기도 했다. 그러나 2003년이 되면서 그런 생각은 사라졌다. 파티는 끝이 났고 그 뒤에 찾아온 숙취는 보기 좋은 모습이 아니었다. 언제나 한 해 늦게 파는 것보다 한 해 일찍 파는 편이 더 나은 법이다.

나스닥의 입장에서는 애초에 주식시장 폭락은 문제가 아니었다. 시장 변동성과 주식 거래량의 증가는 주식시장으로서는 오히려 좋은 일이기 때문이다. 그리고 곧이어 발생한 닷컴 기업들의 파산 여파로 시장 변동성은 더 커지고 주식 거래량도 더 증가했다. 하지만 신규 상장 시장이 황폐해지고 경기가 회복될 기미를 보이지 않자 나스닥에 깊숙이 내재되어 있었던 문제들이 하나둘 불거져나오기 시작했다. 전설적인 투자자 워런 버핏(Warren Buffett)은 "썰물이 빠지고 난 뒤에야 누가 벌거벗고 헤엄치고 있었는지 알 수 있다"고 말했다. 역설적이게도 나스닥의 문제는 나스닥만의 특화된 분야였던 '기술'에 있었다.

한층 업그레이드 된 새롭고 발빠른 전자 주식 거래 시스템은 한때 혁신적이라는 평가를 받았던 나스닥의 시스템을 뛰어넘었다. 점점 더 많은 매매 활동이 전통적인 중개인 시장에 등을 돌렸다. 나스닥은 경쟁력을 잃어가고 있었고 새로운 세기에 변방으로 밀려날 위험에 처해 있었다. 마치 위엄 있는 거대 전함처럼 나스닥은 견고하고 회복력이 좋게 안정적으로 설계되어 있었다. 여전히 시장의 중심에서 관심을 받고 있긴 했지만 속도가 중시되는 현재의 전투에는 적합하지 않았다. 나스닥은 매일 더 작고 더 가볍고 더 민첩한 새로운 실험적인 배에게 추월당하고 있었다. 나스닥의 전함은 머지않아 침몰할 위기에 놓여 있었다.

미래의 시장 ─────────────────────────●

한 시대의 시장을 보면 그들이 누구인지, 무엇을 잘했는지, 어떤 혁신을 추구하고 사회에 구현하려고 했는지 등 그 시대의 문명에 대해 많은 것들을 배울 수 있다. 고대 사회에서 시장은 상품과 서비스, 문화, 생각을 사고파는 상인들의 중심지였다. 반면 현대 사회에서는 시장이 대중적이면서도 개인적이고 현실적이면서도 가상적인 것으로 진화하고 확장되었다. 지금도 여전히 우리는 어떤 일이 벌어졌고 다음에는 또 어떤 일이 벌어질 것인지 알고 싶을 때 시장으로 눈을 돌린다. 시장은 하나의 문화가 어떻게 변화하며 진화하고 있는지 보여주는 거울이기 때문이다. 종종 역사적인 사건과 혁신은 시장에서 시작된다. 역사적으로 가장 영향력 있는 시장으로는 베니스의 리알토(14세기), 터키의 그랜드바자르(17세기), 네덜란드의 암스테르담 증권 거래소(17세기), 뉴욕 증권 거래소(20세기) 등이 꼽힌다. 21세기가 밝았을 때 나스닥은 정보화시대를 이끄는 시장으로 이들 대열에 합류할 준비가 된 것처럼 보였다. 하지만 2003년이 되자 그러한 열망은 물거품이 되고 말았다.

나는 나스닥의 문제에 대해 단지 신문에서만 읽은 것이 아니었다. 거의 매일 그 문제들을 해결하려고 노력하는 직접적인 경험을 가지고 있었다. ASC의 주요 상품은 나스닥의 트레이딩 데스크들의 통합을 위해 설계된 거래 주문 관리 시스템이었다. 그리고 나는 직업상 나스닥에서 일하는 많은 사람들과 지속적인 관계를 맺고 있었다. 그 일은 한마디로 지난한 과정이었다. 일이 완료되는 데에는 엄청난 시간이 소요됐다. 나스닥은 반응이 없거나 늑장을 부렸고 독점적 성향을 가지고 있었다. 직원들은 동기 부여가 부족했고 무관심해 보였다. 내가 보기에 그곳은 형편없는 관료주의의 전형적인 특징들을 모두 가지고 있었다. 나스닥의 그런 모습은 우체국에서 근무하셨던 아버지께서 들려주셨던 이야기를 떠오르게 했다. 분명한 것은 누가 나스닥의 CEO가 되든 나스닥의 기술을 최신화하고 경쟁력을 갖추는 것보다 훨씬 많은 일을 해야 할 필요가 있다는 것이었다. 문화적 쇄신 또한 절실히 요구됐다.

헤드헌팅 업체의 전화를 받았을 때 이러한 생각들이 내 머릿속을 맴돌았다. 나를 CEO로 고려해 주는 것은 영광이었지만 나스닥이 현재 운영되고 있는 상황을 잘 알고 있는 나로서는 그 기회를 잡고 싶은 열망이 한풀 수그러들 수밖에 없었다. 나는 그 자리에 대한 환상이 전혀 없었다. 이것이 나의 다음 행보로 적절한 것인가? 지금 내가 하고 있는 성장산업 기업의 흥미로운 일을 부담이 만만치 않은 기업의 일과 진정 맞바꿔도 되는 것일까? 물론 나는 선가드에서 평생 일할 마음은 없었다. 그보다는 스타트업을 경영하는 등 사업가로서의 새로운 도전을 꿈꾸고 있었다. 어려움을 겪고 있는 전통 있는 회사에 뛰어드는 것은 내가 생각했던 직장 구도가 아니었다. 더욱이 나스닥은 내가 경영했던 회사보다 실제로는 더 소규모로 운영되고 있었다. 그럼에도 국제 경제 사회에서 나스닥의 브랜드 인지도와 영향력은 그 조직원의 숫자를 무색하게 만들고도 남을 정도로 대단했다.

나스닥과 개인적인 인연도 있었다. 사실 나는 나스닥에 관해 졸업 논문을 쓴 바 있다. 기술이 주식 거래 세계에서 사람들 사이의 역학 관계를 어떻게 바꾸고 있는지를 고찰하는 내용이었다.

나스닥에서 일자리를 제안하는 전화가 온 것이 운명이었을까? 나는 어떻게 해야 좋을지 몰랐다. 문제가 무엇이었든 나스닥은 세계적인 아이콘이었다. 그런 조직에서 부르는 일은 흔히 있는 일이 아니다. 헤드헌팅 업체에서 다시 연락이 왔을 때 나는 면접 요청을 받아들였다. 그것은 특별한 기회였고, 나는 나스닥을 21세기의 본질적 의미를 실현하는 시장으로 변모시키는 일에 참여하고 싶었다. 다음날 아침 〈월스트리트 저널〉에는 내 이름이 등장했다. 그 당시만 해도 모두가 손에 인터넷을 쥐고 있지 않았던 시절이었다. 아침을 먹으며 그 소식을 신문으로 확인하고 있을 때 전화벨이 울렸다. 정말로 나스닥이 CEO 후보로 나를 고려중이라는 이야기가 신문에 실렸다. 내가 신문에 나온 건 그때가 처음이었다. 그것은 내가 들어설 새로운 세계에 대한 첫 인상이었다. 빠르고 열정적이고 매우 대중적인 느낌이었다.

나는 선가드의 사장인 크리스 콘데(Cris Conde)에게 말했다. 그는 일주일만 생각할 시간을 달라고 했다. 나는 크리스를 존경했고 그에게 충실하고자 했다. ASC의 가치를 알아보고 투자해 준 것에도 매우 감사하게 생각하고 있었다. 그는 너그럽게 내 요청을 받아주었다.

나스닥은 이사진들과의 화상 면접을 위해 나에게 방문 요청을 했다. 2003년에만 해도 그런 것을 할 수 있는 기술이 대중화되어 있지 않았다. 나는 시내에 있는 한 사무실로 불려갔다. 내 앞에 놓여 있는 화면에는 나스닥의 이사진들이 나와 있었다. 실리콘밸리의 초창기 벤처 투자가 중 한 사람인 아서 록(Arthur Rock), 당시 나스닥 지분의 27%를 소유한 사모펀드 기업의 공동 설립자인 워렌 헬만(Warren Hellman), 국제 투자 은행 및 기관 증권사인 제프리즈앤컴퍼니의 CEO 프랭크 백스터(Frank Baxter) 등이 자리했다. 그 사무실에는 H. 퍼롱 볼드윈(H. Furlong Baldwin)이 나와 함께 자리했다. 그는 볼티모어의 은행가로 상업은행의 전 CEO이자 금융계에서 매우 존경받는 대선배였다.

나스닥의 이사진 구성이 기술 업계와도 연계되어 있다는 점은 주목할 부분이다. 특히 헬만과 록 두 사람 모두 실리콘밸리와 인연이 깊다. 록은 기술선도 기업인 페어차일드 반도체 설립을 도운 전설적인 투자가로, 인텔의 창립 투자자이자 회장이었으며 애플 초창기의 주요 인물이기도 했다. 전직 리먼 브라더스의 회장이었던 헬만은 이후 미국 서부 해안의 벤처 투자 및 사모펀드 업계에서도 중요한 인물로 자리매김했다. (샌프란시스코에서 헬만은 하들리 스트릭틀리 블루그래스(Hardly Strictly Bluegrass)라는

> "업계의 변화 양상은
> 새로운 스타일의 리더십을 요구했다."

유명한 음악 페스티벌의 후원자로 좋은 인상으로 기억되고 있다. 그는 밴조를 연주하는 것으로도 유명했는데, 유언장에서 많은 재산을 이 음악 페스티벌에 기부했다.)

이사회 조사위원회에서 이 두 사람의 존재가 의미하는 것은 나스닥이 기술을 그들의 미래 전망으로 받아들이고 있다는 증거였다. 나스닥에는 상장회사들 중 수많은 기술 기업들이 있었지만 나스닥 자체는 그때까지 기술 기업으로 간주되지 않았다. 물론 기술을 사용하긴 했지만 정보 혁명이 월스트리트의 유전자를 바꿔 놓지는 않았기 때문이다. 계량 투자(Quant)와 초단타매매자들, 알고리즘 트레이딩 시스템은 그때까지 업계의 전면에 등장하지 않았다.

사실, 금융기관을 이끄는 전통적인 구성원인 거래자와 중개인, 은행가는 자연과학 기술자들이 아니었다. 나스닥과 뉴욕 증권 거래소, 그리고 전 세계의 많은 거래소들은 세속에서 벗어나 있는 비영리 중개 조직이라는 과거의 모습에서 탈피해 좀 더 투명하고 대중적이며 발 빠르게 대응하는 기술 중심의 국제적 거래 플랫폼으로의 세대교체를 겪고 있거나 반대로 어떤 경우에는 그 변화를 거부하고 있었다.

이와 같은 업계의 변화 양상은 새로운 스타일의 리더십을 요구했다. 놀랍게도 나스닥의 이사진들은 새로운 리더십이 필요한 때를 알아차리는 훌륭한 선견지명을 보여주었다. 새로운 CEO를 선택하는 데 있어 월스트리트의 미래를 고려하는 것보다 과거를 고려하는 것이 그들에게는 훨씬 더 쉬웠을 것이다. 나스닥의 최고위직은 뉴욕 증권 거래소의 경우와 마찬가지로 형식적인 권한만을 가지는 자리였고, 종종 금융업계에서 존경받는 원로에게 주어지는 일종의 공로성 한직으로 여겨졌다. 그러나 헬만과 록, 그리고 그의 동료 이사진들은 분명히 나스닥의 다음 장을 여는 것에 관한 한 그러한 전통을 고수할 생각이 없어 보였다.

첫 번째 면접은 매우 순조로웠다. 이사진과 나는 나스닥이 직면하고 있는 기술적, 문화적 도전에 의견을 같이하고 있음을 느꼈다. 그들이 나스닥의 최고경영자로 왜 나를 고려했는지에 대한 궁금증은 곧 사라졌다. 나는 비록 투자은행이나 증권사 출신은 아니었지만 사업 경력과 기술력을 겸비한 그들이 찾는 후보였다. 나스닥에는 그런 에너지가 필요했다.

나는 그들과 면접을 진행하면서 내가 원한다면 그 자리가 내 것이 될수도 있겠다고 생각하기 시작했다. 하지만 곧 강력한 경쟁 상대가 있다는 사실을 알게 되었다. 헤드헌터는 나 이외에 물망에 올라 있는 다른 후보자로 메릴린치의 당시 국제 주식 거래 최고책임자인 밥 맥캔(Bob McCann)도 있다는 정보를 슬쩍 흘려주었다. 맥캔은 매우 설득력 있는 언변을 갖춘 데다 매력적인 면모까지 겸비한 만만치 않은 상대였으므로 전통적인 형식의 면접에서는 그를 당해내기 힘들 것이었다. 단순히 주어지는 질문에만 답하는 면접이라면 나는 그 자리를 그에게 양보해야만 할 것 같았다.

다른 사람에게 그 자리를 빼앗길지도 모른다는 생각이 들었을 때에

> "심각한 위기에 몰려 있는 주식 거래소에서
> 선행돼야 할 것이 결단력과 행동력이다."

야 비로소 나는 내가 그 자리를 얼마나 원하는지 깨닫게 되었다. '이게 도대체 무슨 말도 안 되는 소리란 말인가?' 나는 스스로에게 물었다. '너는 이런 기회를 그냥 외면해서는 안 돼.' 이미 나는 사업가적인 본능으로 나스닥이 변화를 꾀할 수 있는 방법들을 고민하고 있었다. 그런 고민들에 깊이 빠져들수록 어떻게 해서든 이사회에 내가 바로 나스닥을 새로운 시대로 이끌 수 있는 적임자라는 것을 보여줘야겠다는 생각이 확고해졌다.

그래서 두 번째 면접에서는 좀 더 과감한 선제적인 접근을 시도하기로 했다. 결론부터 말하자면 심각한 위기에 몰려 있는 주식 거래소에는 대화 기술 같은 우아한 제스처가 필요하지 않았다. 그보다 선행돼야 할 것이 결단력과 행동력이다. 면접 당일 나는 화상 인터뷰 화면 앞에 앉아 나스닥 이사진들이 입을 열기도 전에 선전포고를 했다.

"제가 취임 후 처음 100일 동안 할 다섯 가지 과제를 말씀드리겠습니다."

내 계획은 간단했다.

1. 적임자들을 영입한다.
2. 관료주의적 체계를 줄인다.
3. 재정 규율을 실천한다.
4. 기술을 정비한다.
5. 2위 자리에 만족하지 않는다.

"나스닥은 상당한 문화적 변화가 필요했다.
이를 위해서는 나스닥의 당시 경영진 일부와는 결별해야 했다."

나는 각 단계의 과제를 어떻게 실행할 것인지를 설명하면서 이 5단계 계획에 대해 15분 동안 이야기했다. 가식적으로 입에 발린 말도 하지 않았고 매력적으로 보이려고 노력하지도 않았다. 그저 변화를 위한 성공적인 청사진을 담담한 어조로 제시했을 뿐이다. 이야기를 마치고 화상 화면에 비춰진 이사진들(그리고 나와 함께 사무실에 있었던 두어 명의 사람들)의 표정을 살펴보자 내가 그들의 마음을 얻는 데 성공했음을 알 수 있었다. 그리고 2주 후 그것은 사실로 밝혀졌다.

나스닥 첫 출근

나는 나스닥이 성공하기 위해 무엇을 해야 하는지에 대한 확고한 견해를 가지고 있었다. 무엇보다 나스닥은 상당한 문화적 변화가 필요했다. 변화를 주도하기 위해서는 어쩔 수 없이 동요와 불만이 생겨날 것이고, 이를 뚫고나가려면 나스닥의 당시 경영진 일부와는 결별해야 했다. 그런 상황들은 피할 수 없었고 내가 할 수 있는 일은 그 정도밖에 없었다. 새로운 역할을 맡기 바로 전날 나는 긴장을 풀고 집중력을 유지하기 위해 내가 아는 가장 좋은 방법을 써보기로 했다.

바로 마라톤을 하는 것이었다. 어린 시절 달리기는 내가 가장 좋아하는 스포츠였다. 그리고 성인이 되어서는 더 먼 거리를 달리게 되었다. 그 주말에 찾아낸 유일한 마라톤 경기는 캐나다 오타와에서 열리는 경기였다. 나는 십대였던 두 아들 바비와 그레그를 데리고 갔다. 5월 말인데도 놀랍도록 추운 날이었다.

계절에 맞지 않게 너무 추운 나머지 집으로 돌아가는 비행기 편은 제빙 기구가 창고에 들어가 있는 관계로 결항될 위기에 처해 있었다. '이러다가 나스닥 CEO로서의 첫날을 놓치는 건 아닐까?' 하고 공항에 앉아 생각했다. 감사하게도 우리는 제시간에 무사히 집에 돌아올 수 있었다. 오타와의 스카이라인이 희미해지는 것을 바라보며 언제 나에게 이런 경험을 할 시간과 기회가 또 있을까 싶기도 했다. 아니나 다를까 그것이 나의 마지막 마라톤이 되었다.

다음날 내가 뉴저지에 있는 우리집 주방에 앉아 있는데 거실에 있던 아내 줄리아가 나를 불렀다.

"여보, 집 앞에 커다란 검정색 캐딜락이 세워져 있어요. 아마 당신을 위한 차인 것 같아요!"

운전기사가 고급 리무진의 문을 열어주었을 때 나는 그동안 지나온 시간들이 떠올랐다. 나는 실업가로 길러지지 않았다. 노동자 계급의 집안에서 태어나 교육을 받기 위해 열심히 일했다. 나는 사립 학교나 아이비리그 대학을 졸업하지도 않았다. 운이 좋게도 발전할 수 있는 훌륭한 기회들을 많이 얻을 수 있었다. 하지만 각각의 기회들은 다 노력해서 얻어야만 했다. 나는 성공을 갈망하는 젊은 경영 간부로서 스스로를 성공할 수 있는 좋은 위치로 몰아갔다. 뉴욕 대학교 스턴 비즈니스

스쿨에서 야간 수업을 들으며 경영학 석사 학위를 취득했다.

성공적인 기업을 건설하고 매각하는 일을 돕기도 했고, 리더십에 관한 소중한 경험도 얻었으며, 가족들과 함께 행복한 가정도 꾸렸다. 하지만 이 상황은 달랐다. 나는 더 큰 무대로 나아가고 있었다.

나스닥은 하나의 조직이나 사업 이상의 것을 의미했다. 나스닥은 미국의 한 기관이자 수백만의 열망을 대표하는 간판 브랜드로서 자본주의의 국제적 상징이었다. 내 마음속에서 나는 아직도 퀸즈 출신의 어린아이에 불과했지만 어느 사이엔가 보이지 않는 선을 넘고 있었다. 개인 차량을 소유하고 〈월스트리트 저널〉 지면에 이름이 오르내리는 일은 그 변화의 시작을 알리는 작은 시도에 불과했다. 앞으로 더 많은 일들이 기다리고 있을 것이다.

차는 나스닥 본사가 위치한 원 리버티 플라자(One Liberty Plaza) 앞에서 섰다. 이 인상적인 초고층 건물은 지금은 500대 기업 안에도 못 들지만 한때는 상징적 존재로 미국의 10대 기업 중 하나였던 U.S. 스틸이 1973년에 발주한 건물이었다. 사업에는 어떤 보장도 없다는 사실을 내게 상기시켜 줄 사람이 필요했다면 이 거대 건축물의 소유주였던 U.S. 스틸이 따끔한 조언을 해주었을 것이다.

나는 당시 이렇게 거대한 건물이 14년 동안 다니게 될 내 직장이 될 거라고는 상상도 하지 못했다. 14년이면 국제시장에서는 평생이나 마찬가지이다. 앞으로 다가올 수개월, 수년 동안 나는 나스닥의 운명을 책임질 것이고, 나스닥을 전 세계 6개 대륙에 25개의 지점 거래소를 운영하는 세계 최고의 주식 거래소 중 하나로 만들 것이다. 나는 의회와

"생명공학, 기술, 에너지, 재생에너지, 의학 등 차세대 주요 기업이
공개 시장에서 역량을 강화할 수 있게 도와줘야 한다."

미국 증권거래위원회가 금융 규제를 정비하고 현대화하는 것을 도울
것이고, 대대적인 구조조정과 개선 작업을 통해 나스닥의 낡은 기술력
을 개선할 것이다. 임기 동안 나는 리먼 브라더스의 파산과 그에 따른
금융 공황 사태를 가장 가까이에서 목격하게 될 것이다. 공포스러운 주
식시장 폭락 시기에는 그 중심에 서 있을 것이고, 말 많은 페이스북의
기업 공개 때에는 세상의 이목을 집중시킬 것이며, 초단타매매 투자자
들을 둘러싼 논쟁에 휘말려 어려움을 겪게 될 것이다. 다른 이들과 마
찬가지로 나도 버나드 메이도프(역자 주: 나스닥 비상임 회장 출신의 펀드매니
저로, 금융 다단계 방식으로 투자자들을 모집해 650억 달러 규모의 사기 피해를 발생
시킨 바 있다. 이 사건으로 메이도프는 2008년 체포돼 150년 형을 선고받고 수감됐다.)
의 몰락에 충격을 받을 것이며 사상 최악의 경기 불황에도 국제시장의
탄력성과 회복력에 용기를 얻게 될 것이다.

　나는 생명공학, 기술, 에너지, 재생에너지, 의학 등의 분야에서 미국
의 차세대 주요 기업이 될 수백 개의 기업들이 기업 공개를 성공적으로
완수할 수 있도록 이끌 것이며, 그들이 공개 시장에서 투자 자금을 유
치하고 역량을 강화할 수 있게 할 것이다. 우리는 대격변의 시기를 보
내게 될 것이고 종국에는 CEO로서 내 직무의 본질이 무엇인지도 의미

가 없어질 것이다. 하지만 그 모든 일들이 나를 기다리고 있었다. 2003년 5월 시원한 봄날 아침, 나는 나스닥이 생존을 위해 투쟁하고 있으며 단 1분도 허비할 시간이 없다는 것을 알고 있었다. 아마 이미 너무 늦었는지도 모른다. 나는 정문을 통과해 50층에 위치한 나의 새로운 사무실로 향했다. 그리고 오전 8시가 되기 전에 세 명의 임원들과 결별했다.

CHAPTER 2

사람이 우선이다

◆

나스닥 경영권 거머쥔 그리필드, 임원 두 명 해임
〈월스트리트 저널〉, 2003년 5월 13일

적임자를 영입하라

나스닥 이사회와의 면접에서 내가 제시한 첫 번째 우선 과제였다. 사업에서 적임자의 존재는 모든 영역에서 지렛대 역할을 한다. 전환기나 문화적 변동을 겪고 있는 시기에는 더욱 그러하다. 사업은 인생과 마찬가지로 예측불허이다. 전략이 아무리 좋아도 예상치 못한 난관에 부딪히고 새로운 기회들이 찾아오며, 바뀌는 시장 상황이 당신을 공격할 것이 분명하다. 주어진 환경 조건을 바꿀 수는 없지만 적재적소에 적임자들을 두어 세상이 변화할 때 그들이 변화한 세상에 적응하고 반응하여 한발 앞서 발전을 이끌어내게 할 수는 있다. 그래서 내 좌우명은 항상 '사람이 우선이다'였다.

"사람이 가장 중요한 자산이다" 는 말을 CEO가 직원들을
다독이며 하는 말로만 받아들여서는 곤란하다."

경영계에서는 '몰입'을 강조하는 경우가 많다. 단지 월급을 받기 위해 매일 회사에 나오는 직원들이 있다면 당신의 회사는 장기적으로 발전을 기대하기 어렵다. 몰입하는 직원들은 월급 이상의 것을 위해 출근한다. 그들은 목적의식은 물론이고 열정을 가지고 회사에 나온다. 열심히 일하고 싶어 하며 조직의 사명을 공유한다. 이것이 바로 번창하는 기업이 필요로 하는 인재상이다. 조직문화가 바뀌는 초기에는 그 새로운 문화 속에서 일하고자 하는 사람들을 찾고, 일하고 싶어 하지 않는 사람들과는 결별하는 것이 중요한 첫걸음이다.

기업의 사장들이 "사람이 우선이다" 혹은 "사람이 가장 중요한 자산이다"라고 말할 때는 따뜻하고 인간적인 말로 들릴 것이다. 하지만 이 말을 CEO가 직원들을 다독이며 하는 말로만 받아들여서는 곤란하다. '사람이 우선이다'라는 원칙에는 다른 뜻이 있다. 어떤 기업을 성공으로 이끄는 데 적임의 인재들이 대단히 중요한 것처럼 그 조직에 맞지 않거나 어떤 이유로 조직에 도움이 되지 않는 인물들은 떠나보낼 필요가 있다는 것이다. 그렇지만 직원들과의 결별은 결코 쉬운 일이 아니다.

내 재임 기간 중 첫 번째 해고는 곧바로 실행되었다. 나는 출근 전에 이미 이 문제를 고민하면서 임원진을 평가했고 고위 간부들을 어떻게

교체하는 게 바람직할지 이미 잘 알고 있었다. 첫 번째 임원이 내 사무실로 들어왔을 때는 아직 이른 아침이었다. 이 임원은 회사에 아주 오랜 기간 몸담아온 인물이었다. 그는 구 나스닥의 일부였고 내가 계획하고 있는 변화들을 실행할 조직에는 맞지 않는 인물이었다. 나는 문제들 속에서 빠져나올 줄 아는 인물이 필요했다. 그는 일이 일어난 이후 무엇이 잘못된 것인지 분석하는 일만 가능할 것으로 보였다. 결정을 내려야만 했다. 시간을 끌어서 좋을 일은 하나도 없었다.

"우리는 나스닥을 새로운 방향으로 운영하려고 합니다"
라고 내가 말을 꺼냈다.

"그런데 당신이 가지고 있는 기술 역량은 우리가 생각하는 방향과 맞지 않는 것 같습니다. 이제 각자의 길을 도모하며 당신이 다른 일자리를 찾을 시간을 드리는 게 더 나을 것 같군요."

그는 당연히 놀랐다. 아마 그도 이런 일이 일어날지 모른다고 예감하고 있었을지도 모른다. 하지만 그 일이 신임 CEO 출근 첫날 오전 8시 이전이 될 줄은 예상치 못했을 것이다. 그리고 이후 한 시간 이내로 두 사람이 더 해고되었다. 그들 역시 그런 일을 예상하지 못했을 것이다. 직원들이 하나둘 출근하면서, 오늘 어떤 사건이 발생했으며 그 사건이 아주 신속하게 전개되었다는 사실에 회사 전체가 충격에 휩싸였다. 인사 이동이 이미 진행 중이라는 소문이 돌면서 당연하게도 직원들은 내 사무실에 오는 것을 꺼리게 되었다.

인사 이동은 고통스러운 과정이다. 하지만 다른 방도가 없기 때문에 실행할 수밖에 없다. 첫날 내가 결별을 통보한 사람들은 내가 취임한 후 한 해 동안 내보낸 300명에 이르는 사람들과 더불어 기계 속의 이름 없는 부속품이 아니었다. 그들은 동료였고 팀원이었다. 변화는 예상치 않게 그들에게 찾아왔다. 이러한 상황에서 나는 나스닥이 해고자들을 위해 넉넉한 퇴직금을 제공할 여유가 있다는 점이 안심이 됐다. 어쨌든 이 직원들 중 다수는 그들 직무에서 본래 기대하는 업무 성과를 내지 못해서 해고된 것이 아니었다. 그보다는 직무에 대한 기대가 갑작스레 크게 바뀐 것이었다. 이러한 인사 이동이 일시적으로 직원들의 사기를 꺾을 것이라는 점은 나도 알고 있었다. 하지만 나는 친구이자 비즈니스 파트너인 빈센트 비올라(Vinnie Viola)가 했던 훌륭한 조언을 가슴에 새기고 있었다.

"불량한 조직에서는 직원들의 사기가 높아 봐야 별로 의미가 없다."

그의 말이 분명 옳다. 사업이 망하고 있는데 직원들이 만족하는 것이 무슨 소용이란 말인가? 나는 의욕적인 직원들의 훌륭한 조직이라는 최종 목표를 달성하기 위해 필요하다면 일시적으로 직원들의 사기를 포기할 각오가 되어 있었다.

나는 회사에 출근하자마자 결단력 있고 명료하게 행동함으로써 많은 시간과 수고를 절약할 수 있었다. 내 뜻은 즉각적이고 효과적으로 전달되었다. 우리는 새로운 세상에 살고 있으며 옛날 것에 집착하고 그것을 고수해봤자 얻을 것은 아무것도 없다는 게 내 생각이었다. 빠른 결단과 행동이 있어야 장시간의 수많은 회의와 소모적인 문화 전쟁을 생략할 수 있었다. 나는 "이게 저희가 항상 해오던 방식이에요"라는 말을 끊임없이 듣고 싶지 않았다.

투명성을 유지하게 되면 신뢰를 쌓을 수 있으며 극적인 상황을 최소화할 수 있다. 만일 당신이 출근 첫날부터 당장 무엇을 할 것인지 직원들에게 이야기하고 당신이 의도한 대로 이행하는 것을 보면(그것이 설사 어려운 결정을 내려야 하는 일일지라도) 직원들은 오너인 당신의 직접적이고 솔직한 행동에 어떤 면에서는 감사하게 될 것이다. 그렇게 되면 스스로의 리더십에 자신감이 생길 것이고 그에 따라 명료함과 투명성을 더 추구하게 될 것이다. 하지만 당신이 투명한 태도를 취하지 않는다면 온갖 종류의 부정적인 사건들을 자초하게 될 것이다. 뒷얘기와 빈정거림, 불신 등이 난무할 것이며 그것은 일을 완수하는 데 아무런 도움이 되지 않을 것이다.

요컨대 나스닥이 생존하기 위해서는 전폭적인 변화가 불가피했다. 그렇다. 그런 변화를 실행하는 것은 감정적으로 몹시 힘든 일이다. 하지만 당시 나의 팀에게 말했듯이 "지금 우리는 자선사업을 꾸리듯 여유롭게 조직을 운영할 수는 없다. 우리가 적절한 행동을 취하지 않고, 재정적 현실에 맞추기 위해 필요한 변화를 꾀하지 않는다면 누군가 나스닥을 인수해 적절한 행동을 취하고 말 것이다."

상장 기업은 항상 시장에 나와 있는 것이나 마찬가지이다. 매매가는 날마다 주식 시세표에 공시된다. 그리고 당신이 실제로는 35%의 이윤을 남길 수 있는 사업을 20%의 이윤을 남기며 운영하고 있다면 누군가 그걸 알아차리고 그 상황을 바꾸려고 할 것이다.

버스에 누구를 태울 것인가? ─────────────────●

대부분의 사업가들은 잘못된 인력 채용의 폐해를 잘 알고 있다. 자포스(Zappos)의 CEO 토니 셰이(Tony Hsieh)는 창업 이래 잘못된 채용으로 1억 달러 이상의 손해를 봤다고 말했다.

1. 인적자원관리협회는 잘못된 채용 때문에 발생하는 손실액이 한 사람 연봉의 5배에 달할 수 있다는 연구 결과를 발표했다.

2. 인력을 잘못 채용하면 생산성과 사기를 떨어뜨리고 다른 직원들의 업무 수행에도 부정적인 영향을 줄 수 있다.

그에 더해 직무에 적합한 인재를 채용하지 않은 기회비용은 금액으로 환산할 수 없을 정도로 막대하다. 불행히도 부적격한 사람이 이미 자리를 차지하고 있는 경우도 인력을 잘못 채용한 것과 비슷한 상황이다. 그래서 나는 신규 채용 과정에서 여러 사항들을 점검하고 많은 관심을 쏟는 것처럼 회사의 전환기의 초기에는 근무 중인 직원들에게도 똑같이 그렇게 해야 한다고 생각한다. 실제로 새로운 회사를 만들어가기 위해 채용하는 과정엔 새로운 채용 규정이 필요하다는 생각을 하는 것이 중요하다. 그 새로운 회사는 변화 절차가 완료되어야만 존재할 수 있는 회사인 것이다. 그렇게 하면 조직의 미래를 내다보는 안목으로 기존 직원들을 새로운 기준으로 바라볼 수 있게 될 것이다.

"저는 취업 면접을 보고 있는 기분이었어요"라고 후에 아데나 프리드만(Adena Friedman)은 우리가 처음 만났을 당시를 회상했다.

"그리고 어느 순간, 그게 정말 맞다는 걸 깨달았지요!"

독자들은 이 이름이 생소하지 않을 것이다. 그녀는 내가 2016년에 나스닥을 떠나기로 결정한 후 나스닥의 CEO가 됐다. 그리고 이 책을 집필하고 있는 지금도 그녀는 여전히 그 자리에 앉아 있다. 2017년 〈포브스〉는 그녀를 세계에서 가장 능력 있는 여성들 중 하나로 꼽았다.

2003년 그녀는 많은 가능성을 지닌 젊고 유능한 임원이었다. 그녀는 나스닥에서 10년 동안 일했고 열정과 헌신, 능숙함의 기운을 풍겼다. 나는 그녀가 구조조정에서 자신의 일자리를 잃게 될까 봐 두려워할 이유가 전혀 없다는 것을 재빨리 알아차렸다. 아데나는 금세 나의 측근 그룹에서 핵심 인물이 되었다. 매우 효율적인 경영인이자 강인한 금융 협상가로서 그녀는 여러 건의 전략적 인수합병을 지휘했다.

아데나 이외에도 나스닥의 변혁을 이끌어갈 또 다른 핵심 인물이 있었다. 그는 전략 부문의 새 부사장으로 온 크리스 콘캐논(Chris Concannon)이다. 업계 인사들은 그를 대규모 전자 거래 플랫폼인 마켓액세스의 현 사장이자 최고운영책임자로 알고 있을 것이다. 2003년 크리스는 나와 같은 아웃사이더였다. 그는 내가 나스닥에 데리고 온 두 사람 중 한 명이었다. 그는 이전에는 아일랜드라는 전자 주식 거래 시스템 기업에서 근무했고, 이후 아일랜드의 모회사인 인스티넷의 간부로 일한 바 있다. 그래서 그는 기술이 주식 거래 환경을 어떻게 변화시키고 있는지에 관해 누구보다 잘 알고 있었다. 전자 주식 거래 시스템 기업의

"나는 좋은 팀은 서로 비슷해지는 것이 아니라
서로의 기술, 능력, 전문성을 보완해 주는 것이라 믿는다."

간부이자 리더로서 크리스와 나는 둘 다 나스닥 거래소에는 훼방꾼들
이었다. 크리스는 똑똑하고 창의적이며 독립적이었다. 그는 예의 바른
성격은 아니었지만 지혜로운 인성을 지녔고 우리 경영진들은 지혜로
운 임원을 환영했다. 그는 그저 지시를 따르기만 하는 사람이 아니었
으며 미리 예측하는 것을 좋아했다. 나스닥의 다양한 프로젝트와 사
업 전략에 대한 그의 의견은 조직 점검 차원에서 매우 가치 있다는 것
이 이미 증명되고 있었고 그의 역량은 나를 훌륭히 보완해 주었다. 실
제로 나는 좋은 팀은 서로 비슷해지는 것이 아니라 서로의 기술, 능력,
전문성을 보완해 주는 것이라 믿는다. 나는 이것을 '기술 역량의 씨실
과 날실 같은 결합'이라고 생각한다. 크리스는 조직에서 선구자적 이
론가가 되어, 시장과 거래소가 어떻게 작동하는지 깊이 이해하고 나스
닥 거래소가 다음 단계로 나아갈 수 있도록 이끄는 것을 도왔다. 나는
아데나와 크리스, 그리고 그 밖의 많은 핵심 임원들이 무한한 가능성
을 지닌 능력 있는 젊은 후배 임원진에서 금융업계의 미래를 좌지우
지하는 노련한 리더로 발전할 수 있도록 내 나름의 도움을 준 것에 자
부심을 느낀다.

취임 후 몇 주 동안 나는 경영진 평가를 이어나갔다. 나스닥 글로벌
인덱스 그룹의 부사장 존 제이콥스(John Jacobs)나 법률 고문인 에드 나이

트(Ed Knight)와 같은 인물들은 확실히 제 역할을 충실히 해내는 사람들이었다. 나는 운이 좋게도 그들과 함께 나스닥을 변화시켜 나갈 수 있었다. 하지만 다른 몇몇 사람들과는 결국 결별하고 말았다. 그리고 내가 선호하는 인사 전략은 그들의 자리를 채울 후임을 회사 밖에서 찾기보다는 이미 내 주변에 있는 인물들을 더욱 면밀히 관찰하고 그들 중에서 고르자는 것이었다. 그 결과 내가 오기 전까지는 나스닥에서 눈에 띄지 않아 충분히 개발되거나 활용되지 못한 재능 있는 인물들을 발견하는 성과를 얻게 되었다.

가끔은 어떤 직무에 적합한 사람을 찾기 위해 회사 밖으로 눈을 돌려야 할 필요도 있다. 하지만 그런 행보를 기본 지침으로 삼지는 마라. 회사 내부에서 간부를 발탁해 승진시키는 것은 직원 사기를 돋우고 더 높은 업무 성과를 내도록 동기부여를 해주며 외부 인사를 영입했을 때 따라오는 많은 위험 요소들을 해소해 준다. 보통 고용 과정은 과학적이지 못하며, 면접은 보통 오랜 시간 동안 계속된다. 면접에서는 얼마든지 좋게 보일 수 있지만 그 사람을 정확히 알기는 어렵다. 나는 일반적으로 기업들이 유창한 화술을 하는 직원에게 과하게 보상하는 경우들을 봐왔다. 반면 내부 후보자들은 기본적으로 수 년간 면접을 봐온 것이나 마찬가지이다. 그들 또한 회사 문화를 잘 이해하고 있어 인사 과정에 속도를 낼 수 있다. 기억할 것은, 어디에서 인재를 찾게 되든 외부에서 영입하기 이전에 내부에서 먼저 발굴해 승진시키라는 것이다.

이 지침을 따를 수 없다면 몇 가지 솔직한 자기반성을 해볼 필요가 있다. 당신이 회사의 리더로서 인재를 찾는 것이라면 당신이 필요로 하는 재능을 가진 인재를 개발해야만 한다. 중요한 자리에 내부 후보자를 찾지 못했다면 나는 내가 무엇을 잘못하고 있는 것은 아닌지 자문해 본다. 이런 이유로 우리는 재능 개발에 오랜 시간 많은 투자를 했다. 물론 어떤 때는 새로운 피가 필요하기도 하며, 외부에서 들어온 사람도 완전히 홀로 고립되고 싶은 마음도 없을 것이다. 한 조직의 수장으로서 나는 내부 승진과 외부 인사 영입의 비율을 80:20으로 유지하는 게 바람직하다고 생각한다.

계속해서 나는 나스닥의 숨은 보석들을 캐내며 내부 인재들을 승진시켰다. 관련 업계 경영 기술과 마케팅 역량, PR 전문성 등이 두루 요구되는 중요한 자리의 적임자가 필요했다. 나는 곧장 샌프란시스코 사무소로 가서 브루스 아우스트(Bruce Aust)를 만났다. 그는 앞서 언급한 자질들을 갖춘 것은 물론 실리콘밸리의 거물들과 넓은 인맥을 형성하고 있는 젊고 카리스마 넘치는 인재였다. 단, 한 가지 문제가 있을 뿐이었다. 브루스는 나스닥에서의 위계상 두 단계 아래인 상무였다. 기업 고객 그룹을 이끌기 위해서는 전무를 건너뛰고 부사장급이 되어야만 했다. 나스닥에서는 그렇게 한 단계를 건너뛰고 승진하는 경우는 사실상 전례가 없었다. 구 나스닥의 문화에서는 상무로 승진한 후 2~4년 일하면 전무로의 진급을 기대할 수 있었다. 또 몇 년을 더 일하면 운이 좋은 사람은 부사장까지 생각해 볼 수 있었다. 즉, 승진은 능력과 업무 성과보다는 근무기간과 경력의 문제였다. 물론 경륜은 중요하지만 나는 나스닥에서도 능력주의가 근본 가치가 되길 바랐다. 그리고 내가 현직 부사장들을 모두 살펴본 결과, 브루스만큼의 자질을 갖춘 인물은 단 한 명도 없었다.

CEO로서 서부 해안으로 처음 출장을 갔을 때 브루스에 대한 나의 직감이 맞았음을 알게 되었다. 브루스는 기술 벤처 투자업계의 거의 모든 거물들을 초대한 저녁 만찬 자리를 마련했다. 그들은 바로 나스닥이 곧 다가올 첨단 기술 시대를 선도하는 거래소로 자리매김하기 위해 관계를 맺어둘 필요가 있는 사람들이었다. 상장 사업은 관계 맺기가 관건이라 할 수 있다. 실제로 전 부사장과 결별하게 된 사유는 그가 사무실에 앉아서 보내는 시간이 너무 많았기 때문이었다. 그는 회의실의 조종사였지 인간관계를 잘 맺는 사람이 아니었다. 반면 저녁 만찬을 주선한 브루스는 누구보다 관계 맺기에 활발한 인물임에 틀림없었다.

다음날 저녁 마라톤 회의가 끝난 후, 나는 스탠포드에서 하는 육상 경기를 함께 보자며 브루스와 함께 경기장으로 갔다. 관중석에 앉자 그는 나를 돌아보고 진지한 표정으로 말했다.

"사장님, 이번 부사장 임명 결정을 내리시기 전에 알아두셔야 할 것이 있습니다."

가슴이 덜컥 내려앉았다. 나는 전통적인 고정관념을 깨뜨리고 그에게 부사장직을 제안할 마음의 준비가 거의 되어 있었다. 그런데 그는 이제 와서 내게 재고해야 할 이유부터 말하려 한단 말인가?

"저는 동성애자입니다"라고 그는 말했다.

나는 안도의 한숨을 내쉬었다.

"브루스, 내게 중요한 건 자네가 일을 정말 훌륭하게 잘한다는 사실 하나뿐일세!"

그 당시의 분위기로 봤을 때, 그는 자신의 성 정체성에 대해 솔직하게 말하는 것이 중요하다고 생각했던 것 같다. 꼭 말해야 할 필요는 없었지만 나는 그가 솔직하게 말해 준 것에 감사했다. 그것이 2003년이었고, 이후 그렇게 많은 시간이 흐른 것은 아니지만 미국의 기업문화는 크게 바뀌었다. 더 좋은 방향으로 말이다.

브루스가 가지고 있는 장점들은 그가 원했던 일과 확실히 잘 맞았고, 나는 주저하지 않고 그를 전무를 건너뛰어 부사장에 임명했다. 나는 '자리에서 보낸 시간'의 가치를 믿는 한편, 특별한 시기에는 특별한 방책이 필요하다고 생각한다. 그는 관련 부문의 경영 경험이 없었음에도 그 직무에 어울리는 인물이었다. 그에 더해 그를 부사장직에 임명함으로써 내가 나스닥의 전 임직원들에게 전달하고자 했던 문화 변혁에 관한 메시지, 즉, '옛날 방식에 매달리지 마라. 지금은 변혁의 시대이다'라는 메시지를 더 강력히 전달할 수 있었다. 나 자신도 임원 직급을 거쳐 전통적인 방식으로 임용된 사람이 아니었으므로 전통을 능력보다 우선시하는 것은 용납하지 않을 것이었다. 브루스는 향후 10년간 핵심적 역할을 맡아 주었다.

차츰차츰 나는 조직의 버스 안에 중요한 자리를 채워나가고 있었다. 이 상황을 버스에 비유한 것이 생소하지 않을 것이다. 짐 콜린스(Jim Collins)의 《좋은 기업을 넘어 위대한 기업으로(Good to Great)》라는 베스트셀러에서 차용했기 때문이다. 콜린스는 세계 최고 수준으로 발돋움하고 있는 회사에게 있어 성공은 버스에 적임자들을 태우는 것에서부터 시작한다고 말한다. 나는 특히 그 책에 나온 그림이 마음에 들었다. 《좋은 기업을 넘어 위대한 기업으로》를 읽어본 독자들이라면 기억하겠지만, 콜린스의 비유는 1950년대 후반에서 60년대 사이에 켄 케시(Ken Kesey)와 그의 추종자들의 위업을 묘사한 고전, 톰 울프(Tom Wolfe)의 《짜릿한 쿨에이드 마약 테스트(The Electric Kool-Aid Acid Test)》에서 일정 부분 영감을 받은 것이었다. 케시는 반문화 운동 집단의 지도자로서 이 말을 자주 하곤 했다.

"당신은 버스에 탈지 말지 둘 중 하나를 선택해야 한다."

케시의 버스를 운전하는 기사는 사실 다름 아닌 잭 케루악(Jack Ker-ouac)의 소설 《길 위에서(On the Road)》에 나오는 주인공의 모델이었던 닐 캐서디(Neal Cassady)였다. 나스닥 버스의 운전사로서의 나의 역할과 학창시절 내가 너무 좋아했던 훌륭한 비트 세대의 시인들을 연결시켜 준 비유에는 거부할 수 없는 매력이 있었다. (물론 내가 캐서디보다 안전하게 운전하는 운전사이길 바랐지만 말이다!)

시적인 비유가 아니더라도 콜린스의 충고는 그 자체로 훌륭하다. 그의 연구 결과는 경영자들에게 '무엇'을 하는지보다 '누구'와 시작하는지가 훨씬 더 중요하다고 강조한다. 그는 바위처럼 견고한 팀이야 말로 좋은 기업에서 위대한 기업으로 나아가는 가장 중요한 첫걸음이라는 사실을 깨달았다. 시장은 변화할 것이고 전략도 바뀌겠지만 훌륭한 팀은 그 모든 변화에 대응할 수 있다. 나는 내가 건설하고자 하는 회사에 대한 확실한 상을 가지고 있었지만 그럼에도 회사를 건설하는 여정에서, 그리고 우리가 목표로 하는 흥미로운 새 목적지에서 불가피하게 예상치 못한 우여곡절과 충돌이 발생한다는 점을 잘 알고 있었다. 적임자들을 영입함으로써 나스닥은 그러한 모든 도전 상황에 적응하고 기회에 효과적으로 대응할 수 있게 되는 것이다.

'사람이 우선이다'라는 나의 메시지를 제대로 전달하자는 취지에서 나는 실제로 수천 개의 작은 장난감 버스를 제작해서 《좋은 기업에서 위대한 기업으로》 도서와 함께 나스닥 직원들에게 나누어 주었다. 이건 꽤 명확한 암시였다. 나스닥에 변화의 수레바퀴가 돌아가고 있다는 뜻이었다.

문화가 바뀌면 그에 맞는 새로운 인재들이 필요하다 ————●

회사 문화가 극적으로 바뀌는 시기에는 재능 있는 인재들을 걸러내는 시스템도 어쩔 수 없이 영향을 받을 수밖에 없다. 진화론적 용어를 사용하자면 조직 내에서의 도태 압력이 재설정될 것이고, 이러한 변화는 기업 생태계 전반에 반향을 불러일으키게 될 것이다. 보통 새로운 문화에 적합한 사람들은 이전 체제 하에서 승승장구한 사람들이 아니다. 문화를 바꾸게 되면, 다음 체제에서 더 필요한 역량을 가진 사람들이 두드러져 나타나게 된다.

주변 조건만 잘 조성되면 좋은 일꾼은 위대한 일꾼이 될 수 있다. 나는 B급 선수들이 게임의 규칙이 바뀌고 난 뒤 A급 선수가 되는 것을 수차례 보았다. 내 경험에서 보면 직원들은 성취하고 기여하기를 원하

> "주변 조건만 잘 조성되면 좋은 일꾼은
> 위대한 일꾼이 될 수 있다."

며 조직의 번영에 도움이 되기를 원한다. 만일 당신이 회사가 추구해야 할 사명을 확실히 규정하고, 관료주의와 조직의 타성을 버리고, 각각의 역할이 필요로 하는 것이 무엇인지 확실히 밝히고, 훌륭한 보상체계를 만든다면 직원들은 스스로 발전하는 모습을 보일 것이다. 환경의 변화에 따라 두드러지게 능력을 발휘하는 사람들이 뚜렷이 보이게 된다. 우리가 나스닥에 조직적 변화를 가져오기 시작했을 무렵, 나는 누가 눈에 불을 켜는지, 누가 경쾌한 발걸음으로 계단을 내려오는지, 누가 조금 더 분발해서 더 좋은 성과를 내려고 하는지가 금방 눈에 들어왔다. 그들은 현재 일어나고 있는 변화에 잔뜩 고무되어 있는 것이다.

나스닥의 문화는 나스닥의 역사 속에서 형성되었다. 나스닥은 규제 기관인 NASD(전미증권업협회)가 모기업이었으므로 그 문화적 영향 속에서 오랜 기간 비영리 조직으로 운영되어 왔다. 직원들은 높은 연봉과 규칙적인 근무 시간, 안정성, 예측 가능한 업무 흐름, 좋은 복지 혜택 때문에 그곳에서 근무했다. 그 문화가 회사의 사명에 걸맞다면 그런 문화가 근본적으로 문제될 것은 없다. 그러나 내가 생각하는 사명은 달랐다. 나는 나스닥이 금융업계의 리더이자 혁신 기업이 되기 위해 경쟁적인 영리 기업의 세계를 완전히 수용하기를 바랐다. 성장하고 확장해서 세계 최고의 주식 거래소가 되기를 바랐다. 그렇게 되기 위해서는 군

> "우리는 업무 성과 위주의
> 능력주의체제를 만들어 나갈 것이다."

살을 빼서 훨씬 더 날씬하고 빠르고 날렵하고 경쟁력 있는 조직이 되어야만 했다. 우리는 사고방식과 역량에 변화가 필요했다. 어떤 이들은 이러한 변화를 진심으로 수용하고 새로운 문화 속에서 발전하는 반면, 어떤 이들은 그 변화를 언짢게 생각한다면 그것은 당연히 조직 내에서 갈등을 초래하게 될 것이다. 취임 후 얼마 동안 그 변화의 본질이 무엇인지 확실히 알려주는 일은 전적으로 내 몫이었다.

나는 처음부터 나스닥이 지향하는 새로운 방향이 모두에게 맞지는 않을 것이라고 분명하게 밝혔다. 내 메시지는 분명했다.

"이곳은 변화하고 있다. 비영리 조직에서 더 빠르고 더 위험 부담과 압박감이 크며 더 큰 잠재적 보상을 기대할 수 있는 영리 조직으로 거듭나고 있다. 우리는 업무 성과 위주의 능력주의체제를 만들어 나갈 것이다. 회사 분위기, 기대치, 문화 등 모든 것이 바뀔 것이다. 이 새로운 문화가 당신에게 탐탁지 않게 여겨진다면 이 문화에 어울리지 않는 사람들은 결국 나중에 분명히 드러나게 될 것이므로 지금 스스로 선택해서 다음 행보를 결정해 주길 바란다. 그런 사람들은 자신에게 더 잘 맞는 다른 직장을 찾는 것이 좋을 것 같다."

이렇게 함께 갈 사람과 함께 가지 않을 사람을 과감히 분류했다.

그 해, 직원의 1/4 가량을 감원했다. 일부는 조직의 규모를 줄이고 비용을 절감하기 위한 것이었고 또 다른 경우는 수익성이 떨어지는 사업부문을 폐지한 결과였다. 하지만 대부분의 경우는 내가 중점을 두었던 문화 변혁을 위한 시도의 일환이었다. 정시 출퇴근, 과정 중심의 일처리, 특별한 일 없는 단조로운 예전의 문화를 좋아하는 직원들도 많았다. 인간 생태계로서의 나스닥은 빠르게 움직이고 변화하는 국제 금융시장의 생태계 속에서 성공하기 위해 더 높은 주파수로 행동해야만 했다. 내가 함께 가기로 결정한 이 문화에 맞는 사람들은 단순히 똑똑하기만 한 사람들이 아니었다. 나는 분명 지적이고 능력 있는 사람들과 함께 일하고 싶었지만 이는 단지 IQ의 문제가 아니었다. IQ는 그저 판돈일 뿐이고 그것이 있으면 게임에 참여할 수 있는 권한을 얻게 되는 것일 뿐이다. 동기, 투지, 유연성, 감성 지능 또한 기업을 성공으로 이끄는 중요한 자질들이다. 이렇게 표현하는 게 적합할지 모르겠지만 '광대역 주파수'도 필요한 자질이다. 말하자면 다양한 분야에 관심을 집중시키는 능력 말이다. 조직을 성공적으로 이끌어가는 데 아주 중요한 능력이다. 조직의 리더는 사방에서 몰려드는 문제들을 해결해야 하기 때문이다. 많은 사람들이 광대역 주파수로 일하는 것을 힘들어하며, IQ가 높은 사람들의 경우도 예외가 아니다. 그들은 자신의 전문영역에서만 일하는 것을 더 선호하기도 한다. 물론 컴퓨터 프로그래머와 같은 특정 직업군의 경우에는 그 분야에 대해서만 집중적으로 접근하는 것이 부가가치를 높이는 일이 될 수 있지만 경영을 할 때는 광대역 주파수를 가지는 것이 중요하다.

"당신의 팀에게 노력과 솔직한 피드백을 요구하라.
그리고 그들을 당신의 의사결정 과정에 참여시켜라."

좋은 인재들을 가졌다면 그들의 말을 경청하라 ————————•

조직이 변화하는 시기에는 누구와 함께 일할 것인지, 누구를 승진시킬 것인지, 누구를 내보낼 것인지를 아는 것이 매우 중요하다. 하지만 사람 우선 전략은 채용과 해고뿐만 아니라 그보다 훨씬 더 많은 것들을 고려해야만 한다. 누가 CEO가 되었든 CEO는 사정의 칼을 휘두를 수 있다. 그것은 특별한 재능이 필요한 일이 아니다. 위대한 기업을 만들기 위해서는 창의성과 자율성, 집중력, 훈련을 북돋우는 매우 생산적인 방식으로 팀 구성원들과 상호작용을 하는 것이 필요하다.

미국의 기업들은 똑똑한 관리자들에게 높은 연봉을 지급한다. 하지만 만약 당신이 능력과 높은 IQ를 보고 연봉을 지급하는 것이라면 반드시 그 자질들을 활용하라. 당신의 팀에게 노력과 솔직한 피드백을 요구하라. 그리고 그들을 당신의 의사결정 과정에 참여시켜라.

중대한 결정을 내리기 위한 노력 중 한 가지는 경영진과 머리를 맞대고 시리즈 토론을 벌이는 것이다. 진정한 토론은 이끌어가기가 쉽지 않은 법이다. 하지만 의사결정 과정에서 들어야 할 필요가 있는 의견들을 듣기 위해서는 필요하다. 어떤 사안도 흑백논리로 결론지을 수 없으며 각자의 시각이 유의미한 진실을 품고 있기도 하다. 토론은 서로 대립되는 의견 사이의 균형점을 찾게 해주며 정확한 정보를 기반으로 한 현명한 선택을 하도록 도와준다. 나는 경영진에게 각자의 직관에 반하는 역할을 맡김으로써 토론을 더 어렵게 만드는 것을 좋아했다. 예를 들어, 그날의 주제가 '나스닥 재팬, 유지할 것인가 폐점할 것인가?'라면, 나는 나스닥 재팬을 유지해야 한다고 생각하는 임원에게 나스닥 재팬을 폐점해야 한다고 주장하는 역할을 맡기기도 했다. 그렇게 함으로써 논쟁에 불을 붙였다. 토론의 기본 전제는 자신이 반대하는 입장을 위해 빈약한 주장을 펼쳐서는 안 된다는 것이다. 그들은 내용 자체가 아니라 그들이 펼치는 논리의 수준으로 평가받았다. 나는 저마다의 입장들이 적어도 자신의 시각에서는 합리적 추정에서 나온 것이라고 굳게 믿는다. 결국 다른 안을 택한다 하더라도 우리가 반대하는 입장을 단순히 무시하기 보다는 그들이 생각하는 근거를 이해하려고 노력하는 것은 의미 있는 일이다.

물론 토론이 난상토론이 되지 않도록 하는 것은 중요하다. 누구도 고성이 오가는 것은 원치 않을 것이다. 말다툼을 하는 문화는 집중력을 흩트린다. 우리가 하는 토론에는 체계와 규칙이 있었다. 토론은 회의실에서 열렸으며 약 12명 가량의 경영진들이 청중으로 참석했다. 토론 참석자들은 열정을 다해 토론했다. 토론이 끝날 때는 필요한 경우 내가 토론을 통해 도출된 결정 사항에 대해 엄지손가락을 들어 올리거나 아래로 향하게 하여 최종적으로 찬반 의견 표시를 했다. 하지만 보통은 토론이 끝나갈 무렵이면 올바른 답이 무엇인지 이미 결론이 나와 있는 상태였다. 그러나 종종 나는 대다수의 의견에 반하더라도 경영자로서의 의사결정을 해야만 했다. 어찌 됐든, 토론을 하는 이유는 완벽한 민주주의의 이상을 실현하자는 것이 아니었다. 그보다는 모든 이들이 현안을 명확히 인지하고 제시된 변동 사항에 대한 근거를 이해하게 하여 내 의사결정을 투명하게 알리려는 의도였다.

이 접근법은 내가 CEO로 취임한 후 처음 100일 동안 특히 더 중요하게 활용됐다. 2003년 나스닥은 발전 가능성이 없는 프로젝트들 때문에 허덕이고 있었다. 이런 쪽으로는 자기 규제를 해본 적이 거의 없었기 때문이다. 새로운 계획안에 대한 승인 절차는 있었으나 그 계획들이 효율적으로 진행되고 있는지 점검하거나 위기 상황시 그 계획을 중단시키는 절차는 존재하지 않았다. 물론 다수의 계획안이 승인될 수 있는 시기에 경기 침체에 대비한 대응책을 세울 필요는 없었을 것이다. 그런 상황에서 흔히 그렇듯 해당 프로젝트를 지지하는 회사 내의 세력들은 그것의 진행을 점검하거나 중단시키지 못하도록 보호하려 한다. 나는 해당 프로젝트가 나스닥이 추구하는 사명에 맞는지, 혹은 수익성이 있는지 등을 전혀 고려하지 않은 채 작은 사업부를 조직해 운영한 인물을 여럿 알고 있었다. 진행할 프로젝트들을 가지치기하는 일은 가장 우선시되어야 하는 일이다. 그럼에도 나는 수익성이 안 좋은 프로젝트를 폐기하는 데 집중하느라 훌륭한 프로젝트들을 놓치기는 싫었다. 우선 내가 봤을 때 너무 열정이 지나친 프로젝트들은 경계하고자 했다. 프로젝트 가지치기를 위해 내가 선택한 방법은 투명하고 객관적인 토론 방식이었다.

이 문제를 훨씬 더 조용히 해결할 수도 있었다. 이를테면, 양측이 프레젠테이션 자료나 메모를 만들어내 판단을 위해 그것을 제출하면 모든 일이 쉽고 조용히 이루어질 수 있었다. 하지만 그 방법을 사용하는 것은 인간 본성의 중요한 측면을 고려하지 않는 것이고 저마다 자신의 목소리를 내고 싶어 한다는 사실을 무시하는 것이었다. 토론을 하게 되면 그 주제와 관련된 에너지가 만들어진다. 그리고 프로젝트가 살아남든 폐기되든 상관없이 그 여부가 모든 이들의 합의 하에 결정된다는 사실에 모두가 만족스러워 한다. 이러한 방법으로 경영진들로부터 진정한 동의를 얻어낼 수 있으며 어떤 결정으로 인한 여파 속에서도 우리 모두가 한 배를 타고 같은 방향으로 노를 젓고 있다는 사실을 확실히 할 수 있다.

내 팀에게서 받는 도움은 이러한 토론에 그치지 않는다. 사실 나는 직원들과 소통할 때 모든 이들이 심지어 안 좋은 소식을 전할 때조차도 내게 솔직하기를 주문했다. CEO에게 좋은 소식을 알리고 싶은 마음은 당연하지만 그것은 그다지 도움이 되지 않는다. 제너럴 일렉트릭이 몰락하는 과정에서 너무나 분명히 목격했듯이, 회사 내부 사람들이 이름 붙인 이른바 내부의 '성공 극장'에 의해 항상 사업의 긍정적인 측면들과 가장 낙관적인 시나리오만을 강조하는 관행은 독이 될 수 있다. 좋은 뉴스만을 전하려는 제너럴 일렉트릭 간부들의 태도 탓에 그들의 기업문화는 사업의 현실과는 동떨어진 위험한 상태에 이르렀고 쇠퇴의 길로 접어든 회사 상황에 대해 경영진이 함구하도록 만들었다. 사람들은 당신이 묻지 않는 한 당신이 알아야 하는 것을 말해 주지 않는다. 그리고 더 중요한 점은, 진실을 솔직하게 말해 주는 사람은 포상해야 한다는 것이다. 경영자는 현실을 있는 그대로가 아닌 장밋빛으로 보이게 만들고 싶어 하는 인간의 본성에 맞서야 한다.

사람들이 당신에게 솔직하기를 바라기만 해서는 안 된다. 가끔은 피드백을 얻기 위해 솔직히 터놓고 대화하는 자리를 마련해야 한다. 나의 경우는 "문제를 말해 주세요" 혹은 "나쁜 소식을 전해 주세요"라는 제목의 회의를 자주 가졌다. 그리고 나는 솔직한 정보를 최고 경영진들만 알고 있는 것을 원치 않았다. 그래서 '열린 광장'이라는 제도를 도입해 전 직원들이 질문할 수 있는 현장 질의응답 시간을 정기적으로 가지기도 했다. 그렇게 함으로써 직원들은 무엇이든 물어볼 수 있었고 나는 우리 직원들과 집단적으로 소통할 수 있는 기회를 가질 수 있었다. 그렇게 했음에도 여전히 어려운 질문들은 이메일로 들어오곤 했다.

나는 직원들과 정기적으로 점심식사도 함께했다. 매번 다른 부서에서 7명의 직원들이 식사 자리에 참석했다. 나는 그들에게 "우리가 현재 잘하고 있는 일은 무엇인가요?", "우리가 못하고 있는 일은 무엇인가요?"라는 질문을 던지면서 피드백을 유도했다. 그리고 그들은 내게 무엇이든 질문할 수 있었다. 보통은 직원들이 편안하게 마음을 열고 솔직하게 질문하고 내가 직접적인 피드백을 주게 되기까지 30분 정도의 대화가 필요했다. 식사 자리는 내게 매우 도움이 되었고 그래서 일주일에 한 번씩은 이런 자리를 가지려고 노력했다.

어떤 사업 부문과 관련해 내가 한 일보다 더 많은 것을 알고 있는 나의 팀에 매우 감사함을 느꼈던 결정적 순간이 여러 번 있었다. 타임스스퀘어의 정중앙에 위치한 나스닥의 상징과도 같은 건축물인 마켓사이트(MarketSite)에 관한 논쟁이 바로 대표적인 사례 중 하나였다.

많은 사람들에게 마켓사이트는 나스닥을 대표하는 얼굴로 여겨진다. 마켓사이트는 맨해튼 중심부에 위치한 원통형으로 된 사무실이자 이벤트 홍보를 위한 공간이다. 주식 시황을 보여주는 둥글게 휘어진 전자 디스플레이와 타임스 스퀘어에서 촬영하고 있는 이벤트를 배경에 보여주는 하이라이트 때문에 많은 사람들이 그것을 나스닥의 중앙 본부라고 생각하기 쉽다. CNBC는 현재 두 개의 쇼, 〈스쿼크 박스(Squawk Box)〉와 〈패스트 머니(Fast Money)〉를 메인룸에서 촬영한다. 기업들은 그곳에서 개장 벨이 울릴 때의 흥분의 순간을 메인 스튜디오에서 블룸버그와 폭스 비즈니스, CNBC로 전송하며 신규 상장을 축하한다. 블룸버그는 마켓사이트 스튜디오에서 인터뷰를 진행한다. 기업들은 원통형 타워에 광고를 한다. 십수 년에 걸쳐 마켓사이트는 중요한 미디어 센터이자 미국 경제 활력의 상징이었다.

취임하고 얼마 되지 않아 나는 마켓사이트를 방문했다. 분명히 내가 당시 재정 중심적 시각을 가지고 있었기 때문에 그랬을 것이다. 내게는 마켓사이트가 나스닥 글로벌 브랜드의 상징으로 보이지가 않았다. 그저 입을 크게 벌리고 있는 돈 먹는 하마로 보였을 뿐이다. 마켓사이트에는 스튜디오 자체 촬영 스태프가 있었는데 연간 25만 달러의 큰 비용이 들어가고 있었다. 싱싱한 꽃 장식을 위해 일주일에 1천 달러가 들어가고 있었고, 모든 행사들을 위해서 또는 항상 파티 분위기를 연출하기 위해 호화로운 음식 서비스가 제공되고 있었다. 나는 최근에 최고 마케팅책임자로 합류한 존 제이콥스(John Jacobs)에게 이런 것들이 비용 낭비라고 말했다.

"마켓사이트를 폐쇄하게."

"폐쇄하라는 지시이신가요, 아니면 제게 대안을 마련하라는 말씀이신가요?"

나의 의중을 물어왔다.

"대안이 있다면 가져와 보시게."

나는 한발 물러서 양보했다.

"하지만 내 의향은 폐쇄하는 쪽이네."

나는 마켓사이트 폐쇄로 절감할 수 있는 상당한 액수의 여유자금을 상상하며, 그러한 금전 손실이 없어지면 우리가 유지할 수 있는 직원들과 사업들을 생각했다. 나는 마켓사이트가 브랜드 마케팅 측면에서 좋을 뿐만 아니라 눈 밝은 회계 감사에서도 유리해질 수 있다는 데까지는 미처 보지 못했다. 그 시점에서 내게 첫 번째이자 가장 중요한 과제는 비용절감이었다. 그러나 나는 스스로에게 상기시켰다. 내가 존을 채용한 이유는 내가 알지 못하는 것들을 그가 알고 있다는 점 때문이었다. 따라서 나는 그의 말을 경청할 준비가 되어 있었다.

마켓사이트 유지와 관련된 검토 사항들은 나스닥 내부의 상장 사업의 역할과 관련이 있었다. 상장 사업은 대중을 상대하는 사업인 만큼 대다수의 사람들은 기업 브랜드가 중요하다고 생각한다. 상장 사업은 수익성은 있으나 성장 엔진은 못 된다. 당시 나스닥의 핵심 사업은 전자 거래였으나 안타깝게도 부진을 면치 못하고 있었다. 전자 거래 사업이 회복되지 않는 한 다른 사업으로는 대체가 불가능했다. 내가 기술 개발과 거래 처리 분야에서 일하다 와서 그런지 해당 사업을 다시 정상화시키는 일에 지나치게 집중하고 있었다. 나는 나스닥(또는 뉴욕 증권 거래소)의 CEO는 국가의 주식 거래소를 지휘한다는 화려한 후광에 사로잡히기가 쉽다는 것을 알고 있었다. 나무 위로 훨훨 날아올라 주목받기를 즐기면서 나머지 세부 업무들은 직원들에게 맡기게 되기 십상이다. 하지만 나는 주목받는 업무를 하라고 채용된 것이 아니었다. 사실 마켓사이트에 대해 내가 우려한 이유는 핵심적이지 않은 활동들이 뿜어내는 불빛에 방향을 잃게 될까 봐 두려운 마음이 앞서서였다.

내 직감은 맞았다. 하지만 마켓사이트를 폐쇄하라는 제안은 지나치게 섣부른 제안이었다. 나스닥의 핵심 사업인 거래 처리 사업을 다시 궤도에 올려놓아야 한다는 열정에 사로잡힌 나머지 나는 마켓사이트가 상장 사업에서 얼마나 중요한 역할을 하는지 알아보지 못했다. 또한 우리와 함께하는 상장 기업들에게, 나아가 나스닥이라는 브랜드에 마켓사이트가 얼마나 중요한 존재인지 미처 깨닫지 못했다. 나는 나스닥 상장 기업들의 CEO들과의 첫 번째 대화에서 그 사실을 여실히 깨달았다. 그 자리에서 나는 전자 거래 사업을 개선해서 나스닥의 서비스와 기술을 최고 수준으로 향상시키겠다고 이야기하고 싶었다. 그런데 그들은 타임스 스퀘어에서 개장 벨을 울리는 것에 대해 이야기하고 싶어 했다. 그들은 부모님을 기념행사에 모시고 오면 얼마나 좋을지에 대해 이야기했다. 개장 벨을 울리는 순간은 고객들에게 상징적으로 의미가 컸다. 임원실과 예산, 고객과 거래처, 상품과 서비스 이런 것만이 사업의 전부가 아니다. 수년간의 피땀 어린 노력이 드디어 결실을 맺는 순간, 그 순간을 세상의 주목을 받으며 만끽하고 싶은 기분 역시 사업의 일부이다. 나는 그때 깨달았다. 마켓사이트는 회계 장부상의 손익 계산보다 훨씬 더 중요한 역할을 한다는 사실을.

결국 우리는 마켓사이트를 폐쇄하지 않았다. 대신 조금 더 가볍게 운영하는 방향으로 개선하기로 했다. 값비싼 과시용 요소들과 특전들은 줄이고 나스닥 상장 기업들에게 마켓사이트를 인기 있는 명소로 자리잡게 해준 모든 감성적 요소들은 그대로 가지고 가기로 했다. 장식의 수위는 낮추면서 상장 기업들이 이루어낸 성취를 축하하는 장소로서의 지위는 유지하기로 했다. (2018년 2월 나스닥은 이 건물을 본부 건물로 사용하겠다는 의사를 밝혔다.) 그리고 우리는 이 특별한 장소를 주요 행사를 위해 대관하기 시작했다. 마켓사이트의 재정적 적자를 줄이는 또 다른 방안이었다. 마켓사이트의 이 같은 변신은 재정적인 무리를 감수하지 않고도 여전히 우리 브랜드의 인지도를 강화하면서도 상장사들에게 인상 깊은 홍보 증대 효과를 제공할 수 있었다. 이것은 내가 내린 결정이 아니라 우리 팀이 마켓사이트를 유지할 수 있는 지혜를 발휘하도록 나를 도와준 결과였다. 훌륭한 인재들을 옆에 두었어도 그들이 좋은 해결책(심지어 당신을 놀라게 할 해결책)을 제시할 것이라고 믿지 않는다면 아무 소용이 없다. 때로는 당신이 모르고 있는 것을 말해주는 사람이 조직에 필요한 적임자일 수 있다.

채용 실수에 미련을 가지지 마라

CEO로 취임하고 몇 달이 지난 어느 날 아침 나는 불시에 크리스 콘캐논의 사무실을 찾아갔다. 그리고 크리스에게 선언하듯 말했다.

"더 이상은 못 참겠어."

"무슨 말씀을 하시는 거예요?"

나의 갑작스러운 선언에 크리스는 놀라서 물었다. 그는 내가 솔직하고 어쩔 때는 직설적이며 변죽을 울리지 않는 성격인 것에 언제부터인가 감사해했다.

"그를 내보내야겠네. 이렇게 계속 갈 수는 없어."

그제서야 크리스는 내가 무슨 말을 하는지 확실히 알아차렸다. 내가 나스닥에 처음 왔을 때 영입한 두 사람의 외부 인사 중 한 명이 실수였던 게 분명해졌기 때문이다. 그의 이력서는 아주 훌륭해 보였고 추천서도 특출했다. 하지만 그것이 성공적인 인사가 아니었다는 것이 곧 확실해졌다. 그는 분명 호감이 가는 인상에 훌륭한 이력을 지닌 매력적인 인물이었지만 해당 직무의 복잡성을 완전히 파악하지 못하고 있었다. 모두가 그 사실을 알고 있었다. 수 개월이 지난 후 나는 그를 잘못 채용했다는 사실을 인정하고 어떻게 해야 할지 결정해야 했다.

"채용한 지도 얼마 안 돼서 그를 내보내는 건 힘들 것 같습니다. 해고하는 건 좋아 보이지 않아요."

크리스가 솔직한 의견을 말했다.

"괜찮으시면 제가 그와 함께 일해 보면 어떨까요? 도와주면서 필요한 경우에는 그를 대신해서 일을 할게요."

"그건 올바른 방법이 아닐세. 그렇게 한다고 해결될 문제가 아니야. 그를 대신해서 일을 한다는 건 현실적인 대안이 될 수 없네."

나는 크리스가 도와주겠다는 의지를 보여준 것에 감사했다. 그러나 내 체면을 지키자고 우리 팀을 어렵게 만들 수는 없는 노릇이었다. "그건 내가 일하는 방식이 아니네"라고 나는 분명히 말했다.

"교묘하게 회피하려고 해서는 안 되네. 우리는 응급 처방을 써야 해."

말할 필요도 없이 이것은 결코 쉬운 결정이 아니었다. 스포츠 팀의 감독이나 총괄매니저가 전임자가 채용한 코치를 해고하는 것보다 자신들이 채용한 코치를 해고하는 것이 훨씬 더 어렵다고 말하는 것을 누군가에게 들은 적이 있다. 비즈니스에서도 마찬가지이다. 조심스러움은 인간의 본성일 것이다. 하지만 해야만 하는 일을 하는 데 있어 자신의 조심스러움이 방해가 되지 않도록 하는 것은 회사 경영에서 매우 중요한 자세이다. 당신이 틀렸었다는 것을 인정할 각오를 하라. 실수를 저지르는 현실을 직시하라. 자신의 실수를 인정하지 않으려다가 일을 더 그르칠 수가 있다.

나는 빨리 결정을 내렸고 잘못된 선택이 계속 악영향을 미치도록 놔두지 않았다. 비슷한 상황에 놓여 있는 경영자들에게는 이런 조언을 드리고 싶다. 잘못된 채용이나 인사 결정에 대해서는 자신을 방어하지 마라. 그런 실수로부터 자유로운 척하지 마라. 잘못된 선택을 했다면 그 결정을 바꿔라.

그래도 한 가지 긍정적인 반응은, 그를 내보내는 결정이 사내에서 환영받았다는 것이다. 그를 해고함으로써 나는 내가 업무 성과와 상관없이 무조건 지켜주는 '내 사람들'은 없다는 메시지를 분명히 전달했다. 이곳은 정실 인사를 하는 정권이 아니다. 진정한 능력주의만을 지향할 뿐이다. 업무 성과는 중요하다. 그리고 사람들은 누가 제 역할을 하지 못하는지 알고 있다. 능력주의 실현은 내 경력에 있어서 가장 훌륭한 업적은 아니었지만 돌아보면 내가 취임 초기에 임직원들의 지지를 얻을 수 있었던 가장 중요한 업적 중 하나였던 것만은 사실이다.

그날 아침 대화가 끝날 때쯤 크리스는 내게 물었다.

"그럼 그의 자리는 어떻게 할까요?"

나는 그를 바라보며 웃으며 말했다.

"자네가 맡게."

그리고 그는 그렇게 했다. 크리스는 거래 처리 서비스 부문의 부사장이 되었다. 그는 이후 6년간 훌륭히 그 역할을 수행했다.

사람은 성공적인 사업의 생명소이다. 나스닥과 같이 전환기를 겪으며 확실히 자리 잡은 조직에서 뿐만 아니라 우리 거래소에 상장하려고 하는 수많은 기업들처럼 빠른 속도로 성장하는 스타트업 기업에서도 그것은 마찬가지이다. 사업가들이 사업을 일으킨 이야기를 들어보면, 함께 일한 팀을 칭찬하면서 매일 아침 잠자리에서 일어나 똑똑하고 열정적인 사람들과 함께 한 가지 공동 목표에 집중해서 무언가를 창조하는 희열에 대해 이야기하는 것을 자주 들을 것이다. 나스닥은 스타트업은 아니었지만 우리가 겪고 있는 전환기에 새로운 국면을 맞이하고 있었다. CEO로서의 첫 해를 마무리할 때쯤 직원 수는 현저히 줄어 있었으나 나스닥의 버스는 재능과 전문성, 열정을 갖춘 인재들로 넘쳐나고 있었다. 우리는 시동을 걸 준비가 되어 있었다.

| 리더의 **경영분석**–전략과 혁신을 만드는 5가지 원칙

- **사람이 우선이다**
  당신은 미래를 예측할 수는 없어도 적재적소에 최고의 인재들을 배치할 수는 있다. 최고의 인재들은 세상이 바뀌더라도 그에 적응하고 대응하여 발전해 나갈 수 있다.

- **투명한 태도가 신뢰를 구축한다**
  당신이 첫날부터 무엇을 할 것인지 즉각 직원들에게 이야기한다면, 어려운 결정을 내릴 때에도 그들은 당신의 리더십을 신뢰하게 될 것이다.

- **신규 채용에 앞서 내부에서 먼저 승진시켜라**
  경영자로서 당신은 필요한 재능 있는 인재들을 내부에서 개발하려고 노력해야 한다. 외부에서 채용하기에 앞서 조직 내의 기존 인재들을 유심히 살펴보라.

- **건강한 토론을 장려하라**
  의사결정 과정에서 듣고 싶은 의견들을 듣고 중요한 모든 시각들을 고려하고자 한다면 토론은 필수이다.

- **정직한 피드백을 구하라**
  경영자들은 현실을 더 좋아 보이도록 포장하려는 사람들의 본능적 경향성에 맞설 수 있는 대응 방안을 마련해야 한다. 정직한 피드백을 구하고, 인센티브를 주어 그것을 장려하며, 정직한 피드백을 얻을 수 있는 대화 창구를 만들어라.

CHAPTER 3

선별 작업

나스닥이 호황 끝에 시장 점유율을 잃어가고 있다
〈월스트리트 저널〉, 2003년 12월 24일

"소수 내부자들과 업계 인사들 외에는 아무도 모르는 사이에 나스닥이 생존을 위해 고전하고 있다……. 나스닥이 기술주들의 활발한 거래 시장으로 살아남을 수 있을까? 나스닥은 사방에서 공격을 받고 있다."

'나스닥, 생존을 건 싸움'이라는 선정적인 제목의 2003년 8월호 〈비즈니스위크〉지의 커버스토리는 이렇게 시작했다. 기사는 매우 직설적이었지만 거짓은 아니었다. 나스닥의 상황은 대단히 심각했다. 즉각 조치를 취해야 했다. 하지만 더 중요한 것은 최적의 조치를 취해야 한다는 것이었다. 그리고 나스닥의 신임 CEO로서 최적의 적합한 조치가 무엇인지 결정하는 것은 오로지 내게 달려 있었다.

어떤 CEO들은 성공하고 어떤 이들은 실패하는 이유가 무엇일까? 어찌 됐든 그 자리에 오른 대부분의 사람들은 재능 있고 똑똑하며 오

"위대한 경영자는 최대의 효과를 얻기 위해 자신들의
레버리지를 높일 수 있는 방법을 끊임없이 찾는다."

랜 경륜을 가지고 있다. 그래서 그들은 채용된 것이다. 일반적으로 그
들은 놀라울 정도로 열심히 일한다. 그러나 나는 뚜렷한 성과를 내는
경영자와 고전을 면치 못하는 경영자 사이에는 한 가지 중요한 차이가
있다는 것을 알게 되었다. 그것은 바로 시간을 레버리지할 수 있느냐
의 차이였다. 성공하는 경영자는 자신에게 최대의 이점을 가져다주는
최적화된 조치를 취한다. "내게 긴 지렛대를 하나 주시오. 그러면 세상
을 들어올려 보이겠소"라고 고대 그리스의 수학자 아르키메데스는 말
했다. 위대한 경영자는 사업에 대해서 아르키메데스와 똑같이 생각한
다. 그들은 시간이나 자원을 최대로 지출하지 않고서도 최대의 효과를
얻기 위해 자신의 레버리지를 높일 수 있는 방법을 끊임없이 찾는다.

실패하는 사람들에게서 흔히 나타나는 특징은 그들이 잘못된 일을
계속 선택해 그 일에 매달린다는 것이다. 시간은 정해져 있는데 CEO
가 해야 할 일은 끝없이 계속 나온다. 그리고 그 일들은 매 순간마다 중
요하지 않은 일이 없어 보인다. 사업이 성장하는 어느 단계에서든 수
많은 일들의 우선순위를 매기는 일은 리더에게 주어지는 가장 어려운
일들 중 하나이다. 전환기에는 업무의 우선순위를 정하는 것이 특히
더 중요하다. 본성적으로 모든 일을 완벽하게 다 하고 싶어 하는 군주
형 CEO에게는 이것이 받아들이기 힘든 현실일 수도 있다. 사람들은

보통 자신이 잘할 수 있는 것이 무엇인지를 아는 것이 성공의 비결이라고 생각한다. 하지만 경영자에게 있어서 자신이 무엇을 잘할 수 없는지, 그리고 자신이 무엇을 아예 할 수 없는지를 아는 것도 그에 못지않게 중요하다. 사업에 도움이 되지 않는 일을 하느라 레버리지를 높여 시간을 허비하기는 매우 쉬운 일이다. 끝없는 우선순위 목록과 소모적인 업무들에 속아 방향을 잃지 마라. 현실은 이렇다. 당신은 큰 조직 내에서 모든 문제를 해결하고 수많은 싸움에서 이기고도 여전히 전쟁에서 패할 수 있다.

나는 내가 한 번에 모든 문제를 해결할 수 없다는 것을 잘 알고 있다. 그럴 땐 분류 작업을 해야 한다. 전환기에 놓여 있는 한 조직의 리더는 재난지역의 응급구조대원의 역할을 할 준비가 되어 있어야 한다. 어떤 프로젝트와 사업 부문, 계획안이 더 많은 자원과 공력을 들여 진행할 가치가 있는지, 혹은 없는지를 재빨리 판단해야 하는 것이다. 나는 내 시간을 최대한 효율적으로 활용하기 위해 여러 문제들의 실태를 조사하고, 다양한 사업 부문들에 대해 알아보고, 어디에 가장 시급한 조치가 필요한지를 결정한다. 또한 비용을 절감하고 수익을 증대시키는 가장 효율적인 방법을 찾는다.

돈이 새는 구멍

나스닥을 맡기 전에 나는 나스닥의 기존 지도부에 손익일계보고서를 만들어 줄 것을 요청했다. 나는 항상 주요 활동의 경제적 손익을 드러내 보여줄 수 있기를 원했다. 보고서는 출근 첫날 내 책상 위에 놓여 있었다. 팀의 빠른 반응에 기뻤고 내가 처음에 생각한 것보다 시스템이 잘 되어 있을지도 모르겠다고 생각했다. 보고서를 보고 난 뒤 나는 그 일에 50명의 인원이 배정되어 있었다는 사실을 알게 되었다. 지속 불가능한 비즈니스 모델의 분명한 예였다. 시간이 지나고 우리는 내부 비용 회계를 위해 강력한 재무 계획 및 분석 시스템을 개발했다. 이 일을 중시했던 더 큰 취지는 그러한 문제에 항상 예의주시하는 기업문화를 만들고자 하는 것이었다.

보고서에 따르면 나스닥은 하루에 25만 달러를 잃고 있었다. 그런데 어떤 특정 사업 부문 또는 프로젝트가 자원을 낭비하고 있는지는 전혀 기록되어 있지 않았다. 다시 말하면 그것은 우리의 비용체계가 불명확하다는 증거였고, 조직 내에서 적확한 부분에 비용이 명확하게 할당되지 않은 지출로 커다란 구멍이 생겼다는 뜻이었다.

모든 회사에는 구멍이 있다. 전 부서에서 사용하는 회사 간접비와 자원들은 어느 정도의 범위까지 사용하는 것은 타당하다. 예를 들면, IT 자원, 인력 자원, 변호사들의 시간, 혹은 CEO의 시간 같은 자원들이 이에 해당한다. 문제는 부서들이 이러한 일반 자원들을 실제로 어느 정도까지 사용하고 있는지 알 수 있는 확실한 추적 시스템이 없기 때문에 이 비용들을 할당하지 않는 것이다. 어떤 경우에는 이런 비용들을 직원 수로 나누거나 수익의 비중으로 나누어 공식에 의해 할당하기도 한다. 전혀 할당하지 않는 것보다는 낫지만 그런 방식은 어설픈 처리 방식이며 조직의 자원이 어떻게 사용되고 있는지 정확히 파악하

> "돈이 필요한 곳에 정확하게 비용을 할당할 때 여러 사업부와
> 프로젝트의 관리자들 사이에 책임의식을 고취시킬 수 있다."

는 데 아무런 도움이 되지 않는다. 또 그런 방식으로는 조직 전반에 걸쳐 책임지는 자세를 북돋울 수도 없다. 큰 기업들은 대체로 조직 전체로 봤을 때는 출혈이 상당한데도 자신들의 프로젝트는 높은 수익률을 올리고 있다고 생각하기 때문에 이런 어려움에 빠져들었는지도 모르게 빠져들고 있는 것이다.

구멍을 완전히 없앨 수는 없다. 하지만 구멍의 크기를 최소화할 수 있다면 회계의 정확성과 재정 긴축을 향해 큰 걸음을 내디딜 필요가 있다. 돈이 필요한 곳에 정확하게 비용을 할당할 때 여러 사업부와 프로젝트의 관리자들 사이에 책임의식을 고취시킬 수 있다. 예를 들어, 한 기업이 데이터센터를 만드는 데 5천만 달러를 사용한다고 가정해 보자. 그 비용을 데이터센터를 이용하는 사업부들의 수로 나누어 할당하게 되면, 해당 사업부는 자신들의 부서 손익계산서로 5천만 달러의 일부가 갑자기 흘러들어온 것을 알게 된다. 이때 그 사업부의 손익계산서는 더 이상 모범적으로 보이지 않을 것이고 부서장은 자원 활용과 관련해 창의적인 아이디어를 내놓아야 할 새로운 동기가 생긴다. 그는 아마도 데이터센터를 만드는 데 찬성한 적이 없었을 것이다. 그런데도 그는 그것 때문에 청구서를 받은 셈이다. 그러므로 그는 이제 그 비용을 줄이기 위해 노력할 이유가 생긴 것이다. "데이터를 모두 클라우드

에 올리는 건 어떨까요?"라고 그는 제안한다.

사람들은 그들의 프로젝트와 관련해 실제 비용의 집행자가 되어야할 때 비로소 중요한 대화를 시작한다. 겉보기에 고정된 비용들도 재고해야 한다. 나스닥의 당시 최고재무책임자(CFO)였던 데이비드 워렌(David Warren)은 "모든 고정비는 때에 따라 다를 수 있다"고 말하곤 했다.

레버리지를 추구하는 리더에게 구멍을 찾는 일은 필수적이다. 돈이어디로 흘러들어가고 있는지 확실히 알 때 비로소 시간과 관심을 어디에 집중하는 것이 가장 효율적인지 알 수 있기 때문이다. 비용 투명성이 없이는 제대로 작동하는 조직을 만들 수 없다. 그리고 투명성에 도달하는 방법은 비용 할당이 어렵다고 여겨지는 곳에 집중하는 것이다. 데이비드가 경영진에게 보고서를 제출하기 시작했을 때 나는 그에게문제가 있는 부분으로 바로 넘어가 달라고 요청했다.

"1페이지부터 시작할 필요는 없어요. 전체가 다 필요한 게 아니니까. 문제가 있는 부분들부터 시작하죠. 어떤 부문에서 비용 할당을 하는 데가장 어려움을 겪었나요?"

나는 나 자신이 꽤 긍정적인 사람이라고 생각하지만 경영자로서 우선 해야 할 일은 제대로 작동되지 않는 부분에 집중하는 것이 급선무라고 생각한다. 경영자는 항상 균형을 잡으려는 행동을 해야만 한다. 위험을 감수하고 성공하고자 한다면 낙관주의적 태도를 지니는 것이필수이다. 실제로 성취를 이루는 사람들은 낙관주의자라는 말은 아마사실일 것이다. 하지만 그 낙관주의는 훈련된 비판적 시각으로 통제해야만 한다. 해병대가 인간의 기본적인 자기 보호본능을 뛰어넘어 포화 속으로 뛰어들도록 훈련 받듯이 경영자도 문제를 회피하지 않고 문제 속으로 뛰어들 용기가 있어야 한다. 냉정하게 현실을 직시하라. 문제를 피하거나 해결을 연기하려고 하는 본능을 극복하라. 고급 와인과는 달리 대부분의 문제는 시간이 지날수록 좋아지는 것이 아니다. 모호하거나 혼란스럽고 충돌이 있는 부분을 밝게 비추라. 그곳에 바로 명료함과 정돈, 해결책을 찾을 수 있는 레버리지가 있다는 것을 명심하라.

내가 데이비드에게 문제를 보여 달라고 했을 때 그는 주저하지 않았다. 그는 재빨리 보고 자료의 중간 부분으로 넘어갔다. 비용을 할당해도 모호했던 부분들이 눈에 보이기 시작하자, 우리의 재정 상황은 투명해지기 시작했다. 그의 보고 내용 중에는 내가 예상했던 정보도 있었고 새롭게 알게 된 정보도 있었다. 회의는 빨리 진행되었고 필요한 부분에 대해서는 내가 최종 결정을 내렸다. 경영진은 일이 너무 빨리 해결되어 조금 놀란 기색이었다. 내가 전달하고자 하는 메시지는 소리 없이 명백했다.

"우리는 알력 다툼으로 시간 낭비를 하지 않을 것이다. 세부 사항을 놓고 언쟁을 벌여 우리의 에너지를 소모시키고 집중력을 저하시키는 데 소중한 시간을 허비하지 않을 것이다. 우리 앞에는 커다란 도전이 놓여 있다. 우리는 결단력을 가지고 빠르게 움직여야 한다."

경영자의 직감

특히 압박 속에서 크고 중대한 결정을 내릴 때 경영사는 어떻게 의

사결정을 내리는가? 의사결정을 내릴 때에는 여러 가지 요소들이 작용한다. 하지만 직감이 좌우하는 경우가 자주 있다. 무언가를 직감적으로 결정한다는 것은 재빠른 반응이나 신비한 직관력만을 의미하는 것이 아니다. 내가 생각할 때 직감이란 어떤 상황을 판단하고 그에 반응하는 능력을 길러주는 평생 동안의 배움이 누적된 결과이다. 당신의 인생 경험, 교육, 사업 감각, 성공과 실패, 잘한 일과 잘못한 일 등 이 모든 것들이 복합적으로 주어진 문제를 겨누고 있는 내면의 나침반으로 작용한다. 바로 그러한 순간에 자신이 진정으로 알고 있는 것이 무엇인지 알게 된다.

직감은 단순한 지식 이상의 것이다. 나는 달리기를 하는 사람으로서 내가 가장 좋아하는 스포츠인 육상에 대해 많은 지식을 가지고 있다. 내 딸이 육상 경기에 출전하게 됐을 때 나는 딸을 위해 데이터 기반의 훈련 계획, 즉 필드의 전문가들이 주는 이길 수 있는 처방 같은 것을 딸에게 내려 줄 수 있을 것이라고 생각했다. 그러나 그때 나는 직감적으로 딸을 프랭크 가글리아노라는 훌륭한 코치에게 데리고 갔다. 운동을 시작하기 전에 코치가 딸과 이야기를 나누고 난 후 그날 딸에게 가장 필요한 훈련 과정을 정하곤 하는 것을 나는 매번 지켜보았다. 그가 하는 제안은 어떤 때는 훈련 매뉴얼에 나와 있을 것 같은 내용이었으나 또 어떤 때는 그 자리에서 자신만의 언어로 이야기하는 것이 분명해 보였다. 확실히 내 딸에게 맞춤 훈련 처방을 내리는 그의 능력은 내 능력을 훨씬 능가했다. 그와 내가 똑같은 기술적 지식을 공유했더라도 그는 내가 그 분야에서 가지고 있지 못한 것을 가지고 있었다. 바로 직감이었다. 신뢰할 수 있는 직감과 학습된 지식이 만나는 어떤 지점에서 효과적인 지도력이 탄생하는 것이다.

사업에서 나는 내가 어렵게 얻은 직감을 신뢰했지만 가능한 모든 데이터를 활용하는 방법 또한 신뢰했다. 그 자리에서 바로 결정을 내려야 하는 경우도 드물었지만 나는 가능하다면 시간을 두고 결정이 확고해질 때까지 기다리는 것을 좋아했다. 데이터는 최종적으로 확실한 방향이나 결정이 드러날 수 있도록 자리를 잡고 내 직감이 작동하는 알고리즘과 결합할 시간이 필요했다. 실제로 나는 결단력이 있는 편이었지만 항상 그런 것은 아니었다. 중요한 사안인 경우에는 수집한 정보가 내 정신 작용의 심층으로 스며들도록 하기 위해 하룻밤 자면서 고민해 볼 때가 많았다. 그러면 다음 날 아침에 일어날 때에는 결정이 더 선명해진다.

젊은 시절 내가 좋아했던 또 다른 전략은 달리기를 하는 것이었다. 발이 땅을 치고 올라올 때 정신은 맑아지고 앞으로 남은 거리에만 집중하게 된다. 하지만 그러고 난 후 샤워를 하거나 밥을 먹을 때 깊은 직관이 찾아오곤 한다. 직감으로 일하는 능력은 그것을 신뢰해도 되는 때가 언제인지, 신속히 행동해야 하는 때와 시간을 좀 더 가져야 하는 때가 언제인지, 정보를 더 구해야 하는 때가 언제인지만 알고 있다면 훌룽한 지도력을 발휘할 수 있는 인증마크가 될 수 있다. 직감을 개발하기 위해서는 시간과 경험 이외에 다른 특별한 공식은 없다.

나스닥에서 맞이한 첫 번째 여름에는 중대한 결정들이 끊임없이 이어졌다. 우리는 프로그램과 프로젝트, 비용을 줄이느라 엄청나게 많은 시간을 쏟았다. 나는 크리스의 사무실과 데이비드의 사무실을 오가며 모든 것에 의문을 제기했다. 어떤 프로젝트들은 고전하고 있었고 어떤 프로젝트들은 성공적이었다. 나스닥의 재정적 우선순위를 감안했을 때 유망하다고 판단했던 계획안들조차 그 당시엔 타당해 보이지 않았다. 그것은 어려운 작업이었고 나는 매일 아침 재무보고서를 샅샅이 뒤지는 데 많은 시간을 소비했다. 하지만 다른 한편으로 생각해 보면 간단한 일이었다. 우리는 비용을 줄여야 했고 가지치기해야 할 후보가 너무 많았다.

전환기에 놓여 있는 기업이 사업부와 프로젝트, 계획안 등을 평가할 때 해야 할 질문들을 살펴보자.

● 출혈을 멈출 수 있는 부분은 어디인가? 실적이 아주 부진해져서 더 많은 자원을 낭비하기 전에 접어야 할 사업부는 어디인가?
● 재정 상태가 건전해 많은 비용을 새로 투자하지 않고도 지금 살아남을 수 있는 사업부는 어디인가?
● 즉각적으로 관리하고 관심을 기울이면 기업을 살리고 성장시키는 데 큰 도움이 될 수 있는 분야는 어디인가?
● 논의 중인 프로젝트나 계획안이 지금 현재 우리의 주력 사업에 필수적인 일인가, 아니면 지엽적인 일인가?
● 제안된 프로젝트들 중 어떤 것이 성공할 확률이 낮아 착수하는 것조차 시간낭비인 프로젝트는 어떤 것인가?

누가 봐도 명백히 실패하고 있는 프로젝트나 계획안을 폐기하는 것은 쉬운 일이다. 실제로 골치 아픈 것은 그 상품이나 서비스를 좋아하는 소수의 충성 고객들이 존재하는 부진한 프로젝트나 계획안들이다. 내가 자주 하는 말인데, 고객이 아예 없는 것보다 못한 것은 고객이 한 명 있는 것이다. 그 사업을 접으면 고객은 기분 나빠할 것이다. 그에 더해 시간이 지날수록 회사 내 일각에서는 그 프로젝트들에 투자할 것이고 수익성이 없음에도 그것들을 보호하려고 할 것이다. 어떤 것이 성공을 이끌고 어떤 것이 그렇지 않은지 현실적인 눈으로 바라보는 것이 중요하다. 나에게 가장 어려웠던 결정들 중 하나는 전망은 좋았지만 지엽적인 프로젝트와 관련된 결정이었다. 아데나 프리드만이 진행하고 있었던 프로젝트가 딱 그런 경우였다. 소자본 회사들을 위해 나스닥이 최초로 만든 거래소인 BBX가 그랬다. 정말 발전 가능성이 많은 분야였고 투자자들이 찾을 만한 좋은 콘셉트였다. 문제는 결실을 보려면 몇 년은 걸릴 것이고 그 과정에서 자원과 시간이 투여될 것이라는 점이었다. 더 큰 문제는 내가 가장 능력 있다고 인정하는 임원 중 한 사람의 시간이 투여되는 것이었다. 그러나 아데나는 그 프로젝트에 전념하고 있었고 프로젝트를 폐기하자는 나의 제안에 격렬히 반대했다. 나는 그녀의 이런 입장을 당연히 존중했지만 그렇다고 나의 최종 결정이 바뀌는 것은 아니었다. 그런 종류의 프로젝트를 진행하기에는 시기가 좋지 않았다는 것이 문제였다.

내가 취임하고 6주가 지난 후 나스닥은 1억 달러의 부실 자산을 정리했다. 이것은 혼란을 뚫고 사업의 실제 성과를 분석한 결과였다. 나스닥에서 돈이 새는 구멍은 이제 더 이상 묻혀 있거나 불명확하거나 미상이 아니었다. 크리스, 데이비드, 아데나와 그 밖의 직원들의 노고로 우리는 어느 부분에 문제가 있는지 찾아냈고 그 해결책을 향해 이미 커다란 발전을 이루어냈다. 내 계획은 효과를 발휘하기 시작했다. 좋은 인재들은 사업에서 다른 모든 것들을 지렛대로 활용할 수 있기 때문에 나는 사람이 우선이라는 원칙에 집중했다. 관료주의적 관행을 줄이기 위한 필수적 절차도 시작했다. 그때부터 우리는 재정 규칙을 잘 실천하고 있었다.

당신의 주력 사업은 얼마나 건전한가? ──────────●

기업의 전환기에 재정 규칙은 매우 중요하다. 가능한 모든 것들을 저울질하고 자로 재고 숫자를 세어야 한다. 하지만 그렇다고 빠른 성공의 단계로 나아 갈 수는 없다는 것을 아는 것이 더 중요하다. 비용을 줄이고 더 가볍게 운영하면 금전적 손실의 속도를 늦출 수는 있다. 하지만 재정 금고를 정상화시키는 데에는 직원 수를 줄이거나 수익성이 낮은 사업 분야를 폐지하는 것 이외에도 훨씬 더 많은 방법이 강구되어야 한다. 번영의 길로 곧바로 가로질러 갈 수는 없다.

어느 시점이 되면 수입을 증대하고 더 많은 고객을 끌어올 방법을 찾아야 한다. 새로운 리더는 기업의 다양한 재원을 재빨리 파악하고 이렇게 질문해야 한다.

"우리의 주력 사업은 얼마나 건전한가?"

"우리의 주력 사업은
얼마나 건전한가?"

2003년 나스닥의 매출은 세 가지 주요 수입원에서 나왔다. 첫 번째는 데이터 및 인덱싱 사업(indexing business)이다. 이를테면, CNBC, 야후 파이낸스, 블룸버그 등의 경제 뉴스 채널의 화면에서 볼 수 있는 주가 데이터도 이에 포함된다. 나스닥 인덱스 100과 같은 나스닥 파생금융 상품에 대해 판매 허가를 내주기도 한다. 전체 시장에서 상장지수펀드(ETF)와 인덱스펀드의 인기가 날로 상승함에 따라 이 사업은 탄탄하게 성장하고 있었다. 2003년에서 2005년 사이 격동의 시기에 신이 주신 선물과도 같은 존재였다. 이 사업은 우리의 주력 사업은 아니었지만 중요한 수입원이었다. 이 수입이 없었다면 나스닥은 계속 버티기 힘들었을 것이다. 나는 이 사업의 재무 상태가 건전하며 그렇게 많은 시간과 공력를 들이지 않아도 된다는 사실을 재빨리 파악했다. 따라서 더 시급한 문제들에 집중해도 되겠다는 결론을 내렸다.

나스닥의 두 번째 수입원은 상장 사업이었다. 기업들은 나스닥에 상장하기 위해 비용을 지불한다. 연간 수수료 뿐만 아니라 최초 기업 공개를 위해 지불하는 일회성 수수료도 있다. 가장 큰 수입원은 아니었지만 연간 수수료들은 고정적이고 예측 가능해서 투자자들은 그런 일관성을 아주 좋아했다. 상장 사업은 또한 나스닥의 얼굴이자 대표 사업이었다. 실제로 브랜드 차원에서 보자면 상장 사업이 바로 나스닥이었다. 단지 돈의 문제가 아니었다. 우리의 국제적 브랜드를 위해 중요했다. 거리에 나가 지나가는 사람 누구라도 붙들고 나스닥에 대해 알고 있는 게 무엇인지 물어보라. 그들은 주식 거래량이나 전자 거래 기술에 대해 장황하게 이야기하지 않을 것이다. 그보다 구글과 페이스북, 마이크로소프트에 대해 이야기할 것이다. 기술 기업들과 개장 벨, CNBC에서 방영중인 〈스쿼크 박스〉, 또는 가장 최근에 신규 상장한 기술 기업이나 가장 이슈가 된 상장 기업에 대해 언급할 것이다. 나스닥은 매력적인 브랜드이다. 그리고 그렇게 된 가장 큰 이유는 매년 최고의 신규 상장사들을 추가하고 있고, 기존의 상장 기업들도 나스닥의 서비스와 이미지에 계속 만족하도록 운영하고 있기 때문이다.

그런데 불행히도 닷컴 거품 붕괴가 일어나면서 상장 사업은 심각한 타격을 입었다. 2003년에는 신규 상장이 매우 적었다. 그에 더해 오랜 경쟁사인 뉴욕 증권 거래소는 나스닥과 상장 유치 경쟁을 공격적으로 벌이고 있었다. 나는 시간을 두고 지켜본다면 이 사업은 예전의 상태로 자연스럽게 회복될 것이라는 자신감이 있었다. 문제는 시간이 없다는 것이었다. 상장 사업은 즉각적인 대응을 요구했다. 사실 자원이 무한정 투입되는 것처럼 느껴졌고 내 시간을 온전히 거기에 쏟아 부어야 하는 것이 애가 탔다. 레버리지가 높은 활동을 해야만 하는 아주 중요한 전환기에 이 사업에 매달린다는 것은 정반대 방향으로 가고 있는 것이나 마찬가지였다. 상장 사업은 중요한 사업이지만 투입되는 공력에 비해 산출되는 수익의 비율이 높지 않았다. 신규 상장에 성공해도 하나의 계정이 생기는 것일 뿐이다. 성과가 쉽게 측정되지 않으며 많은 인력이 투입된다. 나는 이런 사업을 '배보다 배꼽이 더 큰 사업'이라고 부른다. 그러나 시간이 지나면서 국제적 브랜드를 구축하는 데 있어 상장 사업이 얼마나 중요한지 가슴 깊이 깨닫게 되었다. 하지만 당시로서는 그보다 더 시급한 우선순위들이 있었다.

세 번째 수입원이자 우리의 진정한 주력 사업은 전자 거래 사업이다. 나스닥은 자사의 시스템에서 주식 한 주가 거래될 때마다 전자 거래 수수료를 징수한다. 소득 차원에서 보면 이것이 가장 중요한 소득원이며 당시 전체 매출의 40%를 차지하고 있었다. 그런데 이 사업이 문제가 생겼다. 2003년 전자 거래 매출이 20% 하락한 것이다.

위태로운 상황이었지만 나는 어떤 약이 필요한지 알고 있었다. 나는 전자 거래 업계를 잘 알고 있었고, 내가 채용된 주된 이유는 이 회사의 주력 분야에서 나스닥의 운명을 바꾸라는 것이었다. 나는 확실한 명을 받고 여기 온 것이었다. '기술력 향상에 투자하고 미래에 집중하라.' 전체 시장의 거래 추세를 통제할 수는 없었지만 전자 거래에서의 시장 점유율 경쟁에서는 입지를 회복해야만 했다. 우리는 혁신하고 경쟁해서 우리의 고객들을 더욱 만족시켜야 했다. 전자 거래는 내가 최대의 레버리지를 구할 수 있는 분야였다.

모든 사업은 경쟁자와의 관계 속에서 뿐만이 아니라 시장 전체와의 관계 속에서 존재하는 것이다. 어떤 사업 분야가 어려움을 겪고 있다면 다음의 사항들을 점검해 보는 것이 좋다.

- 시장 전체가 침체를 겪고 있는가?
- 우리가 경쟁력이 부족해서 사업이 고전하고 있는 것인가?

나스닥의 전자 거래 사업의 경우 이 질문들에 대한 대답은 모두 '그렇다'였다. 시장 전체가 닷컴 거품 붕괴의 여파에서 아직도 회복되지 못하고 있는 것이 분명했기 때문이다. 2003년에는 산업 전반에 걸쳐 거래량이 하락했고 그와 함께 업계 매출도 하락했다. 설상가상으로 치욕스러웠던 점은 전자 주식 거래 경쟁 업체들에게 빠르게 시장을 빼앗기고 있다는 것이었다. 그래서 크게 줄어든 업계 전체 매출액 중에서도 줄어든 일부 매출액만을 가져가야 했다. 하지만 당시 우리가 직면한 가장 중요한 문제는 시장이 중대한 과도기, 즉 주식 거래의 거대한 변화의 바람 속에 놓여 있다는 것이었다. 결국 우리가 그 도전에 어떻게 대처하느냐에 따라 성공과 실패가 갈리는 것이다. 시스코의 전 CEO이자 나스닥의 오랜 고객인 존 챔버스(John Chambers)는 궁극적으로 "기업은 다른 기업들이 아니라 과도기에 놓여 있는 시장과 싸우는 것이다"라고 말했다. 시장에서 무슨 일이 벌어지고 있는지 알아내기 위해 집중하지 않으면 이런 저런 몇 개의 싸움에서 이긴다 한들 아무 소용이 없다. 시장을 잘못 읽고 조류와 싸우려 들면 실패의 파도가 덮쳐 스스로를 파괴할 수도 있다. 물론 분기별 매출을 보고해야 하는 상장 기업의 경영자라면 알겠지만 단기적으로 효율적인 경쟁을 하는 것도 필요하다. 그러나 거시적 관점에서 보면 챔버스의 말이 옳다. 시장 경향은 사업을 성공하게 할 수도 있고 실패하게 할 수도 있다. 그리고 시장 경향이 기술 혁신을 추구한다면, 모든 상황이 사라지고 예전의 상황으로 돌아갈 것이라 가정하는 것은 전혀 사리에 맞지 않는다.

변화하는 시장 ──────────────────────●

여러 다른 업계에서와 마찬가지로 기술은 월스트리트에서 거래가 이루어지는 방식을 극적으로 바꿔놓고 있었다. 모든 거래소가 이미 타격을 입었거나 곧 타격을 입게 될 것이다. 기술적으로 과도기에 놓여 있는 시장의 예상치 못한 공격을 받고 있는 많은 기업들과 마찬가지로 나스닥은 변화하고 있는 환경에 줄곧 느리게 반응해왔다.

처음에는 새로운 전자 주식 거래의 세계를 받아들이는 것에 신중한 태도를 취했다. 조심스럽게 디지털 세계를 수용하는 한편 한쪽 발은 기존의 중개인이 주도하는 세상에 계속 걸쳐두려고 했다. 나스닥은 고객의 의견을 경청하려고 노력했고 그것은 중요한 지점이었다. 하지만 어떤 때는 기존의 고객들이 예전의 방식을 고수하고 싶어 할 때도 있다. 시장이 혼란스러울 때에는 고객층이 갑자기 대거 유입될 수 있다. 그러면 오래된 고객들은 아무런 의심 없이 좇아가다가 낭떠러지로 떨어지게 되기가 쉽다. 이런 상황에서는 때로는 더 독립적인 길을 만들어 나갈 필요가 있다. 전하는 바에 따르면 헨리 포드(Henry Ford)는 이렇게 말했다고 한다.

"만약 내가 사람들에게 무엇을 원하는지 물어봤다면 사람들은 더 빠른 말(horse)을 원한다고 답했을 것이다."

내가 CEO로 취임하게 되면서 나스닥은 다른 접근 방식을 채택해야 할 시기가 찾아온 것이다.

나스닥을 정상 궤도에 올려 놓기 위해 내가 취한 조치들과 그 과정에서 내가 얻게 된 교훈들을 연관지어 설명하기 위해 당시 벌어지고 있었던 시장 변화와 그것을 주도하고 있었던 고객 요구의 변화에 대해 간략히 설명해 보겠다.

내가 취임하기 몇 년 전, 나스닥은 기본적으로 나스닥 상장 주식에 대해 100%의 시장 점유율을 가지고 있었다. 다시 말해서 나스닥에 상장된 주식의 거래는 전적으로 나스닥이 지정한 중개인이 통제하고 그것들을 나스닥의 시스템을 통해 거래 처리를 했다는 뜻이다. 그러나 내가 취임할 무렵에는 나스닥 상장 주식에 대해 나스닥이 매수자와 매도자를 연결시켜 주는 일의 시장 점유율은 13~14%로 떨어져 있었다. IT 혁명이 우리 사업에 얼마나 깊은 영향을 미치고 있는지 단적으로 보여주는 예라 할 수 있다. 전자 주식 거래 시스템 업체들은 고객들에게 나스닥 주식을 거래할 수 있는 이른바 대체 거래소를 제공하고 있었다. 따라서 주식들은 여전히 나스닥 거래소에 상장되어 있었지만 거래소에서 이루어지는 거래에 대한 나스닥의 영향력은 점차 줄어들었다.

왜 나스닥은 뒤처지고 있었을까? 주식시장이 필요로 하는 중요한 가지를 제공하지 못하고 있었기 때문이다. 바로 속도와 유동성이다. 유동성은 간단히 말해서 상대적으로 쉽게 사고 팔 수 있음을 말하는데, 이것은 보통 거래되는 주식의 양이 대량일 때 가능해진다. 유동성은 주식시장의 생명소이다. 주식 거래에 있어 가격은 중요하다. 하지만 거래가 이루어질 수 있다는 확신도 중요하다. 그것은 인간의 가장 기본적인 본능이다. 우리가 무언가를 원한다고 판단할 때, 우리는 즉각적인 만족감을 요구한다. 당신이 구매자로서 마이크로소프트의 주식을 살 것인지 결정하기 위해 몇 시간 동안 고민하고 있다고 가정해 보자. 이해득실을 따져 보고, 조사 자료와 비즈니스 모델, 실적, 시장 상황, 경영진 등에 대해 면밀히 조사할 것이다. 그리고 마침내, 당신은 '마이크로소프트 주식을 살 거야'라고 결심한다. 이때 좋은 가격에 사는 것도 중요하지만 그것만 중요한 것은 아니다. 그 순간에 당신이 마지막으로 원하는 것은 그 주문이 빨리 처리가 되는 것이다. 당신은 그걸 지금 당장 원한다! 그래서 주문량이 충분해서 거래가 신속히 이루어질 수 있는 거래 회사에서 주문 처리를 하고 싶어 하는 것이다. 식료품점에서 물건을 살 때와 마찬가지이다. 장사가 잘되는 상점에는 항상 공급 물량이 충분해서 원하는 물건을 확실히 구할 수 있다는 확신을 주므로 손님이 많은 상점에 더 많이 가게 되는 것이다.

증권업계에서는 "유동성이 유동성을 불러온다"라는 말을 자주 하는데, 이 말이 바로 이런 역할을 설명해 주고 있다. 어떤 업체에서 매매거래가 활발히 이루어지면 해당 주식 거래의 반대편에는 대개 누군가가 있기 마련이다. 그래서 자연스럽게 네트워크 효과(역자 주: 특정상품에 대한 어떤 사람의 수요가 다른 사람들의 수요에 의해 영향을 받는 효과)가 발생해 그 업체에서 주식 거래를 하려고 하는 사람들을 더 많이 끌어들이게 되는 것이다.

기다리게 하는 것은 불확실성을 낳는다. 시가가 계속해서 변동함에 따라 주문 처리가 지연되는 것은 비용을 발생시킬 수 있다. 고객은 속도, 즉 확실성을 찾고 있었고, 그래서 점점 더 많은 사람들이 전자 주식 거래 시스템을 선택하고 있었다. 우리는 시장 점유율과 유동성을 잃고 있었고 그 결과 그 두 가지를 점점 더 잃어가고 있었다. 유동성이 유동성을 불러오는 게 맞다면 그 반대의 경우도 맞을 것이다. 뉴욕 증권 거래소와 비교했을 때 우리는 더 빠르고 더 전자화되어 있었을 지는 모르지만 우리 고객 모두가 원하는 것과 비교하면 느리고 한 세대 뒤처져 있었던 것이다.

1971년으로 거슬러 올라가면 과거 나스닥이 전자 주식 거래 시장을 선도했던 시절이 있었다. 소기업들의 주식 시황을 실시간으로 전달해 주는 중앙 시스템을 갖추고 있었다. 그러나 사람이 개입하는 요소를 모두 없앤 것은 아니었다. 컴퓨터 모니터를 통해 실시간으로 피부에 와닿게 주식 시세를 확인할 수 있었지만 거래 처리를 완료하기 위해서는 여전히 수화기를 들고 나스닥에서 인정하는 중개인에게 전화를 걸어야만 했다.

전자 주식 거래 시스템은 그 마지막 단계를 자동화했다. 그들은 눈 깜짝할 사이에 매수 호가와 매도 호가를 연결시켜 줄 수 있다. 전통적으로 중개인, 마켓메이커, 주식 브로커가 하던 역할은 사라지고 있었다. ※전자 주식 거래 시스템은 속도와 확실성을 원하는 고객의 요구에 부응하기 위해 최신 기술을 활용했다. 나스닥은 일명 슈퍼몽타주라고 불리는 자신만의 전자 주문 매칭 시스템을 구축해 전자 주식 거래 업체들과 승부를 겨루려고 했다. 진일보한 행보였지만 중개인을 위한 기능과 새로운 전자 주식 거래자를 위한 기능을 모두 넣으려고 하다 보니 최종 결과물은 결국 양쪽 모두를 만족시키지 못하게 되고 말았다. 모두의 합작품으로 말을 만들려고 했지만 결과적으로는 낙타가 만들어진 격이었으므로 시장에서 나스닥의 위상을 높이는 데에는 전혀 도움이 되지 않았다. 슈퍼몽타주가 시장에 나온 2002년에는 이미 시장이 바뀐 뒤였다. 기술 혁신으로 피해를 입은 다른 저명한 기업들과 마찬가지로 나스닥 역시 기존에 활동하던 주식 중개인 연합의 이해(利害)와 최신 기술을 요구하는 고객 사이에서 균형을 잡는 데 어려움을 겪고 있었다.

2003년에 내가 나스닥에 왔을 즈음 시장 점유율의 급감은 단순히 매출 하락에 그치지 않았다. 기업 존폐 위기로까지 번진 것이다. 월스트리트 일각에서는 나스닥이 생존할 수 있는지에 대해 공개적으로 질문하기 시작했다. 거래소는 유동성이 없이는 거래소의 중요한 기능 중 하나인 ※'가격 예시(price discovery)' 기능을 정확히 수행할 수 없었다.

※전자 주식 거래 시스템_거래량이 적은 거래소는 동시에 매매가 이루어질 가능성이 매우 낮아 이에 해당하지 않는다. 전자 주식 거래 네트워크는 대량 주식 거래에 최적이다. 하지만 소량 주식들은 유동적이지 않은 경우가 많아 효율적으로 거래되기 위해서는 수동으로 처리하는 지원이 필요하다. 이러한 경우 중개인은 거래를 촉진하는 데 있어 아주 중요한 역할을 수행할 수 있다.
※가격 예시_제대로 기능하는 주식 시장은 주어진 증권 거래를 촉진하는 데 그치지 않는다. 가격을 결정하는 것도 돕는다. 어떤 자산의 진정한 가격을 알고 싶다면 사고자 하는 이들과 팔고자 하는 이들이 한자리에 모여 최종적으로 낙찰가가 정해질 때까지 매수 호가와 매도 호가를 제시하는 경매 방식의 상호작용을 활용하는 것이 가장 좋은 방법이다. 그러나 그러한 경매 방식은 거래하고자 하는 사람들이 충분히 많을 때 가능하다. 즉, 타당한 가격에 도달하기 위해서는 충분한 입찰 활동이 있어야 한다. 경매에 단 두세 명의 거래자들만 있다면 신뢰할 수 있는 가격을 얻을 수 없다. 주식도 이와 마찬가지이다.

더 많은 매수자와 매도자가 하나의 거래소에 모일수록 매매되는 주식의 가격이 더 정확해진다. 매매량이 적으면 온갖 종류의 왜곡이 가능해진다.

더 많은 매매가 이루어지는 다른 거래 장소가 나스닥 상장 주식에 대해 나스닥보다 더 정확하게 가격 예시 기능을 제공한다면 우리가 상장 사업에서 가지는 우위는 무엇인가? 결국, 그 주식들은 가격 예시가 실제로 이루어지는 거래소에 상장되는 것이 더 적합하지 않을까? 나스닥의 사업이 다른 전자 거래소에서 거래되는 주식의 '최종가'를 보여주는 일종의 전자 포스팅 서비스 제공에 그친다면 사업의 기본적인 존재 가치가 의심받게 될 것이다.

나는 시장 점유율 하락이 나스닥의 상장 사업을 파국으로 몰고 가게 될까 봐 심히 걱정스러웠다. 나는 그런 시나리오를 우려하며 자주 밤잠을 설치곤 했다. 내 마음속에서는 신규 상장을 하고자 하는 기업들의 CEO들이 내게 이렇게 묻는 소리가 들려왔다.

"당신네 거래소에서 우리 주식이 거래되지도 않는데 왜 우리가 당신 거래소에 상장을 해야 하죠?"

전자 거래 사업을 정비하는 일이 우리에게 가장 시급한 당면 과제였고 그 일은 하루아침에 이루어지는 일이 아니라는 것을 나는 알고 있었다. 또한 우리의 시장 점유율을 높이고 출혈을 멈추기 위해 즉각 움직여야 한다는 것도 알고 있었다.

우리는 몇 가지 점에서 경쟁 우위에 놓여 있었다. 이를테면 규모가 크고 좋은 인재들을 보유하고 있으며 재무제표 상 실제 부채 비율이 낮고 현금 보유량이 많았다. 그 현금은 사실상 수익성이 낮은 사업에서 서서히 소모될 뿐 우리에게 그다지 도움이 되지는 못했다. 내가 생각한 단기적 해법은 이 현금 자산을 활용해 전자 주식 거래 시스템을 매입함으로써 시장 점유율을 높인다는 것이었다. 그리고 내가 나스닥에 온지 거의 1년이 되었을 때 우리는 나의 전 직장인 선가드 데이터 시스템즈로부터 BRUT 전자 주식 거래 시스템을 매입했다.

신임 CEO가 전 직장에서 개발한 기술을 인수하자는 제안을 하는 것에 눈살을 찌푸리는 사람들이 있을 것은 예상했다. 그런데 이사진 중한 사람은 그런 의구심을 더 노골적으로 드러내기도 했다. 팻 힐리(Pat Healy)는 사모펀드 기업인 헬만앤프리드만(Hellman and Friedman)의 워렌 헬만(Warren Hellman)의 후임이었고, 워렌 헬만은 당시 나스닥에 상당한 지분을 보유하고 있었던 인물이다. 후에 힐리는 매우 훌륭한 조언자이자 내가 나스닥과 관련한 전략에 대해 자주 논의할 수 있는 상대가 되었다. 하지만 당시에는 이 중대한 결정에 관해 우리는 완전히 반대편에 서 있었다. 나는 그가 생각하는 전략상의 합당한 우려점들이 무엇인지 경청했지만 그의 의견을 수용할 수는 없었다. 어쨌든 나는 계획대로 추진하기로 했다. 그의 반대를 뚫고 나의 첫 번째 주요 인수과제를 완수한 것은 최고경영자로서의 나의 결단력을 시험한 것이기도 했다.

BRUT는 임기 동안 내가 단행한 첫 인수 건이었다. 앞으로도 이런 일은 있을 것이었다. 우리의 핵심과제는 BRUT가 가진 시장 점유율이 필요했다는 것이다. 우리의 주식 거래 플랫폼에는 그것이 필요했다. 우리의 상장 사업에는 그것이 필요했다. 그리고 솔직히 말해서 우리의 핵심 역량에는 그것이 필요했다.

BRUT 인수와 함께 나스닥은 신기술을 전수받기도 했다. 그럼에도 나스닥이 직면한 IT 기술에 관한 모든 문제를 해결하기에 충분치는 않았다. BRUT는 좋은 시스템이었고 우리가 기술면에서 선두주자로 올라설 수 있도록 해 주었다. 하지만 BRUT를 나스닥의 미래를 건설할 기반으로 생각하기에는 역부족이었다. 많은 전자 주식 거래 시스템들이 그렇듯이 BRUT도 조금 불안정했기 때문이다. 하지만 그것도 하나의 과정이었다. 작은 걸음일지라도 내 전략은 효과를 발휘하기 시작했고 다음에는 더 큰 걸음을 내딛을 수 있을 것이었다.

방어에서 공격으로

기술력을 길러 나스닥이 시장 과도기에 유리한 위치를 선점하도록 만들기 위해 씨름하던 중 경기 회복으로 우리의 경제 사정은 조금이나마 숨통을 틔울 수 있게 됐다. 그리고 2004년 기업 공개 시장이 다시 살아나기 시작했다. 우리는 25개의 해외 기업과 10개의 중국 기업들을 포함해 많은 수의 기업들을 신규 상장했다. 가장 눈에 띄는 성과는 구글이 상장 첫날 2천2백만 주를 거래함으로써 역사적인 신규 상장을 성공적으로 이뤄낸 것이었다. 당시만 해도 구글이 세계 경제에 엄청난 영향을 미치게 될 것이라는 사실을 아는 사람은 거의 없었으나 이미 270억 달러의 시장 가치와 놀라운 발전 가능성을 지닌 기술 기업으로 알려져 있었다. 그에 더해 닷컴시대의 종언 이후 이루어진 첫 번째 대형 기업 공개였기 때문에 구글을 모셔 가기 위한 유치 경쟁은 치열했다.

구글의 신규 상장을 따낸 것은 우리의 공동작품이었다. 브루스와 아데나, 그리고 내가 팀이 되어 구글의 젊은 창립자 세르게이 브린(Sergey Brin)과 래리 페이지(Larry Page), 그리고 CEO 에릭 슈미트(Eric Schmidt)의 마음을 사로잡기 위해 공을 들였다. 그들이 나스닥을 선택했다는 기쁜 소식을 들었을 때 나는 흥분과 함께 안도 이상의 감정을 느꼈다.

구글 신규 상장은 나스닥에게 뿐만 아니라 기술 분야 전체에게 획기적인 사건이었다. 닷컴 거품 붕괴 이후 실리콘밸리는 긴축을 단행하며 엄혹한 시기를 보냈다. 하지만 마침내 겨울이 끝나고 봄의 새싹이 움트는 기운이 느껴졌다. 래리 페이지와 함께 캘리포니아 마운틴뷰에 위치한 구글플렉스를 돌아봤을 때에는 지난 몇 년 동안의 어려움들이 모두 기억 저편으로 사라지는 느낌이 들었다. 신세대 혁신가들은 과거의 실패에 굴하지 않고 앞으로 우리가 나아갈 미래를 보여주고 있었다.

그러나 우리는 아직 해야 할 일이 남아 있었다. 2000년에서 2003년 사이의 경제 역풍이 서서히 순풍으로 바뀌기 시작하자 경기가 발전 속도를 회복했을 때 나스닥이 번창할 수 있도록 준비해 두는 것이 그 어느 때보다 중요하다는 사실을 나는 잘 알고 있었다. 이제는 더 가벼워지고 영리해지고 날렵해지고 짓궂어지는 변화를 추구하는 데 그칠 것이 아니라 미래 성장을 위해 우리 자신을 포지셔닝해야 할 시기였다. 좁은 시각 혹은 비용을 절감하기만 하려는 시각으로는 혁신하고 장기적인 안목으로 사고하기 어렵다. 온통 절감에만 집중하는 분위기가 되면 그 다음의 큰 그림은 다른 누군가가 제시하게 된다. 다시 말하면 우리는 방어만 하고 있어서는 안 됐다. 필드에서 방어 후 전폭 공격에 나설 시점이 오고 있었다.

┃ 리더의 경영분석 – 조직의 성과를 위한 현장문제판단 5원칙

● **최대의 레버리지 효과를 얻기 위해 시간 활용에 우선순위를 두라**
  CEO가 해야 할 일의 목록은 끝이 없다. 하지만 시간은 유한하다. 그러므로 소비하는 시간 대비 가장 큰 소득을 얻을 수 있는 활동들을 선택하라.

● **모든 일을 잘할 수는 없다**
  사람들은 간혹 일을 잘하면 성공하는 것이라고 생각한다. 하지만 경영자에게 있어서는 자신이 잘하지 못하는 일이 무엇인지와 자신이 아예 하지 않을 일이 무엇인지 아는 것도 똑같이 중요하다.

● **문제 속으로 뛰어들어라**
  현실을 냉정하게 직시하라. 잘 안 되는 일을 외면하려고 하는 본능을 뛰어넘어라.

● **경영자적 직감을 개발하라**
  의사결정 과정에 가장 도움이 되는 경험과 지식, 데이터, 조언의 균형점을 찾아라.

● **시장의 변화를 과소평가하지 마라**
  단기적인 승리를 위해서는 시장에서 다른 경쟁자들에 맞서서 잘 싸우면 된다. 그러나 장기적인 승리를 위해서는 시장에 중요한 변화가 일어나기 전에 한발 앞서 행동해야만 한다.

CHAPTER 4

승자를 인수하라

◆

이길 수 없다면 그것을 사라. "나스닥, BRUT 전자 주식 거래 시스템 인수 결정"
〈월스트리트 저널〉, 2004년 5월 26일

"젊은 사람아, 자네는 이해를 못했군. 이건 실패를 인정하는 게 아니라네."

아버지 같은 어조로 내게 이렇게 말한 사람은 오랫동안 선가드의 CEO를 지낸 짐 만(Jim Mann)이었다. 당시는 내가 선가드에 몸담고 있었던 1999년이었고 그는 내게 선가드에 필요한 기술을 개발한 또 다른 회사를 인수할 계획이라고 말했다. 나는 그의 결정이 이해가 가지 않았다. 그가 사들이려고 하는 기술을 회사 내부에서 개발하면 안 되는 것일까?

그 말을 들은 나는 "그 회사를 인수하는 데 드는 비용 일부를 제게 주십시오. 그러면 제가 우리 회사에 맞게 그것을 개발해 보겠습니다"라고 제안했다. 그는 내 사업가적 발언에 관대한 미소를 지어 보이며 머리를 가로저었다.

"승자를 인수하라."

"영리한 생각이군."

그는 이어서 말했다.

"그런데 우리는 승자들을 사들이는 거라네."

그의 논리는 다음과 같았다. 수많은 기업들이 실패하는 반면 성공한 기업은 이미 경쟁자들을 물리치고 시장에서 자신의 존재를 증명한 기업이다. 물론 매입하려면 더 많은 돈이 든다. 하지만 자사 제품을 개발하고 고객층을 구축하고 경쟁사들을 이기기 위해 들이는 모든 시간과 자원을 절약할 수 있게 된다. 그리고 입증된 사업에 승부를 걸어 실패의 위험성을 확연히 줄일 수 있다는 것이다.

나는 그의 말을 가슴에 새겼다. 당시 45세로 업계에서 오랜 경력을 가지고 있었지만 나는 '젊은 사람아'라고 불리는 것에 감사해야 할 나이였다. 그리고 더 중요한 것은 앞으로 내내 기억해야 할 교훈을 나는 그날 얻었다는 것이다.

"승자를 인수하라."

짐 만의 현명한 조언은 2003년에서 2004년 사이에 나스닥의 기술 상태를 평가했을 당시 내 마음속에서 되살아났다. 우리에게 필요한 것을 내부에서 개발할 것인가, 아니면 진지하게 인수를 고민할 것인가?

나스닥을 시장을 선도하는 리더로 만드는 일은 타이어를 교체하고

도색작업을 새롭게 하는 것 이상의 일이다. 전자 거래 기술의 전체 엔진을 정비해야 하는 일이다. 나는 이 자리에 채용되기 전에 그 사실을 알고 있었고, 그래서 내가 이사진에게 발표한 다섯 개 과제 중 하나로 기술 정비가 포함되어 있었던 것이다.

그렇게 알고 있었다고 하더라도 막상 뚜껑을 열어보면 새로운 사실에 놀라게 되는 법이다. 경쟁사에서는 더 빠르고 유연한 저비용의 유닉스 시스템이나 일부에서는 인텔과 마이크로소프트의 플랫폼을 사용하고 있었던 반면, 나스닥은 이들보다 훨씬 오래된 중앙 처리 시스템을 기반으로 운영되고 있었다. 우리만 권한을 가질 수 있는 우리 고유의 방식으로 우리는 사업을 운영하고 있었지만 주변의 다른 기업들은 어느 정도의 반복 시험을 장려하면서 소스코드를 공개하고 있었다. 이것은 우리 내부에서는 허용될 수 없는 매우 생소한 일이었다. 전자 주식 거래 시스템으로 주문을 처리하면서 문제가 생길 때는 프로그램을 약간 수정 변경해서 재부팅하면 시스템이 재가동된다. 어떤 피해도 없고 처벌도 없다. 최근에 나온 소프트웨어들이 그렇듯이 전자 주식 거래 시스템은 끊임없이 업데이트되고 또 업그레이드되고 있었다. 어떤 경우에는 매일 업데이트되기도 했다.

그러나 나스닥은 그런 유연성을 가지고 있지 못했다. 우리 시스템이 일시적으로라도 중단되는 일이 발생하면 그 일은 〈월스트리트 저널〉의 1면 기삿감이었다. 나스닥의 엔지니어들은 거의 1년에 한 번 정도 시스템을 업그레이드하는 게 전부였다.

그렇다. 나스닥의 플랫폼은 우리의 새로운 경쟁자들의 플랫폼보다 안정적이었다. 2003년 우리 거래 시스템의 가동 시간은 99.99%를 넘어섰다. 다른 시대와 공간에서라면 그 안정성은 우리에게 상당한 장점으로 작용했을 것이다. 하지만 최근의 환경에서는 그것이 걸림돌로 보이기 시작했다. 혁신을 가능하게 하는 필수 요소인 적응력이 부재한 것이었다. 그 결과 우리는 충분히 빠른 속도로 진화하고 있지 못했다. 나스닥의 기술이 새로운 시대로 진입해야 할 때가 온 것이었다.

나는 전자 거래를 가능하게 하는 기술에 대해 알고 있었고, 전자 주식 거래 시스템을 처음부터 구축하는 것을 온몸으로 직접 경험한 사람이었다. 2003년 나스닥의 기술 상태를 점검하게 되면서 나는 슈퍼몽타주를 면밀히 살펴보았다. 이 시스템을 개발하는 데 막대한 시간과 자원이 투자되었다는 것을 잘 알고 있던 터였기 때문이다. 슈퍼몽타주를 나스닥의 미래를 구축할 수 있는 플랫폼으로 탈바꿈시킬 방법은 없을까? 아무리 고민해도 답이 보이지 않았다.

2004년쯤 우리는 기존의 거래 처리 시스템을 새로운 규정에 맞추는 한편 경쟁사들의 전자 주식 거래 시스템에 대항해 경쟁력을 유지하기 위해 업그레이드 작업을 시작했다. 시스템을 더 유연하고 역동적인 구조로 바꾸고 평균 업데이트 주기를 1년에 한 번에서 한 달에 한 번 또는 필요한 경우 더 자주 하는 것으로 바꾸었다. 나스닥의 최고정보책임자(CIO) 스티브 랜디치(Steve Randich)는 우리의 IT 부서를 안정성과 신뢰성만이 아닌 역동성과 반응성에 가치를 두는 팀으로 변모시키고 있었다. BRUT는 우리의 시장 점유율을 안정화시키는 데 도움이 되었다. 하지만 우리의 근본적인 문제들을 해결하기에는 그러한 변화들만으로는 충분치 않다는 것을 나는 잘 알고 있었다. 새로운 시대에 발맞추어 설계된 기술 엔진을 보유하고 있다고 그저 속력만 내고 있을 수는 없었다.

현실적으로 우리가 선택할 수 있는 길은 두 가지였다. 하나는 우리가 마이크로소프트 플랫폼을 기반으로 나스닥 유럽과 함께 개발한, 발전 가능성은 있지만 검증이 안 된 신기술을 선택하는 것이다. 이 기술은 나스닥의 차세대 시스템의 구조가 될 잠재력을 지니고 있었다. 하지만 망설여졌다. 그것은 기업 용도의 규모로 설계된 것이 아니었을 뿐만 아니라 기업용으로 사용이 가능하도록 만들기가 쉬울 것이라는 확신도 서지 않았다. 시장 출시 속도는 결정적인 요소였다. 전망은 좋다고 하더라도 시스템을 통합할 수 있는 가능성은 아직 검증되지 않아 그 과정에서 따르게 될 많은 진통이 예상되어 불안했다.

우리는 시행착오를 허용할 여유가 없었다. 불확실한 상태에서 개발에 너무 많은 시간을 소모하거나 불완전한 시스템을 가지고 시장에 뛰어드는 것은 어떻게 해서든 말려야 했다. 더욱이 나는 이전에 시스템 구축 작업을 할 때 유닉스 플랫폼을 기반으로 작업을 해봤기 때문에 그 시스템 생태계의 신뢰성을 익히 알고 있었다. 새로운 기술을 개발하고 싶은 마음은 굴뚝같았지만 나는 우리가 선택할 수 있는 두 번째 길이 더 마음에 들었다.

그렇다면 두 번째 길은 무엇인가? 간단하다. 매입하는 것이다. 아무거나 매입하는 것이 아니라 최고를 매입하는 것이다. 승자를 인수하는 것이다. 내가 봤을 때 전자 주식 거래 시장에서의 승자는 자명했다. (과거 아일랜드 ECN(Island ECN)이었던) 아이넷(INET)이었다. 특히 기술적 관점에서 봤을 때 아이넷은 내가 탐내고 있었던 회사였다. 아이넷의 시스템은 견고하고 섬세하며 기업용으로도 사용이 검증된 시스템이었다. 보통 최고의 소프트웨어의 전형적인 특징이 그렇듯이 이 시스템의 백미는 구조의 단순함이었다. 규격화 되어 있는 하드웨어와 함께 우아하고 효율적이었으며 오픈 소스 소프트웨어로 되어 있어 다른 경쟁사들의 시스템보다 저렴한 비용으로 운영할 수 있었다. 뿐만 아니라 가장 높은 시장 점유율을 기록하고 있었다.

아이넷의 기술이 그렇게 좋은 평판을 얻게 된 경위와 내가 아이넷을 선정하게 된 이유를 이해하기 위해서는 그 회사의 기원을 알아야 한다. 정보 혁명의 새로운 도구로 월스트리트의 기존 거래 환경을 완전히 뒤바꿔 놓겠다는(그리고 그 과정에서 돈도 많이 벌겠다는) 일념을 가진 몇 명의 야심찬 아웃사이더들이 등장하는 놀라운 이야기를 들어보겠는가. 우연히 나도 이 이야기의 한 부분에 잠깐 등장한다. 내가 나스닥에서 일하기 10년도 훨씬 전에 스태튼 아일랜드에 위치한 한 지하 사무실에서 일어난 일이다.

무법 거래자들의 아일랜드

위치 추적 시스템이나 휴대폰이 사용되기 훨씬 이전이었던 1990년 대 초반, 나는 스태튼 아일랜드에서 길을 헤매고 있었다. 나는 자치구 의 지리에 익숙하지 않았고 대다수의 뉴욕 사람들처럼 그 주변을 한두 번 운전해서 지나가본 경험이 전부였다. 스태튼 아일랜드는 월스트리 트의 마천루 숲에서 페리를 타고 금방 갈 수 있는 거리였음에도 문화 적으로는 수천 킬로미터쯤 떨어져 있는 것처럼 느껴졌다. 스태튼 아일 랜드는 아일랜드계와 이탈리아계 노동자들이 많이 사는 곳으로, 뉴욕 에서 총기 소지율이 가장 높은 곳이다. 그리고 최근 몇 년 사이에는 트 럼프 지지자들이 많은 것으로도 알려져 있다. 일부 독자들은 영화 〈워 킹걸(Working Girl)〉에서 멜라니 그리피스(Melanie Griffith)가 연기한 주인공 캐릭터가 살았던 동네로 기억하고 있을 것이다. 주소지를 찾기 위해 똑 같이 생긴 주택들이 늘어선 거리를 초조하게 지나가면서 나는 그 영화 를 떠올렸다. 내가 퀸즈의 노동자 가정 출신이어서 그곳에 가면 친근 함을 느낄 거라 기대했는지도 모르겠다. 하지만 스태튼 아일랜드의 독 특한 분위기는 그런 피상적인 비교를 불가능하게 했다.

ASC 창립자인 칼 라그라사(Carl LaGrassa)는 스태튼 아일랜드에 활동 근거지를 둔 주식 거래 집단을 찾아낼 것을 내게 주문했다. ASC는 비 영업 부문 회사로, 주식 거래를 위한 소프트웨어 사업을 하고 있었다. 대다수의 고객들은 매일 조금씩 투자하는 소액 투자자들이었다. 그런 데 갑자기 한 고객의 거래량이 급격히 증가했다. 칼은 "스태튼 아일랜 드에서 무슨 일이 벌어지고 있는지 알아보게"라고 말했다.

거래 집단의 근거지를 찾겠다는 희망을 포기하려는 순간 모퉁이를 돌자 반짝이는 포르쉐와 메르세데스, BMW가 줄지어 주차되어 있는 모습이 눈에 들어왔다. 굳이 과장을 보태어 표현하지 않더라도 이 동네에는 어울리지 않는 광경이었다. 당시 이 동네와는 어울리지 않는 길 한쪽에 묶여 있는 유니콘을 발견한 느낌이었다. 내가 찾고 있던 장소를 찾아낸 것이다.

스태튼 아일랜드의 평범한 주택처럼 보이는 그곳의 지하에는 셸던 매쉴러(Sheldon Maschler)의 사무실이 있었다. 이것이 나와 매쉴러의 첫 만남이었고, 우리의 인연은 여기서 끝나지 않았다. 그는 거구에 활기가 넘치는 매우 매력적인 인물로, 지적이면서도 허풍으로 가득했다. 로드니 데인저필드(Rodney Dangerfield)(역자 주: 미국의 스탠드업 코미디언 겸 배우)의 이미지를 떠올리면 되는데, 로드니보다 체구가 더 크고 욕설을 잘한다는 요소를 더하면 될 것이다. 매쉴러는 머지않아 다양한 거래 전략을 최초로 개발해서 수백만 달러를 벌어들이는 월스트리트의 전설이 된다. 그의 거래 전략 대부분은 규정을 교묘히 피해 감으로써 금융당국을 짜증나게 만들기도 했는데, 심지어 모든 규정을 죄다 무시하기도 했다. 몇 년 뒤 매쉴러의 작은 스태튼 아일랜드 사무실은 데이텍 증권이라는 이름에서 초단기 주식 거래의 선발 업체 중 하나인 데이텍 온라인으로 바뀌었다. 그리고 2002년에는 TD 아메리트레이드에 10억 달러가 넘는 가격에 매각되었다.

논란의 여지가 있을 수 있겠지만 매쉴러가 월스트리트에 미친 영향은 대단했다. 엘리트 집단과 싸우는 건방진 아웃사이더의 역할을 자처하며 그는 월스트리트에 속도와 자동화의 새 시대를 열기 위해 공격적인 전략들을 구사했다. 그러나 그중에서도 그의 가장 큰 공로는 내가 그날 그의 사무실에서 만난 조쉬 레빈(Josh Levine)의 재능을 알아보고 후에 그와 함께 일할 수 있게 도와준 일이라 할 수 있다.

레빈은 이상주의적이면서도 아주 영리한 컴퓨터 프로그래머로, 고등학교를 졸업한 지 얼마 안 되어 매쉴러의 한 팀에 합류해 투자 컨설팅 일을 시작했다. 레빈은 수습 엔지니어로 일을 시작했고, 주식 거래에 관한 세부적인 내용을 배우는 한편 기술 향상을 위해 실험하면서 매쉴러의 팀에게 영감을 주기도 하는 열정적인 청년이었다. 하지만 업계 전체가 몇 년 뒤면 알게 되는 것처럼 레빈은 더 큰 목표를 가지고 있었다. 그는 컴퓨터가 세상을 바꿀 것이고 더 중요하게는 월스트리트에 공평한 경쟁의 장이 열릴 것이라는 전망을 믿고 있었다.

우리가 만났을 때, 레빈은 데이텍이 소액 주문 처리 시스템(Small Order Execution System)을 활용해서 변경된 규정을 유리한 방향으로 이용할 수 있도록 도움을 주고 있었다. 소액 주문 처리 시스템은 소액 투자자들의 주문을 자동으로 처리하는 초창기의 컴퓨터 주문 시스템이다. 소액 주문 처리 시스템은 1987년에 발생한 악명 높은 블랙먼데이 이후 그 결과로 생겨나게 된 것이다. 블랙먼데이 당시 주가가 폭락했을 때 나스닥 중개인들이 소액 투자자들의 전화를 받지 않자 그들은 매우 화가 났다. 중개인들의 입장에서는 그날 전례 없는 거래량 때문에 전화통에는 불이 났을 것이고 그래서 모든 전화를 다 받을 수는 없었을 것이다. 어쨌든 전화는 모두를 수용할 수 없는 한계가 있는 기술이다. 이유야 어찌

되었든 그 결과는 소액 투자자들에게는 재앙으로 돌아갔다. 그래서 그들을 보호하기 위해 새로운 규정이 제안된 것이다. 소액 주문 처리 시스템은 소액 투자자들을 위해 마켓메이커가 현재 게시한 시세대로(최대 1천 주까지) 자동으로 주식 주문 처리를 해주었다.

규정 변경에는 아무런 악의가 없었지만 늘 그렇듯이 소액 주문 처리 시스템에 관한 규정은 이 자동화 시스템을(규정이 생겨난 취지는 무시한 채) 자신들의 이득을 위해 악용하려고 하는 약삭빠른 거래자들에게 새로운 기회의 문을 열어 주게 된다. 매쉴러는 이 '소액 주문 처리 시스템 무법 거래자들' 중에서도 가장 유명했다. 중개인들은 그들을 그렇게 불렀다. 중개인이나 마켓메이커가 한꺼번에 많은 주식 거래 건들을 처리하고 게시된 주식 시세를 그들의 컴퓨터 단말기에 수기로 입력한다는 점을 감안했을 때, 각각의 주식에서 일어나는 작은 변동들을 완벽하게 모두 파악하는 것은 어려운 일이었다. 어느 순간 두 명의 마켓메이커가 다른 시세 정보를 가지고 있을 수도 있다. 특히 해당 주식이 변동성이 클 때 그럴 가능성이 높다. 사실 아주 작은 차이에 불과하지만 영민한 거래자에게는 그것이면 충분하다. 예를 들어, A중개인이 마이크로소프트의 주식 시세를 25.75달러로 알고 있을 때 B중개인은 26달러로 알고 있을 수 있다. 이럴 때 매쉴러나 그의 무법 거래자들 중 한 명은 스태튼 아일랜드의 지하 사무실에 앉아 A중개인에게서 주식을 매입해 눈 깜짝할 사이에 B중개인에게 되팔아 그 차액에서 이익을 챙길 수 있다. 해당 주식에 대해 수십에서 최대 수백 달러 정도 벌 수 있을 것이다. 하지만 그것을 하루에 수도 없이 반복한다고 가정하면 단시간에 큰돈을 버는 것이 가능해진다.

현재의 기준에 비추어 보더라도 그런 행위는 기술적으로 복잡한 것이 아니었다. 하지만 상대가 무방비 상태라면 작은 무기 하나로도 충분히 이길 수 있다. 그리고 얼마 지나지 않아 레빈은 그 과정을 자동화하는 방법을 고안해 냈다. 최적의 거래 기회를 스스로 찾아주는 컴퓨터 거래 시스템으로, '더 왓쳐(감시자)'라는 어울리는 이름도 붙여줬다. 매쉴러의 팀에 있었던 젊은 주식 거래자 제프 시트론의 도움을 받아 다른 알고리즘도 뒤를 이어 개발했고, 레빈은 유명세를 타게 되었다. 내가 스태튼 아일랜드 사무실을 둘러보던 날 그들은 그 시스템을 보여주었다. 그들이 개발한 알고리즘이 나스닥 주식 시세의 등락을 추적하고 있는 것을 바라보며 나는 그들이 이런 최신 정보를 어디서 구하고 있는지 갑자기 궁금해졌다. 이 사무실에는 맨해튼의 트레이딩 데스크에서 볼 수 있는 것과 같은 전선이 연결되어 있지 않았다. 그때는 휴대폰이나 고속 케이블, 심지어 다이얼식 인터넷조차도 사용되기 훨씬 이전이었다. 내가 이런 기적과도 같은 일에 놀라워하며 관심을 보이자 매쉴러는 나를 데리고 나가 위성 안테나가 불안하게 매달려 있는 지붕을 가리켰다.

"저희 데이터 피드를 한번 확인해 보세요."

이 심심한 동네에서는 이런 것이 또 하나의 이상 행동으로 비춰졌다.

"동네 사람들은 당신이 외계인과 통신하고 있는 줄 알 거예요"라고 나는 농담을 던졌다.

이렇게 혁신적인 설비를 갖춘 레빈, 시트론, 매쉴러는 요령 있는(가끔은 부도덕한) 거래자가 새로운 기술을 똑똑하게 활용하면 얼마나 적합하게 거래 속도와 정보에 대한 접근성을 높여서 이득을 얻을 수 있는지를 대중에게 명확하게 상기시켰다. 오래지 않아 월스트리트에서도 (비록 점점 더 복잡해지긴 했지만) 이들이 개발한 것을 본떠 만든 시스템을 흔히 볼 수 있게 되었다.

당연한 말이겠지만 기득권을 쥐고 있는 거래소들은 이들의 이러한 개발 행위를 달갑게 여기지 않았다. 소액 주문 처리 시스템은 중개인들이 가족 투자자들과 같은 소규모 소액 투자자들의 주문 처리를 돕기 위해 설계된 것이었다. 속도와 차익 거래의 경계선을 넘는 야심만만하고 의욕에 차 있는 초단타매매자들의 배를 불려주기 위한 것이 아니었다. (소액 주문 처리 시스템을 활용한 변칙 거래자들을 합법적인 거래자로 인정할 것인지의 여부는 자주 논쟁거리가 되었다.) 마켓메이커는 초단타 매매자들의 거래 활동을 검열하기 위해 최선을 다했다. 새로운 수익을 추구하는 무법 거래자들과 자신들의 영역을 지켜내려고 하는 마켓메이커 사이에서는 기술과 규제 경쟁이 계속 이어졌다. 데이텍 증권은 여러 차례 벌금형을 받았다. 매쉴러와 그의 팀은 자신들을 세상을 바꿀 의향이 없는 뚱뚱하고 행복한 골리앗의 오래된 네트워크와 대결을 벌이고 있는 호전적인 다윗으로 여겼다. 그들은 그 과정에서 몇 가지 규정을 변칙적으로 활용하거나 위반하는 것은 크게 개의치 않는 것 같았다. 당연한 이야기이겠지만 나스닥 마켓메이커들의 생각은 그들과 달랐다.

이러한 거래 전략들 때문에 결과적으로 거래 규정은 발전하게 되었으나 월스트리트는 이미 기술 혁신이 점령하고 있었다. 거래는 더 빨라지고 자동화되었으며 민주화되고 접근이 용이해지고 정보는 더 투명해졌다. 아마 이것은 필연적인 과정이었을 것이다. 어쨌든 레빈이 보여준 떠오르는 컴퓨터 해커문화의 표현을 빌자면 '정보는 자유로워지기를 원한다.(정보는 누구에게나 자유롭게 접근 가능해야 한다. 이 말은 켄 케시와 버스 여행을 함께했던 퍼스널 컴퓨터 운동의 대부 중 한 명인 스튜어트 브랜드가 처음으로 한 말이었다.)

매쉴러는 결국 데이텍 증권을 팔아 수백만 달러를 쉽게 손에 넣었으나 역사상 가장 큰 규모의 벌금을 물기도 했다. 또한 미국 증권거래위원회에 의해 평생 증권업계에 발을 들여놓지 못하도록 거래 금지 조치를 당했다. 제프 시트론은 월스트리트를 떠나기 전에(그는 매쉴러와 함께 거래 금지 조치를 당했다.) 레빈과 함께 새로운 벤처 사업을 꾸려 정보통신 기업인 보네이지(Vonage) 설립의 근간을 마련했다. 하지만 이 이야기에서 나와, 또는 나스닥과 운명적으로 교차되는 부분은 레빈과 관련된 부분이다.

우리가 처음 만난 이후 몇 년간, 이 젊은 천재 프로그래머는 그가 초기에 거래 자동화에 쏟았던 노력을 새로운 야망을 이루어내는 데 쏟았다. 그것은 중개인이 필요 없이 매수자와 매도자가 한자리에 모여 거래할 수 있는 가상 거래소를 구축하는 일이었다. 그는 나스닥에서의 거래를 효율적이고 즉각적이며 투명하게 만들 수 있는 전자 거래소를 구상했다. 거래자가 밀워키에 있든 맨해튼에 있든 시장의 모든 거래자가 동등한 지위에서 거래할 수 있는 플랫폼, 즉 일종의 보호구역과 같은 가상의 '섬'을 구축하는 것이 그의 최대의 꿈이었다. 그는 또 다른 지하 사무실에서(이번에는 맨해튼 브로드 스트리트에 위치한 그의 회사 본사의 지하 사무실에서) 리눅스 OS와 오픈 소스 유닉스 운영체제를 사용해 델 컴퓨터에서 구동되는 아일랜드 ECN(Island ECN)을 개발했다. 서버는 홍수 피해를 입지 않도록 하기 위해 목재 팔레트의 가장 높은 칸에 설치되었다. (이것이 아일랜드라고 이름을 붙인 또 다른 이유이다.)

과거를 돌아보면 세계적으로 위대한 기술적 해법들은 단순하고 필연적으로 보일 때가 많다. 그것도 혁신이 만들어낸 환상의 일부분이다. 과거를 회고하는 이야기들은 과거를 너무나도 쉽게 포장해 버리는 경향이 있다. '모든 조각들은 이미 존재하고 있었고, 그것은 시장의 자연스러운 진화였다'라고 생각할 수도 있다. 그렇다. 그게 맞을 수도 있다. 하지만 우리는 뒤늦게 진실을 깨닫게 된다. 존재하는 모든 조각들을 새로운 방식으로 조합하는 것이야말로 천재성이 필요한 일이라는 것을. 스티브 잡스와 아이팟을 생각해 보라. 아니면 팀 버너스리(Tim Berners-Lee)와 월드와이드웹은 어떤가. 아마 다른 누군가가 언젠가 그렇게 놀랍고도 획기적인 것을 만들어냈을지도 모른다. 하지만 그들이 있기 전까지는 아무도 그 일을 해내지 못했다.

스티븐 존슨은 그의 책 《탁월한 아이디어는 어디서 오는가(Where Good Ideas Come From)》에서 창조적인 천재는 인상적인 뛰어난 발명품에 의해 탄생하는 것이 아니라 단편적인 아이디어들을 창조적인 새로운 방식으로 융합하는 데에서 탄생한다고 규정한다. 레빈이 만든 아일랜드 ECN도 그와 같은 것이었다. 거래 자동화와 분산된 컴퓨터 처리 능력, 국제적 온라인 접근성, 10년간 지속되고 있는 상승 장세, 중앙 컴퓨터에 견줄 만한 더 저렴한 인텔 기반의 하드웨어, 오픈 소스 유닉스(리눅스) 운영체제 등 이 모든 것들이 창조적인 융합으로 한데 어우러진 것이었다. 레빈은 리눅스 커널을 기반으로 만들어진 ECN을 고안해냈다. 그래서 시스템이 안정적이었다. 분산된 인텔 서버에서도 구동이 가능해 가격이 저렴하고 확장이 가능했다. ECN의 코딩은 간결해서 빨리 구동되었다. 레빈은 시장 구조를 아주 기초적인 부분까지 이해하고 있었다. 그래서 그의 프로그래밍은 우아했다. 그리고 그는 주식 거래를 잘 이해하고 있었으므로 ECN의 기능들을 시장에 새로 진입하는 거래자들의 편의에 맞춰 설계했다. 이것은 거래 기술에 있어 필연적인 진화였을까? 아마도 그랬을 것이다. 하지만 다른 어느 누구도 그 일을 그렇게 훌륭하게 해내지는 못했다.

아일랜드 ECN은 빠른 속도로 성장해 90년대 중반에 시장에 대거 진입한 전자 거래자들이 선호하는 플랫폼으로 부상했다. 90년대 말경 아일랜드는 업계에서 주요 거래 시스템으로 자리매김했고 그와 함께 레빈도 명성을 얻게 되었다. 야후의 제리 양과 같이 명성 있는 그 시대의 디지털 전문가들은 레빈의 뉴욕 사무실을 방문해 ECN 시스템과 레빈을 주축으로 꾸려진(차후 내 파트너가 될 크리스 콘캐논을 포함한) 재능 있는 기술팀을 둘러보았다. 1999년 〈와이어드(Wired)〉에 실린 레빈을 찬사하

> "사업가들은 특히 기술 업계에서는 항상 아웃사이더들에게
> 주의를 기울이는 습관을 길러야 한다."

는 기사는 이렇게 시작됐다.

"나스닥은 잊어라. 아일랜드 ECN이 월스트리트를 접수하고 있다."

몇 년이 지난 후, 기이한 운명의 장난인지 나스닥을 부진에서 구출해 준 장본인은 다름 아닌 현재 아이넷으로 알려져 있는, 레빈이 공들여 만든 탁월하게 간단한 ECN이었다. 처음 만났을 당시 나는 그와 같은 일이 벌어지리라고는 전혀 예상하지 못했다. 당시 건장한 체구의 강렬한 인상을 가진 매쉴러는 시가를 입에 물고 어린 조수에게 호통치듯 명령을 내리고 있었다. 누가 그 지하 사무실에 시장을 뒤바꿀 천재가 있다는 걸 알았겠는가?

그러나 그건 그다지 놀라운 일이 아닐지도 모른다. 사업가들은 특히 기술 업계에서는 항상 아웃사이더들에게 주의를 기울이는 습관을 길러야 한다. 비즈니스 생태계의 가장자리에서 어떤 새로운 아이디어와 상품, 기술이 나오는지 항상 예의주시해야 한다. 그곳에서 아웃사이더들은 모두 사실인지는 확인되지 않았지만(어떤 경우에는 실제로) 차고나 지하 사무실과 같은 곳에서 당신이 생각하는 것과는 다른 미래의 그림을 그리고 있다. 물론 대단히 창조적인 것과 제정신이 아닌 것쯤은 구분할 줄 알아야 한다. 하지만 현재의 아웃사이더들이 미래를 주도하게 될지도 모르는 어떤 것을 고안하고 있는지 항상 어느 정도 눈과 귀

를 열어두는 편이 현명하다. 언젠가는 그들의 생각이 옳은 것으로 판명될 수 있기 때문이다.

오늘날 월스트리트의 거래 시스템에서는 어디에서든 레빈의 자취를 발견할 수 있다. 2017년에 내가 버투 파이낸셜(Virtu Financial)의 회장이 되었을 때, 나는 그들에게 자사의 IT 시스템에 대해 질문했다. 버투 파이낸셜의 컴퓨터는 월스트리트의 운영 시스템으로 널리 사용되고 있었다. 잠시 후 엔지니어 중 한 명이 내게 말했다.

"기본적으로 나스닥의 아이넷과 아주 비슷하게 운영됩니다."

더욱이 나스닥은 여전히 아이넷 IP 기반의 전자 거래 기술을 전 세계 100여 개 이상의 거래소에 판매하고 있다. 바꾸어 말하면, 내가 레빈을 처음 만난 지 25년이 된 현재에는 그가 직접 만든 시스템을 세계 전자 주식 거래 시장에서 흔히 볼 수 있게 되었다는 것이다.

감수할 가치가 있는 위험

2005년 4월, 나스닥은 아이넷을 보유하고 있는 인스티넷을 인수했다. 내가 CEO로 재임하는 동안 체결된 45개의 인수 건들은 이 건을 제외하고는 모두 선택에 따른 결정이었다. 반면 인스티넷을 인수한 것은 필요에 따른 결정이었다. 인스티넷은 우리가 인수해야만 했다. 그러지 않으면 조직의 위기를 맞이할 수도 있겠다는 위기감을 느꼈다. 어쨌든 나스닥이 스스로를 주식 거래 시장의 세계적 선두주자라고 칭할 수 없다면 대체 나스닥은 무엇이란 말인가? 우리가 우리에게 상상되어 있는 상장사 주식에 대해 거래 처리 시장의 많은 지분을 점유하지 못한다면 대체 우리는 상장 사업에서 무엇을 하고 있단 말인가? 우리가 기술력에서 시장을 선도하지 못한다면 기술 업계가 자신들의 주식을 거래하는 시장으로 우리를 얼마나 더 오랫동안 선택해 주겠는가?

기업 인수는 돈이 많이 드는 일이다. 나스닥은 덕분에 9억5천5백만 달러의 부채를 떠안게 되었고, 차입금의 비율이 높은 상태가 되었다. 당시 우리의 부채는 실제로 위험도가 높은 부채였다. 미리 계산된 위험도이긴 했지만 그렇다 할지라도 위험도는 위험도였다. 아이넷을 사들인 직후 경기 침체가 심화되면 회생하기 힘들 수도 있었다. 하지만 운이 좋게도 우리는 회사를 다시 건전한 재정 기반 위에 정상화시킬 수 있는 시간이 있었다.

사모펀드 기업인 헬만앤프리드만은 실버레이크 파트너스와 함께 인스티넷 인수를 위해 많은 자금을 투자해 주었다. 인수 작업은 간단한 것이 아니었다. 인스티넷은 우리가 원하지 않는 기관 투자 중개업을 포함해 여러 개의 자회사를 가지고 있었다. 그래서 그 회사를 실버레이크에 매각하기로 결정함에 따라 사실상 여러 건의 계약을 동시에 진행해야만 했다. 여러 건의 마라톤 협상자로 나스닥 측에서는 아데나 프리드만이 나섰다. 아데나는 계약 협상에 놀라운 실력을 발휘해 집요하고 영리한 협상가로 정평이 나 있었고, 차후에도 나스닥의 인수 협상이라면 모두 그녀가 도맡았다.

실버레이크의 대표 협상가로 나온 마이크 빙글(Mike Bingle)은 만만치 않은 상대였다. 그와 아데나가 협상에서 이슈가 되는 몇 가지 문제들을 놓고 줄다리기를 벌이는 동안 협상은 진척을 보이지 않고 있었다. 아마 두 사람 모두 영리하고 녹록치 않은 협상가들이어서 그랬겠지만 나는 속도가 너무 늦어지는 것은 아닌지 걱정되기 시작했다. 이런 협상을 할 때는 너무 장시간 진행하거나 수면이 부족한 상태로 계속하는 것은 명료한 사고에 전혀 도움이 되지 않는다. 이성적 판단이 흐려지거나 짜증스러워질 수 있다. 시간이 흐르면서 우리 팀의 전세가 점차 약해지는 것을 바라보며 나는 모든 것이 날아갈까 봐 심히 걱정스러웠다.

협상을 진행할 때는 가끔 협상 테이블을 재부팅해 줄 필요가 있다. 협상의 빠른 진전을 바라며 나는 실버레이크 파트너스의 공동설립자인 글렌 허친스(Glenn Hutchins)에게 전화해서 이렇게 말했다.

"글렌, 당신이 여기 와줘야겠네요. 그러지 않으면 끝나지 않을 것 같습니다."

허친스가 나타났고, 우리는 휴식을 취한 후 다시 협상을 재개할 준비를 했다. 이번에는 나와 그가 직접 협상 테이블에 앉았다. 이틀째 밤샘 협상에 돌입하게 되자 나는 매우 지쳐 있었지만 이 협상을 끝내야 한다는 각오를 단단히 다졌다. 옥신각신하며 여러 이해관계자가 연관된 복잡한 협상을 마무리 짓기 위해 노력하면서 허친스와 나는 서로에 대해 잘 알게 되었다. 사실상 협상전의 열기 속에서 발생한 화학 반응으로 진정한 우정이 형성된 것이다. 허친스는 후에 나스닥의 이사진에 합류해 우리는 결국 함께 사업을 하게 되었다. 긴 여정을 마무리하며 우리는 최종 합의 사항들을 회의실 냅킨에 간략히 정리했다. 이틀 밤낮 동안 논스톱으로 진행된 협상이 끝난 후 모두가 만족스러워 하는 가운데

(지치기도 했지만) 나스닥이 승자의 트로피를 가져갔다.

균형 잡기 ———————————————————•

그 다음 해 우리는 슈퍼몽타주의 매칭 엔진과 BRUT의 매칭 엔진, 그리고 아이넷의 매칭 엔진을 하나로 통합했다. 모두 한곳에서 통제할 수 있는 하나의 플랫폼인 것이다. 통합 작업은 엄청나게 힘든 작업이었고 새로운 중요 기능들도 추가해야 했다. 이를테면, 거래소에서 매매 시작과 종료 처리를 위해 코딩을 새롭게 해야 했는데, 제대로 구현하는 것이 기술적으로 까다로운 과정이었다. 이는 BRUT나 아일랜드의 경우 나스닥으로 편입되기 전에는 걱정할 필요가 없는 사안이었다.

아이넷에서 온 팀은 보통 직장인들과는 구별되는 저항적이고 이상주의적인 문화를 가지고 있었다. 어쨌든 그들은 월스트리트제국에 대한 저항으로 정보 접근을 민주화하고 중산층의 투자가 동등한 지위에서 이루어지도록 하자는 취지에서 아일랜드 ECN을 구축한 것이었다. 이제 그들은 그 제국의 일부가 되어 버렸지만 반권위적이고 반계급적이며 비순응적인 성향의 집단문화는 모두 그대로 유지되었다. 그들은 모두 재킷과 넥타이가 아닌 청바지와 샌들 차림이었다. 말하자면 반은 기업문화였고 반은 해커문화였다. 그 팀은 두말할 필요도 없이 훌륭한 재능과 그에 어울리는 태도를 가지고 있었다. 그들은 넘치는 젊음으로 실패할지도 모른다는 생각보다는 그들이 무엇을 만들어 낼 수 있는지에 집중했다. 그들은 전통적이고 틀에 박힌 기업의 감독에 복종하기를 원치 않았다. 보통의 경우라면 나는 조직 내에서 일관적인 문화를 만들어 나가는 것을 선호한다. 그러나 그런 것을 지나치게 강요할 수 있는 시대가 아니라는 판단이 들었고 그래서 적당한 타협안을 만들었다. 가끔은 자기 자신이 고수해온 원칙도 깰 수 있어야 한다.

그 결정이 있고 난 뒤 얼마 지나지 않아 나는 최고정보책임자를 잃게 되었다. 그는 새로 인수한 팀과 마찰을 겪었고, 아마도 그들의 문화와는 맞지 않았던 것 같았다. 나는 그의 결정을 존중했고 그는 다른 곳에서 더 좋은 기회를 얻었다. 어떤 시기에 적임자였던 사람이 다른 시기에도 항상 적임자인 것은 아니라는 사실을 다시 한 번 깨달았다. 그래서 나는 애나 유잉(Anna Ewing)을 새로운 최고정보책임자로 승진시키고 새로 인수한 팀의 엔지니어 중 조나단 로스(Jonathan Ross)를 새 전자 거래 플랫폼 개발책임자로 임명했다.

조나단은 주식시장의 내부 사정을 놀랍게도 잘 이해하고 있는 능력 있는 엔지니어로서 다른 뛰어난 엔지니어들과 같이 뭔가를 설계하고 코드를 작성하는 일을 아주 좋아했다. 그는 약간 카우보이 기질이 있었으나 그 일에 적격이었다. 애나는 문화와 성향 차이로 빚어지는 충돌 속에서 합의를 이끌어내는 데 뛰어난 능력을 발휘했고, 이후 10년간 나스닥의 최고정보책임자로 믿을 수 있는 동료가 되어 주었다.

마침내 문화적 충돌은 큰 문제가 되지 않았다. 어쨌든, 아이넷 사람들은 일을 아주 잘했다. 그들이 출근할 때 캐주얼 의상을 입고 싶어 하고 특정 운영 체계에 따르지 않으려 한다고 해서 그게 뭐가 그리 대수란 말인가? '그들이 생산적인가?'라고 물었을 때 내 대답은 완전히 '예스'인 것을.

그 팀은 거의 스타트업처럼 운영되었다. 엔지니어들에게는 우리의 거래 시스템을 다시 만들 자유 권한을 이례적으로 부여했다. 그들은 마치 자신들의 품질 관리 부서처럼 기능하며 작업 과정의 대부분을 스스로 통제했고 언제 제작에 들어갈 것인지도 결정했다. 더 전통적인 제작 환경에서라면 존재했을 견제와 균형은 배제하고 운영되었다. 옛날 방식의 중앙 컴퓨터 중심의 적응성이 낮고 안정적이며 비영리 조직의 근무문화를 가진 나스닥의 IT팀을 신속하게 반복 시험하고 기술 중심적이며 엔지니어를 믿는 스타트업과도 같은 근무문화로 바꾸고자 하는 노력은 이 시기 동안 가장 활발히 실현되었다. 어떤 IT 조직에서나 뛰어난 효율성과 사려 깊은 관리, 기술 개발과 운영, 신속한 시장 대응과 품질 관리 사이에서 한 쪽을 희생해야 한다. 이러한 제작 과정에서는 양쪽 중 한 쪽에서 실책이 나오고야 만다. 우리는 나스닥이 현재 직면한 도전을 극복하기 위해서는 그러한 접근법이 필요하다고 판단했다. 우리는 어떻게든 살아남아 거래 자동화의 새로운 세계에서 경쟁 업체들을 따라잡으려고 노력하고 있었다. 언제 제품이 출시되는지에 우리의 사활이 걸려 있는 것처럼 보였고 신속한 시장 출시는 아주 중요했다.

요즘 스타트업들 사이에서 '빨리 실패하라'라는 말을 많이 한다. '빨리 실행하고 실패하라'는 초창기 페이스북의 비공식적인 모토였다. 이 말에 담겨 있는 철학은 생각만 하다가 생각의 늪에 빠질 것이 아니라 시장에 빨리 나가 대중의 피드백을 받아 필요하다면 그때그때 봐가며 반복 수정하라는 것이다. 스타트업 기업에게는 이 방식이 통한다. 그런 환경에서는 엔지니어들이 모든 것을 장악할 수 있기 때문이다. 운영에 대한 관리는 최소한으로 이루어진다. 이때는 속도가 전부이다. 하지만 나스닥과 같이 오랫동안 통제되어 온 시스템을 가지고 있는 기업의 경우에는 컴퓨터가 전체 주식시장의 중앙 컴퓨터 역할을 하고 있으므로 그렇게 간단한 문제가 아니다. 우리에게는 다른 책임도 있었다. 우리는 신뢰성이 있어야 했다. 가동 시간은 완벽에 가까워야만 했다. 그래서 내가 우리 문화를 더 민첩하고 더 빨리 혁신하고 시장에 더 빨리 나가는 문화로 바꾸려고 노력하는 한편 일의 정확성을 기하는 것에도 게을리 하지 않도록 신경을 써야만 했다. 그러나 보수적인 뿌리를 제거할 수는 없었다. 말들이 같은 방향으로 달리지 못하도록 하기 위해 마구도 없이 동시에 두 마리의 말을 타고 달리는 것만 같았다. 시간이 지나고 우리는 스타트업과 비슷한 분위기를 자제하고 보수적인 운영체계를 다시 만들기도 했다. 하지만 당분간은 불균형적으로 보이더라도 이렇게 갈 수밖에 없었다.

지금에 와서 당시를 돌아보면 나는 아직도 이 팀이 이루어낸 성과가 놀랍기만 하다. 그들의 생산성은 지붕을 뚫을 정도로 높았다. 일반적인 생산 환경에서는 두 개의 독립적인 매칭 엔진을 통합하는 데 적

> "민감하지만 재능 있는 우리의 기술팀에 대한 나의 불간섭주의적
> 접근은 그들이 성공하는 데 필요한 것이었다."

어도 2년은 걸렸을 것이다. 그런데 우리는 1년 만에 세 개의 매칭 엔진을 통합한 것이다. 그들이 IT영역에서 이루어낸 진일보한 성과는 전례가 없을 뿐만 아니라 나스닥도 살렸다. 2007년쯤 우리는 인스티넷 인수에서 얻은 시너지 덕분에 많은 비용을 절약했을 뿐만 아니라 업계를 선도하는 전자 거래 플랫폼을 구축했다. 솔직히 지금도 업계를 선도하고 있다. 아이넷을 인수해야 한다는 내 신념의 정당성은 입증되었으며 그 외에도 많은 소득이 있었다. 승자를 매입하는 전략은 효과가 있었다. 인수하는 데 들어간 많은 비용과 나스닥이 일으킨 레버리지조차도 장기적인 회사 부양을 위한 작은 희생이었음이 드러났다. 나스닥은 그간 몇 년간 기술적 실책을 범하기도 했지만 드디어 해낸 것이다. 우리는 가장 훌륭한 전자 거래 플랫폼과 그에 걸맞는 기술팀을 보유하게 된 것이다.

두 마리의 말을 타고 동시에 달린 것의 성과는 훨씬 뒤에 나타났다. 삶에서와 마찬가지로 사업에서도 모든 결정에는 불가피한 희생이 따른다. 전략을 짤 때는 맥락과 타이밍이 전부라 해도 과언이 아니다. 우리는 절박한 상황에 놓여 있었고, 민감하지만 재능 있는 우리의 기술팀에 대한 나의 불간섭주의적 접근은 그들이 성공하는 데 필요한 것이었다. 단순히 출퇴근 복장만을 말하는 것은 아니다. 나는 그들이 자신

들만의 기술 세계에서 부분적으로 블랙박스를 공개하지 않는 것을 허용했으며 전통적 방식의 운영체계를 거부하는 것 또한 허용해 주었다. 이것이 그들의 생산성이 그렇게 높았던 부분적인 이유였다는 것은 의심할 여지가 없다. 그러나 그것은 우리가 기술의 파급력에 대해 충분히 헤아리지 못했다는 것을 의미하기도 했다. 우리에게는 실전 상황에서 모든 것을 점검하는 오류 방지 절차가 없었다. 우리 팀의 뛰어난 작업으로 탄생한 나스닥의 전자 거래 플랫폼 덕분에 차후 수년간 우리는 막대한 수익과 권력을 거머쥐게 되었다. 2007년에는 모든 일이 잘 풀리기만 했다. 안 좋은 일은 나중에 왔다. 불행히도 그 안 좋은 일은 역사상 가장 큰 관심을 불러 모은 기업 공개를 진행하던 중 모습을 드러냈다. 비전통적인 해커문화로 유명한 기업, 바로 페이스북이었다.

지하실에서 임원실로

파괴적인 혁신은 종종 반문화라는 겉옷을 걸치고 나타난다. 전자 거래 혁명은 다른 저항들처럼 주변부에서 시작되었다. 아웃사이더들이 주도하고 컴퓨터 엔지니어가 설계하고 경제 호황의 부를 나눠가질 더 직접적인 방식을 원했던 국내의 수많은 투자자들이 간접적으로 자금 지원을 해서 이루어진 것이었다. 신흥부자들은 무시당하고 저항과 두려움의 대상이 됐고 추방당했지만 종국에는 협력자로 받아들여졌다. 월스트리트의 한 지하 사무실에서 탄생한 전자 주식 거래 시스템은 겨우 몇 년 만에 월스트리트에서 가장 빛나는 임원실까지 올라갔다. 그 과정에서 그들은 세상과 괴리되어 있는 월스트리트의 인사이더 클럽들에게 치명타를 입혔다. 인사이더 클럽에서는 시가를 입에 문 남성들이 목재 패널로 만들어진 방에 모여 방에 들어차 있는 가죽 의자에 앉아 코냑을 마시며 돈을 세면서 그날의 승자와 패자가 누구인지 가리곤 한다. (적어도 할리우드의 전설 속에서는 그렇게 한다.) 이것이 한 시대의 종언이었다.

조쉬 레빈이 만든 전자 주식 거래 시스템을 인수한 직후 나는 나스닥 본사에서 그와 함께 점심을 먹으며 이 믿을 수 없는 여정을 다시 떠올렸다. 아이넷은 짧은 생애 동안 큰 발전을 이뤄냈다. 한때 기득권을 쥔 기업들에게 반대 입장이었던 아일랜드 ECN은 이제 기득권을 쥔 거래소들 중 하나인 우리 거래소에서 필수적인 존재가 되었고, 우리의 거래 플랫폼은 그들의 기술에 동화되고 있었다. 크리스 콘캐논은 인수도 축하하고 친목도 다질 겸 레빈을 초대했다. 아일랜드의 젊은 사업가이자 임원으로서 그들은 예전 방식의 마켓메이커로부터 통제권을 빼앗아 월스트리트의 거래 풍경을 그들이 창조해내는 이미지대로 재창조함으로써 자신들이 만든 전자 주식 거래 시스템이 사실상 나스닥을 정복할 날이 오길 꿈꿨다. 그 꿈은 비록 그들이 상상하던 방식으로는 아닐지라도 어떤 면에서는 이루어진 것이었다.

평상시와 같이 가볍게 티셔츠와 청바지 차림을 하고 나타난 레빈은 기분 좋은 식사 상대였다. 그는 항상 세간의 주목을 받는 것을 피하고 사적이고 잘난 척할 줄 모르는 사람으로, 대체에너지 분야의 새로운 지평을 여는 일에 몸담게 되었고 이미 주식시장에 대한 관심은 잃어버린 듯했다. 아마 월스트리트의 기술 혁명을 이끄는 데 있어 자신의 임무는 여기까지라고 생각했을지도 모른다.

금융시장 분석가, 컴퓨터 프로그래머, 엔지니어 등 새로운 엘리트가 부상하고 있었다. 그들은 천장이 높은 남성클럽에서 보다는 채팅방과 데이터센터에서 더 찾아보기 쉬운 사람들이었다. 월스트리트는 컴퓨터의 2진법 속에서 서서히 재편되고 있었다. 나는 초창기부터 이 혁명이 어떻게 진행되는지 지켜보며 구시대적 인물들을 구슬려 새로운 세계로 인도하는 것을 도운 사람으로서 이 변화들 대부분은 더 좋은 것이라고 확신했었다. 하지만 차후 확실히 드러나게 되겠지만 늘 그렇듯이 혁신에는 분열이 동반되며 새로운 위험과 규제의 어려움이 따른다.

| 리더의 경영분석-효과적인 승자 인수의 3원칙

● **미래를 선도할 만한 승자를 인수하라**
　비록 단기적으로 높은 비용을 지불해야 하더라도 시급하게 시장 점유율을 높이거나 기술을 얻기 위해 똑똑한 인수를 활용하는 것을 부끄럽게 여기지 마라.

● **가끔은 자기 자신의 원칙도 깨야 한다**
　훌륭한 경영자는 설사 희생이 수반되고 오늘 맞는 것이 내일은 틀린 것이 될 수도 있다는 사실을 알고 있더라도 상황의 요구에 따라 유연하게 대처할 수 있어야 한다.

● **오늘의 아웃사이더가 내일의 기득권자가 될 수 있다**
　업계 생태계의 가장자리에 있는 사람들을 무시하지 마라. 그들이 당신의 미래를 창조하고 있을지도 모른다.

CHAPTER 5

애플에서 질로까지

뉴욕 증권 거래소 6개 상장사 나스닥으로 갈아타다
〈CNN 머니〉, 2004년 1월 12일

ASC의 공동 대표로 일하던 시절 나는 영업을 했다. (작은 회사에서는 보통 그렇듯이 인사, 회계, 제품 관리, 요리, 설거지 등도 함께했다.) 90년대 초반에 회사의 얼굴로서 나는 잠재 고객들을 방문해 시연과 홍보를 하곤 했다. 특히 기억에 남는 영업 대상은 헤지펀드 D. E. 쇼(D. E. Shaw)였다. 그들은 상대적으로 신생 기업이었고 최신 컴퓨터 기술을 활용하는 데 집중하고 있었다. 그들이 주식투자 업계에 뛰어들 것이라는 말을 들었을 때 나는 그 기업의 임원에게 전화를 걸어 내가 방문해 우리 시스템을 시연해 보이고 싶다고 말했다. 당시로서는 최첨단 기술(20인치 음극선 기술)이었지만 장비를 옮기려면 조금 큰 박스 몇 개가 필요했다. 나는 맨해튼 중심가에 위치한 이 회사 건물의 엘리베이터에 박스를 싣고 프레젠테이션을 할 사무실로 끌고 갔다. 시연회를 위해 장비 조립 작업을 시작하자, 작은 사무실에 모든 것을 설치하려다 보니 벽에 부딪히고 전선에 걸리는 등의 어려움을 겪고 있었다. 그때 나와 연락했던 제프라는 이름의 담당자가 내게 와서 설치를 중단시켰다.

"어떻게 작동하는 건지 그냥 말로 설명해 주세요. 그걸로 충분합니다"라고 그는 말했다. 나는 그것이 프로답지 못한 태도라고 생각했다. 고객들은 보통 우리의 소프트웨어가 작동하는 것을 실제로 보고 싶어 했다. 하지만 그는 그걸 말렸고, 그래서 나는 마지못해 구두로 시연하는 것에 동의했다. 화면이 어떻게 나타나고 작동하는지 최선을 다해 시각적으로 묘사하기 시작했다. 설명하는 데 열중한 나머지 나는 내 예비 고객이 의자에 깊숙이 기대 앉아 눈을 감고 있다는 사실을 시간이 조금 흐른 뒤에야 깨달았다. '제발 잠들지 마시길!' 하고 나는 바랐다. 순간적으로 이 영업 상담이 실패하는 것처럼 보였다.

하지만 곧 알게 된 사실은 그는 자고 있었던 게 아니라는 것이다. 그는 듣고 있었다. 그것도 완전히 집중해서 들은 내용을 시각화하며 그 속에 빠져 있었다. 그는 마음속으로 우리 시스템을 그려 보며 내가 말로 묘사하는 대로 상상 속에서 시연 장면을 시각화하고 있었다. 전체 시연을 말로 설명하는 동안 그는 내 말을 한마디도 놓치지 않았다. 내 발표가 끝나갈 즈음에는 마치 그가 이 시스템을 개발하기라도 한 것처럼 우리 시스템을 잘 파악하고 있었다. 그는 시스템의 인터페이스와 복잡한 작동 원리를 다른 어떤 고객들보다도 확실히 이해했다. 결과적으로 영업에는 성공하지 못했다. 그래도 나는 이 일을 통해 중요한 교훈을 얻게 되었다. 당신은 언제 누구를 만나 이야기를 하게 될지, 또는 그들이 나중에 어떻게 될지 모르는 법이다. 내가 그날 만난 사람은 바로 제프 베조스(Jeff Bezos)였다. 그를 직접 만나본 사람으로서 그가 말 그대로 선지자라는 사실은 내가 보증할 수 있다.

아마존이 생겨나기 전 몇 가지 다른 일로 나는 베조스를 만난 적이 있었다. 아마존은 1997년 나스닥에 상장되어 시가총액 4억4천만 달러로 5천4백만 달러의 투자 자금을 끌어들였다. 90년대에 아마존과 같은 새로운 디지털 혁신 세력에게 있어 나스닥은 투자 자금을 조달할 수 있는 좋은 선택지였다. 실제로 그 시절의 뉴욕 증권 거래소는 스타트업 기업들을 받아주지 않았다. 그들은 자신들을 이미 자리를 잡은 기업들을 위한 증권 시장이라고 생각했고, 미국의 모든 중요 기업들이 일정 규모에 도달하면 뉴욕 증권 거래소로 오게 될 것이라 기대했다. 뉴욕 증권 거래소의 CEO인 딕 그라소(Dick Grasso)는 내가 나스닥에 합류했을 당시, 마이크로소프트와 인텔이 뉴욕 증권 거래소로 오게 될 것을 고려해 한 글자 티커 심볼(역자 주: 주식시장에서 주식이 거래되는 회사를 나타내는 상징문자) M과 I를 사용하지 않고 남겨 놓은 상태라고 자랑하곤 했다. 그러나 그런 일은 일어나지 않았다. 젊은 기술 기업들을 키워준 결과, 나스닥은 그들의 충성심을 얻게 되었다. 어쨌든 나스닥은 젊은 기술 기업들이 다른 가능한 자금처가 없었을 때 공개 시장에서 투자 자금을 끌어들여 그들을 살린 것이다. 벤처 자본 시장에 자본이 넘쳐나기 훨씬 이전의 일이었다. 이는 나스닥 전임자들이 투자자들에게 신뢰를 얻기에 충분할 만큼 상장 기준을 높게 유지하는 한편 유망한 신생 기업들도 수용하는 아슬아슬한 줄타기를 잘해낸 공이라고 생각한다.

그 결과 시간이 지나면서 미국의 증권 시장은 두 개 거래소가 독점을 하게 되었다. 대부분의 국가는 기본적으로 국내 기업들에게 상장 서비스를 제공하는 하나의 증권 거래소가 있다. 프랑스의 파리, 영국의 런던, 스페인의 마드리드, 일본의 도쿄, 호주의 시드니에 각각 한 곳이 있다. 그리고 미국에는 나스닥과 뉴욕 증권 거래소 이렇게 두 곳이 있다. 이와 같은 경우, 필연적으로 치열한 경쟁구도가 생겨난다. 코카콜라와 펩시, 에어버스와 보잉, 안드로이드와 iOS를 한번 생각해 보라.

나는 장기적으로 봤을 때 기술 개발을 통해 거래 형태를 바꾸어야 경쟁 우위를 확보할 수 있다는 사실을 잘 알고 있었다. 하지만 뉴욕 증권 거래소와 정면으로 맞서온 상장 사업을 무시할 수는 없었다. 고객관리 팀도 같은 생각이었다.

"그라소도 신경을 쓰셔야 할 겁니다."

그들은 내가 나스닥으로 온 초기에 여러 번 이렇게 말했다. 뉴욕 증권 거래소의 CEO가 우리 회사 직원들에게 자신의 거래소로 옮기도록 속삭이며 유인책을 쓰고 있다는 뜻이었다.

궁핍한 환경에서 접객 서비스 직원에서 출발해 자수성가한 그라소는 지적이고 강한 경쟁자로 월스트리트에서 두려워할 만한 평판을 가지고 있었다. 나는 그라소의 직업윤리를 존경했고 그가 과소평가 돼서는 안 되는 인물임을 알고 있었다. 그는 우리가 고통스러운 조직 개편을 진행 중이라고 해서 물러설 사람이 아니었다. 그는 항상 전화로 업무를 봤고 마치 항상 어디에나 쫓아다니는 막후 경쟁자처럼 뉴욕 증권 거래소와 경쟁하기 위해서는 나스닥이 분발해야 한다는 점을 열심히 주지시키려 했다. 그 결과 내가 취임한 초기에는 계획한 것보다 훨씬 더 많은 시간을 상장 사업에 쏟아붓게 되었다. (재미있는 점은 몇 개월 후 그가 CEO 자리를 떠난 뒤, 내 삶이 훨씬 더 수월해졌다는 사실이다.) 이런 이유로 나는 CEO가 되어서도 또 다시 영업을 하고 있는 나 자신을 발견했다. 나는 차세대 신생 기술 기업들이 그들이 성장할 기반으로 나스닥을 선택하게 만들고, 기존 고객들은 만족도를 유지해 다른 곳으로 옮겨가지 않도록 하기 위해 노력했다.

비즈니스에서 고려해야 할 인간적인 요소

관계에 기반을 두고 구축된 사업이라면 당신은 어떤 것도 당연하게 받아들여서는 안 된다. 나스닥으로 오기 전에 나는 나스닥 글로벌 인덱스 그룹의 부사장으로 오랜 기간 재직한 제이콥스와 이야기를 나눴다. 나는 그에게 물었다.

"내가 나스닥에 대해 알아야 하는 것 중에 아직 모르는 것이 있나요? 내가 할 일에 대해 내가 모르고 있는 게 뭔가요?"

그의 답변에는 선견지명이 있었다.

"제가 알기로 당신은 전자 거래 사업에 조예가 깊으신 것으로 압니다. 폭넓은 기술 분야의 경력도 가지고 계시구요. 영업과 운영 쪽으로도 많은 경험을 가지고 계시지요. 하지만 상장 사업은 아예 다른 종류의 사업입니다. 이 사업은 감성적인 요소가 개입되는 분야라서 놀라실 겁니다. 기업들은 순전히 이성적이거나 경제적 이유만으로 나스닥이

나 뉴욕 증권 거래소에 상장하겠다고 결정하지 않습니다. CEO와 창립자들을 자주 만나 그들의 자부심, 자아, 삶의 열망, 그들 기업에 대한 걱정에까지 관심을 기울이셔야 할 겁니다. 나스닥이 뉴욕 증권 거래소보다 수수료가 조금 더 저렴하고 더 좋은 부대 서비스를 제공할지 몰라도 그것만으로 경쟁에서 승리하기는 어렵습니다."

시간이 지날수록 나는 제이콥스의 말이 옳다는 것을 알게 됐다. 기업들이 뉴욕 증권 거래소가 아닌 나스닥을 선택하거나 혹은 그 반대의 경우를 선택하는 데에는 온갖 다양한 이유들이 존재했다. 단순히 금전적 이득 때문만은 아니었다. 상장 사업을 어렵고도 흥미롭게 만드는 것은 우리 고객들이 세계 유수 기업들의 창립자와 경영자라는 점이었다. 상장 사업을 진행하면서 나는 이 우상들을 직접 만나 나스닥과 그들 회사가 함께하면 무엇이 그들의 마음을 움직이게 하는지 알아내기 위해 노력해야 했다. 그리고 나는 그들의 반응에 자주 놀랐다.

어떤 CEO들은 대단히 이성적이었다.

"뉴욕 증권 거래소가 해줄 수 없는 것 중 무엇을 해줄 수 있나요? 이점이 뭐죠?"

그들은 그것을 알고 싶어 했다. 또 다른 부류는 사무적이었다.

"나스닥에 상장하게 되면 우리 회사에서 나스닥에 무엇을 판매할 수 있죠?"

그리고 다른 일부는 사회적이거나 집단적이었다.

"업계의 다른 기업들은 어떻게 하고 있죠?"

많은 이들은 감정적이었고, 그들의 선택은 개인적 포부나 어린 시절

꿈꾸었던 열망과 관련되어 있었다.

"저는 항상 뉴욕 증권 거래소에서 벨을 울리는 걸 꿈꿨어요."

"나스닥에 세계 최고의 기술 기업들과 함께 우리 회사 이름이 올라가 있는 걸 보고 싶어요."

감정적인 고객들을 상대로 영업할 때 나스닥의 우월한 거래 통계 자료를 이점으로 홍보하는 것은 요점을 잘못 짚은 것이라는 사실을 나는 나중에서야 깨닫게 되었다. 그런 것들이 의사결정에 크게 영향을 미치지 않는다는 사실을 몰랐을 당시 나는 저평가되어 있는 나스닥의 미니시장 구조의 이점을 자랑하며 얼마나 많은 CEO들을 지루하게 만들었던가?

특정 몇몇 CEO들은 비용 편익 분석보다는 개인적인 관계에 더 큰 가치를 두었다. 그들은 CEO(또는 임원진)와 가장 좋은 관계를 형성하고 있는 주식시장에 상장하고자 했다. 어떤 이들은 공동 파트너십을 기반으로 성장했다. 그런가 하면 어떤 이들은 제프 베조스의 아마존처럼 상장 결정을 내린 후에는 수 년간 거의 소식이 없기도 했다. 그리고 어떤 이들은 나스닥이 여전히 그들에게 최고의 사업 파트너임을 종종 상기시켜 주기를 바랐다. 어떤 이들은 그들이 처음 기업 공개를 한 거래소에 대해 이유 불문하고 충성심을 보였다. 또 다른 이들은 혹시 남의 떡이 더 크지는 않을까 하고 항상 궁금해하기도 했다.

그들이 나스닥에 상장한 주된 요인은 브랜드 소속감인 경우가 많았다. 기술 기업들은 왜 나스닥에 상장하기를 원했을까? 중요한 이유는 다른 기술 기업들이 나스닥을 선택하기 때문이었다. 나스닥의 기술 혁신적 브랜드 이미지는 다른 경쟁자들이 감히 따라올 수 없는 부분이었다. 실제로 대다수 CEO들의 마음속에 두 증권 거래소의 브랜드 정체성은 꽤 명확했다.

결국은 "당신은 어떤 CEO입니까?"와 "당신은 어떤 기업입니까?"로 요약됐다. "어느 정도 성장해서 이미 자리를 잡았습니다"는 뉴욕 증권 거래소 쪽이었다. "아직 성장하는 중입니다. 기업가 정신으로 혁신하려고 합니다"는 나스닥 쪽이었다. 우리는 세계 최고의 기업들이 '나스닥 상장'을 자부심의 상징으로 여길 수 있도록 열심히 노력했다. 그리고 그것은 선순환이 되었다. 기업들도 우리와 연계하고 싶어 했지만 우리도 그들과의 연계를 통해 우리의 브랜드를 구축해나갔다. 하지만 그것 때문에 종종 기술 분야 이외의 기업들에게 확신을 주기가 어려워진 것도 사실이다. 우리의 영업은 그 연계 관계를 우리에게 유리한 지렛대로 삼거나 또는 그 브랜드 이미지의 한계를 벗어나기 위해 필사적으로 싸우는 등 둘 중 하나였다.

나는 호감을 주는 친화적 존재이자 CEO들 사이에서 효율적인 네트워크를 형성해 주는 사람이 되는 것이 국내 및 세계 무대에서 나스닥의 대표로서 내가 해야 할 필수적이고도 가장 중요한 역할이라는 사실을 일찍이 깨달았다. 물론 그 때문에 부수적으로 따라오는 이점도 있었다. 나는 아마 업계의 그 누구보다도 많은 CEO들을 만났을 것이다. 나는 수백 회의 콘퍼런스에 참석해 나스닥의 상품을 홍보하며 애플에서부터 질로까지 경영자들의 비전을 들었다. 나는 필연적으로 전 미대륙의 기업 임원들과 대화하고, 스탠퍼드 대학교에서 개최되는 산업 행사에 참석하고, 샌드힐 로드에 있는 벤처 투자 회사들을 방문하고, 샌프란시스코에서는 소셜 미디어 천재를 만나 한담을 나누는 등 실리콘밸리에서 많은 시간을 보냈다.

오랫동안 시스코 시스템즈의 CEO였던 존 챔버스는 내가 처음으로 샌프란시스코 베이 에어리어에 갔을 때 나를 위해 파티를 열어 내게 실리콘밸리의 경영자들을 소개해 줄 정도로 친절을 베풀었다. 이렇게 대중의 관심을 받는 데에는 익숙하지가 않아 조금 긴장되기도 했다. 나는 실리콘밸리의 독특한 생태계에 매력을 느꼈고 특히나 대학과 경제계, 벤처 투자 기업들 사이의 공생 관계가 흥미로웠다. 행사에 참석한 기업의 임원들 중 다수는 스탠퍼드 대학교 출신이었고 그들은 교수들과 과학기술 분야 전문가들, 스타트업 창업자들, 벤처 투자자들과 자연스럽게 어울렸다. 그들은 돈, 아이디어, 사업 수완, 지적 능력 이 모든 것들이 풍부한 재능 네트워크 내의 공동체를 통해 풍성하게 엮여져 있었다. 스탠퍼드의 많은 교수들은 실리콘밸리의 사업이나 벤처 투자 기업에 참여했고, 일부 기업의 경영자들도 현재 스탠퍼드에서 강의했다.

나는 캘리포니아에서의 모임에서 저녁 늦은 시각까지 즐거운 시간을 보냈던 일이 기억난다. 늦게까지 모임을 즐기는 일은 따뜻한 지중해성 기후의 팔로 알토에서는 지극히 자연스러운 일로 느껴졌다. 모두가 근무 시간이 끝나기가 무섭게 도시를 벗어나고 싶어 하는 뉴욕 산업계에서는 보기 드문 일이었다. 캘리포니아 기업들의 캐주얼한 복장 규정과 느긋한 근무 태도는 내게는 낯설어 보였다. 하지만 나는 이내 이 서부 해안의 새 친구들이 뉴욕의 직장인들보다 일에 대한 야망이 부족하다고 생각하는 것은 오산이라는 것을 알게 되었다. 나는 캘리포니아 방문을 내 일을 즐길 수 있는 기회로 생각하며 그 시간을 고대하게 되었다. 그리고 기술 기업들의 상장 경쟁이 가속화됨에 따라 캘리포니아 방문은 잦아졌다.

변화하는 경쟁구도 ─────────────────────────●

2003년에 내가 CEO로 취임했을 당시 뉴욕 증권 거래소에 상장된 기업이 나스닥으로 옮기는 경우는 없었다. 반대로 나스닥에 상장된 기업이 뉴욕 증권 거래소로 이동하는 경우는 있었다. 나스닥이 더욱 자리를 잡은 브랜드가 되면서 뉴욕 증권 거래소로 옮기고자 하는 기업들의 흐름이 급격히 둔화됐다. 하지만 미국 유수의 대기업들에게는 뉴욕 증권 거래소에서 나스닥으로 옮긴다는 것은 그때까지 상상할 수도 없는 일이었다.

나는 그걸 바꿔보기로 결심했다.

브루스 아우스트(Bruce Aust)와 나는 머리를 맞대고 전략을 세우고 접근 대상 기업들의 명단을 뽑았다. 가장 먼저 접근할 대상은 찰스 슈왑(Charles Schwab)이었다. 이 기업은 샌프란시스코 소재의 혁신적인 자산

관리 기업으로, 아직까지도 유명한 창립자, 척 슈왑(Chuck Schwab)이 경영을 하고 있었다. 나는 샌프란시스코 베이 에어리어로 날아가 브루스와 함께 척을 만나 나스닥 상장에 대해 논의했다. 보통 우리는 고객 맞춤 제안과 쟁점들을 기반으로 영업을 했다. 여기에는 각각의 고객들을 위해 맞춤 기획한 공동 광고 및 프로모션과 같은 '안겨주기'식 마케팅이 포함되어 있었다. 마지막으로 우리는 '실리콘밸리의 증권 시장'으로서 우리 브랜드를 지렛대로 활용했다. 그것은 자신들을 새로운 정보 경제의 일부로 포지셔닝 하고자 노력하고 있는 슈왑과 같은 회사들에게 실제로 관심을 갖게 할 수 있는 제안이었다.

슈왑은 수용적인 태도를 보였다. 하지만 그는 아직 뉴욕 증권 거래소를 버릴 준비가 되어 있지 않았다.

"두 군데에 다 상장하는 건 어떤가요?"

그는 우리에게 물었다. 이중 상장? 브루스와 나는 그것이 가능할까 하는 혼란과 호기심을 동시에 느끼며 서로를 바라봤다. 이중 상장은 전례가 없는 일이었다. 처음에 나는 슈왑이 이 논의에서 빠져나갈 방편으로 그저 의례적으로 하는 말이라고 생각했다. 안 될 일이라는 사실을 알면서도 그냥 말만 던져보고 마는 것 말이다. 하지만 그는 진지했다. 논의가 계속 이어지자 내 생각도 바뀌기 시작했다. 결국 거래소를 바꾸게 하는 일은 경제적 승리에 못지않은 마케팅적 승리이다. 이중 상장은 거래소를 옮기는 즉각적인 헌신을 요구하지 않고도 마케팅적 승리를 달성할 수 있는 대안이었다. 우리는 그에게 "한번 고민해보고 곧 연락드리겠다"고 말했다.

"고객의 피드백에 항상 귀를 기울여라."

'고객은 종종 훌륭한 아이디어를 제공한다'. 그들은 당신의 사업에 대해 새로운 시각을 가지고 있다. 고객의 피드백에 항상 귀를 기울여라. 좋은 제안은 불평 속에 내재되어 있을 수도 있고 거절의 가면 뒤에 숨어 있을 수도 있으며, 그냥 던져보는 말 속에 숨어 있을 수도 있다. 하지만 주의 깊게 귀를 기울이면 바로 그곳에 지혜의 열매가 있다.

그렇다 해도 고객의 요구에 당신의 비전을 한정시키고 싶지는 않을 것이다. 그들은 보통 기존 제품이나 서비스에 추가로 어떤 수정을 가할지에 집중한다. 하지만 진정한 혁신은 고객이 그들에게 필요한지조차 아직 깨닫지 못한 어떤 것을 상상할 때 일어난다.

이중 상장은 혁신의 범주에 해당하는 것은 아니었지만 진정한 발전이었고, 아무도 그것을 시도해 본 적이 없었다. 찰스 슈왑이 기꺼이 나스닥의 생태계에 한쪽 발을 들여놓는다면 분명 다른 기업들도 그 뒤를 따를 것이었다. 기업들이 거래소를 옮기도록 노골적으로 설득하는 데 어려움을 겪고 있었던 것을 감안하면 이중 상장은 훨씬 더 수월한 제안이 될 수 있었다.

새로운 기업들이 나스닥의 제안을 평가하는 바로 그 순간 그들과 장기적인 관계를 구축할 수 있게 되는 것이다. 시간이 지나면서 우리는 뉴욕 증권 거래소를 앞질러 상장 사업에서 완전히 승리할 수도 있겠다는 희망을 가지게 되었다. 그래서 나스닥은 이중 상장을 할 용의가 있는 기업들을 찾기 시작했다. 우리는 적어도 5~6개 사가 동시에 이중 상장을 발표하기를 원했다.

이내 실리콘밸리에서 가장 유명한 기업 중 하나인 휴렛 패커드(Hewlett-Pakard)에서 큰 힘을 실어 주었다. 나는 브루스와 함께 휴렛 패커드 본사 사무실에서 칼리 피오리나(Carly Fiorina)를 만나 이중 상장의 이점에 대해 설명했다. 피오리나는 수용적이었고 그녀 특유의 추진력으로 그 자리에서 최고재무책임자와 회의를 가지고 바로 결정해서 추진하기로 했다. 얻을 수 있는 이점에 대해 이성적으로 사고하려는 그녀의 의지와 신속히 행동하고 즉각 결정하는 능력은 매우 인상적이었다. 그녀의 의중에는 나스닥에 상장을 함으로써 나스닥의 백엔드 거래 시스템에 휴렛 패커드 기술을 판매하기에 더 좋은 위치를 점할 수 있다는 계산이 작용했다는 것을 알고 있었지만 우리는 매우 흥분했다.

2004년 1월까지 6개 기업이 이중 상장을 하기로 결정했다. 우리는 이 계획과 참여 기업들을 발표하기 위해 보도자료를 배포했다. 참여 기업은 휴렛 패커드, 월그린(Walgreens), 케이던스(Cadence) 디자인 시스템즈, 찰스 슈왑, 컨트리와이드 파이낸셜(Countrywide Financial), 아파치(Apache)였다. 모두 시가 총액이 높은 기업들이었다. 시간이 지날수록 더 많은 기업들이 이에 동참할 것이다. 이것은 대단한 첫걸음이었고 뉴욕 증권 거래소에 대한 위협적인 경고가 되었다.

특히 월그린의 경우는 대단한 성취였다. 월그린은 기술 기업이 아니었다. (요즘은 모든 기업이 어느 정도는 기술 기업이다. 하지만 이때는 업계 분위기가 그렇게 되기 전이었다.) 이 기업은 일리노이에 본사를 둔 미국 중산층을 상징하는 대들보 기업이었다. 그럼에도 그들은 누구보다 나스닥 상장의 이점을 알고 싶어 했고 위험을 감수할 의향을 보였다. 나는 기술 주식 시장으로서의 나스닥의 명성을 사랑했지만 그것의 제약을 받고 싶지는 않았다. 우리는 모든 종류의 기업들을 대표할 수 있어야 했다. 나스닥에 일찍이 상장해서 좋은 인연을 이어가고 있는 또 다른 비기술주 기업인 스타벅스가 그렇듯이 월그린은 바로 우리의 그런 전략을 확인시켜 주는 기업이었다. 스타벅스는 전 세계적인 소매 브랜드로 성장하면서 나스닥과 함께한 첫 번째 비기술주 기업들 중 하나였고, 나스닥이 잘나가는 실리콘밸리 기업들만의 시장이 아니라 훨씬 그 이상의 것임을 보여주었다.

커피 한 잔 더

고객을 얻는 일은 아주 기쁜 일이긴 하지만 그것은 단지 시작일 뿐이다. 매년 혼인 서약을 새롭게 하는 결혼과 마찬가지로 나스닥과 상장 기업들과의 관계도 당연하게 받아들여질 수는 없다.

다음의 이야기가 그에 적합한 예라 할 수 있다. 몇 년 뒤 브루스는 걱정스러운 소식을 듣고 내 사무실에 찾아왔다.

"스타벅스와 문제가 생겼습니다."

"스타벅스라구! 그게 사실인가? 도대체 무슨 일이야?"

커피 체인 업계의 우상인 스타벅스는 거의 20년 가까이 나스닥과 함께해왔다. 유명한 CEO 하워드 슐츠(Howard Schultz)가 경영하는 스타벅스는 나스닥 본사에서 항상 가장 사랑받는 고객이었다. 단지 원리버티 플라자 로비에 우리 임원진이 즐겨 찾는 스타벅스 매장이 있기 때문만은 아니었다. 수년 동안 스타벅스는 미국 최고의 브랜드 중 하나로 우뚝 섰고, 우리는 그 놀라운 여정에 항상 함께하고 있었다. 우리는 스타벅스 리워드 비자카드 출시를 기념하며 마켓사이트에서 하워드 슐츠와 제이미 디몬(Jamie Dimon)이 참석한 가운데 증시 개장 행사를 함께 진행하는 등 공동 홍보 활동도 꽤 많이 진행했다. 그들은 심지어 나스닥 광고 캠페인에도 등장했었고 스타벅스 임원 중 한 명은 우리 이사회의 일원이었다. 그렇다면 잘못될 일이 뭐가 있겠는가? 브루스는 자세한 내막은 알지 못했으나 스타벅스의 거래 담당자들로부터 불만의 목소리를 들었다고 했다. 당장 시애틀로 가서 우리 관계가 건재한 것인지 확인할 필요가 분명히 있어 보였다.

나는 스타벅스의 최고마케팅책임자와 친한 존 제이콥스(John Jacobs)에게 전화했다. 제이콥스는 나스닥 워싱턴 DC 사무소에서 근무하고 있었다.

"무슨 얘기 들은 거 없는가?"

"자세한 내용은 알 수가 없습니다"라고 제이콥스는 답했다.

"사실 스타벅스 최고마케팅책임자도 아무것도 몰라요. 아마 뉴욕 증권 거래소에서 하워드 슐츠의 귀에 대고 뭐라고 속닥거린 것 같아요."

"그래, 아마 그럴지도 모르지. 그래도 우린 스타벅스를 놓칠 수 없어. 떠날 채비를 하게. 시애틀로 가야겠어. 슐츠와 회의를 잡아야겠네."

워싱턴에 도착했을 때, 나는 제이콥스와 우리 회사의 스타벅스 담당자와 함께 끼어 앉아 회의를 준비했다. 나는 커피를 마시는 사람이 아니었지만(나는 스스로를 카페인을 자가 충전하는 사람이라고 생각한다.) 그날은 슐츠와 최고마케팅책임자가 있는 사무실로 이동하면서 스타벅스 머그컵을 손에 들고 가는 것을 잊지 않았다. 아니나 다를까, 우리가 앉아 있었던 그 자리에는 우리의 경쟁자도 같이 앉아 있었다.

"뉴욕 증권 거래소에서도 방금 전에 찾아오셔서 저와 스타벅스를 위해 모든 장벽을 해소해 줄 의향이 있다고 했습니다."

회의가 시작되자 슐츠는 우리에게 이렇게 말했다.

나와 슐츠는 수년간 좋은 관계를 발전시켜왔다. 그는 부와 명예를 얻는 위치에 오르기 전에 브루클린의 한 노동자 가정에서 성장했다. 나는 그런 영감을 주는 자수성가 이야기에 항상 동질감을 느꼈다. 그는 항상 기업 브랜드에 신경 쓰는 유형의 CEO였다. 아마도 나스닥이 스타벅스에게 최대한의 홍보력을 제공하는 데 태만했는지도 모른다. 아니면 나스닥이 여전히 스타벅스의 편에 서 있다는 사실을 재확인하고자 했는지도 모르겠다. 아니나 다를까 대화의 화제는 곧 출간될 스타벅스의 창립 이야기가 담긴 슐츠의 책에 대한 이야기로 전환되었다. 당연히 그는 도서 출간으로 브랜드 상승 효과를 얻게 되기를 바라고 있었고 우리의 지원을 기대하고 있었다. 사실상 우리의 파트너십을 확인하는 일종의 시험대였던 셈이다.

존도 나와 똑같은 것을 느꼈음이 분명했다. 내가 대답하려고 하자 그가 새빨리 끼어들었다.

"참고로 말씀드리자면, 나스닥은 최고경영자님의 도서 출간과 관련해 여러 가지 계획을 가지고 있습니다. 저는 그 책이 영감을 주는 훌륭한 책이며, 나스닥에 상장되어 있는 회사들의 고위 간부들이 반드시 읽어야 할 필독서라고 생각합니다. 그래서 저희가 수천 부를 구입해서 저희 모든 상장사들에게 보낼 계획입니다."

제이콥스가 도서 출간과 관련된 계획을 이야기하자 회의 분위기는 한층 부드러워졌다. 슐츠는 고무된 듯 보였고 우리의 대화에 흥미가 생긴 것 같았다. 존은 그 다음 해에 시애틀에서 개장벨을 울리며 진행될 스타벅스의 40주년 기념 행사 계획을 설명하며 계속 대화를 이어갔다.

"여기서 그런 행사를 하는 것은 최초가 될 겁니다. 스타벅스와 나스닥의 훌륭한 공동 브랜드 행사가 될 수 있을 것입니다."

나는 내심 흐뭇했다. 존이 어느 정도는 즉흥적으로 이야기하고 있다는 것을 알고 있었지만 괜찮았다. 그는 중요 고객을 만족시키기 위해 필요한 일을 하고 있었다. 이래서 능력 있는 간부를 회사에 두어 그들이 고객의 요구보다 한 발 앞서 갈 수 있도록 해야 하는 것이다. 어떤 이유에서든 뒤처지게 되었을 때 그들은 재빨리 선두자리를 탈환할 방법을 찾아낸다.

존의 빠른 사고력이 우리를 곤경에서 구해냈다. 우리는 2011년 3월 상징적인 장소인 시애틀의 파이크 플레이스 마켓에 위치한 스타벅스 1호점에서 개장벨 행사를 가졌다. 나는 비가 내리는 아침 6시에 슐츠와 함께 무대에 올랐다. 우리는 함께 개장을 선언했고 스타벅스의 새로운 로고를 선보이며 카페인에 취한 수많은 구경꾼들에 둘러싸여 20년 동안의 훌륭한 협력 관계를 축하했다. 맨주먹으로 시작해 전 세계 55개국에 17,000개 이상의 매장을 둔 스타벅스로 성장시킨 놀라운 사업가 슐츠는 스타벅스의 가치와 문화를 보존하고 확산하는 것에 관해 힘 있는 연설을 했다. 반면 나는 해를 거듭할수록 나스닥과 스타벅스의 관계를 공고히하고 확산하겠다는 결의를 다졌다.

개장벨 행사는 항상 상장사들에게 히트를 쳤고 행사가 현장에서 진행되면 더욱 반응이 좋았다. 원격으로 진행된 최초의 행사는 2005년 새너제이 시스코 시스템즈(Ciseo Systems)에서 진행된 행사였다. 나스닥은 백엔드 기술에 시스코의 장비들을 많이 사용하고 있었고 시스코의 장비를 활용해 가상 개장을 하자는 아이디어는 특히나 나스닥이 세계 최초의 가상 증권 시장이라는 점을 고려했을 때 너무 좋은 아이디어라서 그냥 포기할 수 없었다.

한 기업이 기업 공개나 기념일을 축하하는 자리는 스타벅스나 시스코 시스템즈의 경우처럼 기업들에게는 잠시 자기 자신을 돌아보는 기회가 된다. 말하자면 전체 조직의 중요한 생일인 것이다. 상장 기업의 경우는 특히나 그렇다. 나는 이러한 축하 행사에 사람들이 얼마나 많은 흥미를 가지는지를 보고 항상 크게 놀랐다.

타임스 스퀘어에 있는 나스닥 마켓사이트에서 개장벨을 울리기 전에 샴페인을 터뜨리는 것이나 페이스북이 아침에 기업 공개를 하기 전에 직원들이 밤새도록 '해커톤'을 하는 것, 아니면 스타벅스의 팬들이 시애틀에서 이른 아침에 라떼를 홀짝거리는 것, 아시아의 다양한 도시에서 원격 개장을 하는 것 등은 인상적인 장면이었다. 나는 그 행사들에 관한 좋은 기억들을 간직하고 있다. 업계에서 드물게도 나는 나스닥의 생태계 속에서 살아가는 조직들의 삶에서 수백 번의 중요한 순간들에 대중을 대신해 동참할 수 있었다.

개인과 마찬가지로 조직 또한 중요한 사건들을 축하할 필요가 있다. 그들이 어떻게 탄생했는지, 이룬 성과는 무엇이었는지, 경제적 기회를 만드는 데 그들의 역할을 다했는지 등등 그들의 비전을 믿어준 전 세계의 투자자들을 되돌아볼 필요가 있다. 나스닥은 이 기업들을 위해 전 세계 수백만의 주주들과 이해관계자들에게 접속하는 중재자이다. 나스닥은 거래를 촉진하는 것 이상의 기능을 해야 한다. 세계 유수의 기업들과 그들을 생존하게 해주는 자본(경제적 자본과 사회적 자본 모두) 사이에 연결 지점을 제공하는 역할을 해야 한다.

차기 대통령

"그분이 기다리고 계십니다. 가능한 빨리 와 주십시오."

브루스는 불안해하는 목소리였고 나는 상황을 이해하고 있었다.

"지금 출발하네. 가능한 한 빨리 도착할 걸세."

안타깝게도 뉴욕에서는 '가능한 한 빨리'라는 말이 여러 가지 뜻으로 쓰일 수 있었고 나는 이미 늦은 상태였다. 나는 맨해튼 중심부에 있는 트럼프 타워에서 도널드 트럼프를 만나기 위해 방금 나스닥 본사를 출발해 업타운 쪽으로 향하는 길이었다.

전화를 끊고 창문 밖을 바라보니 6번가 도로가 교통체증으로 꽉 막혀 있는 모습이 보였다. 조짐이 안 좋았다. 나스닥의 부사장단 사이에서 나의 시간엄수 평판은 글쎄, 그다지 훌륭하지는 않았지만 기본은 되었다. 하지만 가끔 평일에 시간 내기가 힘들 만큼 바빴다. 이때는 2005년이었고 미래에 대통령이 되실 분은 그저 허풍쟁이 비즈니스맨이었을 뿐이었다. 그는 자신의 카지노 사업을 재편해서 공개 시장에 재상장하는 것을 고려하고 있었다. 그의 이름은 인기 있는 프랜차이즈였으므로 나는 당연히 그 상장을 성사시키고 싶었다. 30분 뒤 나는 트럼프의 이름이 문 위에 새겨져 있는 금으로 장식된 타워 앞에 차를 세우고 그를 만나기 위해 건물 위층으로 향했다.

수년 뒤, 2016년 트럼프가 대통령에 당선된 뒤 차기 정부가 위층에서 전략을 논의하는 동안 이 건물의 로비는 발디딜 틈이 없을 정도로 엄청난 수의 취재진이 입구를 뒤덮어 광란의 미디어 경쟁의 현장이 되고 말았다. 그러나 이때만 해도 이곳은 뉴욕의 부산한 사무실 건물들 중 하나일 뿐이었고 나는 서둘러 에스컬레이터를 타고 올라갔다.

트럼프는 내가 지각한 것을 전혀 언짢아하지 않는 기색이었다. 그는 매력적이고 품위 있는 태도로 우리에게 자리를 권했다. 대화가 시작되자 트럼프는 트럼프 엔터테인먼트 리조트에 대한 자신의 계획을 이야기하기 시작했고 나는 뭔가가 약간 어색하다고 생각했지만 그것이 우리의 상대적 높이 차이라는 것을 조금 뒤에서야 알게 되었다. 우리는 트럼프보다 아래쪽에 앉아 있었던 것이다. 트럼프는 우리보다 확연히 더 높은 자리에 위치해 있는 거대한 책상 뒤에 앉아 있었고, 빨간색 타이를 한 그의 너부데데한 얼굴은 우리를 내려다보며 미소 짓고 있었다.

정치적 성향이 어느 쪽이던 간에 트럼프가 실제로 스타성을 지니고 있다는 것은 무시할 수 없는 사실이다. 나는 몇 년 전 트럼프 현상을 처음으로 경험했다. 무선 통신 기업인 넥스텔(Nextel)의 마켓사이트 개장벨 행사에서 그를 만났을 때였다. 넥스텔은 NASCAR(the National Association for Stock Car Auto Racing 전미 스톡 자동차 경주 협회)와 제휴 관계를 맺고 있었고 트럼프는 출연료를 받고 브랜드 홍보를 돕고 있었다. 나는 당시 넥스텔조차 트럼프가 NASCAR의 주요 관람객인 노동자 계급에게 호소력을 가진다는 사실을 알아차렸다는 데 놀랐다. 나는 트럼프, 멜라니아, 그해 NASCAR컵 우승자인 커트 부시(Kurt Busch) 옆에 서서 개장벨을 울렸다. 행사가 끝나고 우리는 타임스 스퀘어로 함께 걸어갔고 트럼프는 여지없이 팬들에 둘러싸였다. 그의 어떤 면이 사람들을 끄는지 말로 표현할 수는 없었지만 직접 가까이에서 보니 굉장했다.

그의 이름을 딴 건물에서 있었던 회의에서 브루스와 나는 트럼프에게 TRMP라는 티커심볼을 제안했고, 거래 및 투자자 관리, 홍보에 있어서 나스닥이 무엇을 제공할 수 있는지에 대해 논의했다. 세간의 이목을 끈 몇 차례의 부도와 명예 훼손이 있었지만 그 후, 그의 사업은 다시 상승세를 타고 있었고 그의 유명세도 함께 높아졌다. 당시 기업 공개 시장은 여전히 침체 상태였기 때문에 신규 상장은 어느 기업이 되었든 도움이 되었다. 이럴 때 유명인의 신규 상장을 따내는 것도 나쁘지 않았다. 회의 중에 알게 된 사실이지만, 우리는 트럼프가 뉴욕 증권 거래소에서 안 좋은 경험을 한 덕에 우리가 유리해진 것을 알았다.

"참고로 말씀드리는데, 저는 뉴욕 증권 거래소를 싫어해요"라고 그가 말했다. 이것은 트럼프가 트위터를 하기 훨씬 이전이었다. 하지만 나는 이미 그때 그가 말을 가려서 하는 사람이 아니라는 느낌을 받았다.

"저희도 뉴욕 증권 거래소의 열렬한 팬이 아니라는 건 굳이 말씀드리지 않아도 아시고 계시겠지요"라고 나는 대답했다.

"무슨 일이 있으셨습니까?"

"거래소에 내 카지노 몇 개가 상장되어 있었는데, 문제가 생겼죠. 사업은 파산했고, 우리는 상장을 폐지해야 했어요. 그 과정에서 뉴욕 증권 거래소 사람들이 참 고약하게 굴더군요."

브루스는 나와 트럼프를 차례로 쳐다봤다. 그리고는 매우 조심스럽게 말을 꺼냈다.

"참고로 이 부분은 짚고 넘어가야 될 것 같습니다. 나스닥 상장 중에 부도가 나신다면 저희 역시 상장을 폐지할 것입니다."

그리고는 잠시 말을 멈추었다가 엷은 미소를 띠며 말했다.

"그래도 저희는 상장 폐지할 때도 아주 친절하게 응대해 드릴 거라 약속드릴 수 있습니다."

그리고 그 일은 실제로 일어나고야 말았다. 몇 년 후 그의 사업은 부도가 났고 우리는 매우 친절하게 그 기업을 상장 폐지했다.

과거와 미래의 자본주의자

2006년 나스닥은 시장에서 신규 상장의 3분의 2 가량을 유치하는 데 성공했다. 실제로 현장에서 경쟁자와의 끝없는 경쟁에서 우리는 점점 약간의 우위를 차지하고 있었다. 우리는 나의 다섯 번째 우선 과제인 '2위 자리에 만족하지 않는다'를 향해 나아가고 있었다.

우리의 경쟁 우위를 점유하려는 노력은 국내로 제한되지 않았다. 우리는 국내에선 뉴욕 증권 거래소와 경쟁하고 있었고 국제 무대에서는 전 세계적인 서비스 범위를 가진 두 경쟁자가 있었다. 영국의 런던 증권 거래소와 홍콩의 홍콩 증권 거래소였다. 새로운 국제 상장 시장에서 특히 강세를 보이는 곳은 중국이었다. 나는 신생 기업들의 임원들의 환심을 사기 위해 중국에서 꽤 많은 시간을 보냈다. 상장 사업은 미국 토양에서는 예측이 불가능한 사업이었다. 그런데 이 낯선 문화에서는 더욱 더 그러했다.

나스닥이라는 브랜드가 세계적으로 얼마나 높은 인지도를 지니고 있는지 깨닫게 된 것은 내가 처음으로 중국에 갔을 때였다. 나는 우리가 받은 언론의 관심에 무방비 상태였다. 우리 팀은 기자회견을 열기로 했고 정말 많은 기자들이 참석해 우리가 하는 모든 말을 받아 적고 마치 인기 영화배우를 쫓는 파파라치처럼 나의 사진을 찍어댔다. 짧은 기간 동안 마치 내가 언론의 중심에 있는 것처럼 느껴졌고 고백하건대 내 자신의 가치가 상승한 것처럼 느껴졌다. 하지만 그것은 순식간에 지나가는 일이었다. 나는 새롭게 알게 된 내 명성이 나와는 전혀 상관이 없다는 사실을 곧 깨달았다. 그 파파라치들은 나를 쫓는 게 아니었다. 그들은 나스닥이라는 브랜드와 미국의 기업가 정신에 다가가기를 원한 것이었다. 중국이 우리의 경제 모델에 얼마나 깊은 관심을 가지고 있는지 아주 직접적이고도 강렬하게 느낄 수 있었던 좋은 경험이었다. 중국 전체 인구에 비하면 특정한 일부의 중국인들만을 보았을 뿐이었지만 나는 그들이 타고난 자본주의자라는 인상을 받았다. 그들의 대제국을 여러 번 방문해본 경험이 있는 지금 생각해봐도 그들이 기업가적 자본주의를 수용했다는 사실보다 그들이 한때 자본주의에 등을 돌렸었다는 사실이 더 놀라웠다.

중국을 방문하는 동안 나는 그들의 진화를 목격했다. 출장 초반기였던 2003년에서 2004년 사이 미국적인 것이라면 그들 눈에는 무엇이든 황금빛으로 반짝이는 것처럼 보이는 것 같았다. 중국 기업들은 미국 기업들을 닮고 싶어 했다. 중국의 구글이라고 불리는 바이두가 그 예이다. 하지만 시간이 흐르면서 그런 분위기는 바뀌었다. 2010년이 가까워옴에 따라 기업인들은 미국의 것을 그대로 모방하는 방식에 점점 흥미를 잃게 되었다. 그보다 그들은 스스로 혁신을 일으키기를 열망했다. 독립적인 경제적 비전을 가질 수 있다는 자신감이 점차 커져가고 있었다.

출장 중 이따금씩 나는 놀라운 문화적 차이를 경험했다. 베이징에서 예정된 미팅에 가기 전, 나는 내가 만날 CEO가 사냥을 좋아한다는 브리핑 보고서를 봤다. 나도 젊은 시절 사냥을 좀 했기에 이런 대화가 잠재 고객과의 유대를 다지는 방법이 될지도 모른다고 생각했다.

"무엇을 사냥하시나요?"

내가 물었다.

"닭을 사냥합니다."

그가 대답했다.

"닭이라고요? 닭을 어떻게 사냥합니까?"

나는 애써 놀라움을 감추며 물었다. 통역사가 뭔가 잘못 전달한 것인가?

"우리에 있는 닭이요. 그것들을 쏘아서 사냥하죠."

그는 신이 나서 설명했다. 표정을 수습하며 나는 이 고객의 사냥 여행 제안은 받아들여서는 안 되겠다고 마음속에 새겼다.

그밖에도 기억에 남는 또 다른 문화 충격의 순간들이 몇번 더 있었다. 어떤 것들은 우습고 생소했으며, 어떤 것들은 놀랍고도 이상했다. 우리는 하루를 마무리하며 풍성하게 차려진 음식을 먹고 끊임없이 잔을 부딪치며 화려한 디너 파티를 즐기는 경우가 많았다. 중국인들의 미각은 서양에는 없는 매우 다양한 음식들까지 수용한다고 말할 수 있을 것이다. 한 저녁식사 대화 자리에서 새 중국인 사업 파트너가 중국인들과 음식과의 관계를 농담을 섞어 설명해 주었다.

"ET가 지구에 왔다고 상상해 보세요."

그는 우리가 커다란 식탁에 둘러앉자 공모라도 하듯 식탁 쪽으로 몸을 기울이며 말했다.

"미국인들은 ET를 연구하고 과학적으로 이해하기 위해 할 수 있는 모든 일들을 할 거라고 봐요. 반면 러시아인들은 ET를 무기로 바꿀 수 있는 방법을 찾아내기 위해 노력할 거예요. 하지만 중국인들은 ……."

그는 기대감을 상승시키기 위해 잠시 말을 멈추었다. 나는 당연히 정치적 풍자가 담겨 있는 핵심 대목이 다음에 이어질 것을 기다렸다.

"중국인들은 ET의 어느 부위를 먹으면 가장 맛있을지 알아내기 위해 모든 시간을 쏟을 겁니다!"

그는 말이 채 끝나기도 전에 웃음을 터뜨렸다.

대부분의 경우, 문화 차이는 극복하기 쉬웠다. 진부한 말이지만 세계 어디를 가나 사람 사는 곳은 다 똑같다는 말은 사실이다. 피상적인 문화와 지역적 특성들은 차치하고 중국인 경영자들이 미국인 경영자들과 비슷한 부분은 아주 많았다. 나는 출장 중 새로운 친구들을 많이 사귀었고 좋은 비즈니스 관계도 많이 만들었다. 현재 중국에서 일어나고 있는 일들은 거의 전례가 없는 일들이다. 역사상 중산층으로의 이동이 가장 많이 일어나고 있는 시기이다. 그들 앞에는 큰 도전들이 놓여 있으나 경제계는 빨리 배우고 놀라운 속도로 진화하고 있다. 바이두, 웨이보, JD닷컴과 같은 나스닥 상장 기업들은 이제 전 세계적으로 인정받고 존경받는 브랜드가 되었다. 나스닥 투자자에 대한 신뢰를 바탕으로 그들이 세계 자본과 공개 시장에 접근하는 진화를 이루도록 도울 수 있어 영광이었다.

사실 이것이야말로 내가 국내와 해외에서 상장 사업을 이끌면서 알게 된 이 사업의 진정한 의미였다. 시끌벅적한 화려한 행사와 유명세 그리고 경쟁의식의 흥분 속에서 나는 나스닥이 단순히 하나의 사업체가 아니라는 사실을 재확인했다. 나스닥은 우리 사회에 혁신과 기업가적 자본주의를 온전히 충전해 주는 세계적 플랫폼이기도 하다. 마치 기업 연례 보고서에 나오는 문구처럼 들리겠지만 나는 그 속에서 진실을 보게 되었다. 나스닥이(그리고 다른 비슷한 거래소들이) 투자의 세계에 가져다주는 국제적 접근성과 큰 규모, 대중 투명성은 역사상 전례가 없는 것이다. 돈이 세계를 돌아가게 해주지만, 제대로 할당된 돈만이 경제적 자본을 사회 발전 또는 기술 발전으로 탈바꿈시킨다. 그렇게 되었을 때 선지자들은 그들이 가장 잘하는 일을 하게 되며 우리 모두를 위해 더 나은 미래를 써나가게 되는 것이다.

| 리더의 경영분석-훌륭한 고객을 확보하는 3가지 방법

● **제휴를 통해 당신의 브랜드를 구축하라**
 당신의 고객들은 종종 가장 훌륭한 브랜드 홍보 대사들이다.

● **모든 영업이 비용 편익 분석으로만 되는 것이 아니다**
 사람이 무엇을 선택할 때는 개인적, 집단적인 요소들 또는 거래와 관련된 다양한 요소들이 개입된다. 당신의 고객을 움직이게 하는 것이 무엇인지 알아내기 위해 시간을 들여라.

● **고객은 한 번 얻고 마는 것이 아니다**
 고객과 훌륭한 관계를 유지하기 위해서는 관계를 세심하게 돌보며 지속적으로 새롭게 해야 한다.

CHAPTER 6

정치 교육

◆

증권 거래 위원회, 근소한 표 차로 주식 거래 규정 수정키로
〈월스트리트 저널〉, 2005년 4월 7일

우리 시대 최고의 혁신가와 일대일로 대화할 기회가 생긴다면 당신은 어떤 주제를 가지고 이야기하겠는가? 내가 스티브 잡스와 10분 동안 단둘이 이야기를 나누게 되었을 때, 대화의 화제는 생뚱맞게도 '규제'로 흘러갔다.

때는 2000년대 중반쯤이었고 나스닥은 실리콘밸리에서 정치인들과 CEO들을 초청해 조찬을 하며 만남의 장을 만들어나가고 있었다. 최근에 임명된 재무장관 행크 폴슨(Hank Paulson)이 그날의 연사였다. 나는 일찍 도착했고 내가 입실했을 때는 손님들 중 한 명만이 도착한 상태였다. 그 손님은 바로 스티브 잡스였고 그는 외따로 떨어져 한편에 조용히 앉아 있었다. 나는 세계 최고의 경영자들과 함께 일하고 협상해본 경험이 많아서 유명인을 보고도 쉽게 동요하지 않는다. 하지만 잡

스에게서는 확실히 뭔가 특별한 기운이 느껴졌다. 보기 드문 강렬함과 집중력을 느낄 수 있었다. 가벼운 인사말을 주고받은 후, 우리는 대화를 시작했다.

"오늘 강연은 정치와 규제에 관한 것이죠? 그렇지 않나요?"

그가 물었다.

"저희는 규제를 많이 받지 않아도 되어서 정말 다행이에요."

"불행하게도, 저희는 규제를 피할 수가 없네요. 대부분의 경우, 나스닥은 감독과 승인을 받지 않고서는 정식으로 어떤 일도 할 수가 없어요. 저희는 그걸 그냥 자연스럽게 생각한답니다."

나는 조금 낙담한 표정을 지으며 말했다.

잡스는 동정 어린 표정을 지어 보였다.

"규제가 많은 기업에서 제대로 일하려고 노력하는 건 상상이 잘 가질 않네요. 경험해 본 적이 없어서요. 운이 좋았죠. 제 모든 사업 계획들은 규제가 거의 없는 곳에서 탄생했습니다."

"저는 이제 규제를 받는 것에 익숙합니다. 하지만 증권 거래 위원회의 홀대 받는 의붓자식 같이 느껴질 때가 많았다는 사실은 인정합니다."

나는 어쩔 수 없는 일 아니냐는 듯 무심하게 말했다.

그는 이번에는 감탄 어린 표정으로 물었다.

"그런 감독을 받으면서 어떻게 창의성을 유지하고 일을 해나가시는 건가요?"

내가 대답하기도 전에 폴슨과 다른 손님들이 도착하면서 잡스와 개인적인 대화를 나누었던 마법 같은 순간은 끝이 났다. 심오하거나 인생을 바꿀 만한 대화는 아니었지만 어쨌든 기억에 남는 대화였다. 그리고 잡스는 규제 기구 하에서 혁신을 추구하는 것이 얼마나 어려운 일인지 잘 알고 있었다. 우리는 나스닥에서 규제받지 않는 삶을 살고 있지 못했다. 좋든 싫든 규제는 공기처럼 항상 우리와 함께하고 있었다. 사실 금융 시장에 수십 년 동안의 규제 조치가 없었다면 나스닥은 존재하지 못했을 것이다. 우리는 증권 거래 위원회를 벗어날 수가 없었다. 그것을 수용하고 같이 뒹굴고 공생해야만 했다. 우리는 기업가이자 혁신가로서 그러한 규제들에 짜증이 났다. 하지만 시간이 지나면서 우리는 증권 거래 위원회의 느린 승인 절차를 포함해 우리 혁신에 맞는 적당한 리듬을 발견했다. 그리고 놀랍게도 우리가 경쟁 우위를 확보하고 나의 다섯 개 과제 중 '2위 자리에 만족하지 않는다'라는 마지막 과제를 완수하는 데 규제가 든든한 지원군이 되어줄 수 있다는 것을 깨닫기 시작했다.

정계 알아가기

"마이크 옥슬리(Mike Oxley)가 당신을 만나고 싶어 합니다."

나는 처음 이 말을 듣고 놀랐다. 나스닥 CEO 자리에 오른 지도 얼마 안 됐고 정치적 수단과 방법에 대한 교육은 이제 시작이었다. 옥슬리는 미 하원의 금융 서비스 위원회 의장을 지낸 권력 있는 오하이오의 국회의원이었다. 그의 이름은 금융 규제의 새 시대를 연 사베인즈 옥슬리(Sarbanes-Oxley) 법에 나와 있었다. 옥슬리는 나스닥을 감독하는 증권 거래 위원회를 감독하는 위원회를 운영했다. 다시 말해 그는 이 업계에서, 그리고 더 나아가 미국 전체에서 최고 권력을 가지고 있는 사람들 중 한 명이었던 것이다. 그런데 그분이 나와 이야기를 하고 싶어 한단다.

솔직히 처음에는 어깨가 으쓱해졌다. 그런데 잠시 뒤 크리스가 나를 현실로 데려왔다.

"아마 정치 기부금을 모금하려는 거겠죠?"

그래, 그럴 것이다. 이건 정치였다. 정계의 규칙은 달랐다. 취임 초기 나는 잔뼈가 굵은 정치 전문가들과 교수들 사이에서 가끔 대학교 신입생이 된 것 같은 느낌을 받을 때가 많았다. 금융 규제 체계를 협의하고 국가의 정치에 관여하는 것은 내가 나스닥 CEO로서 갖추고 있는 기술이 아니었다.

그러나 그 부분은 당연히 중요했다. 우리의 모든 운영은 증권 거래 위원회의 인가를 받아야 했고 거래 시스템에 변화가 생길 때에도 승인을 받아야 했다. 규제는 우리를 도울 수도 있고 망가뜨릴 수도 있다. 좋은 행동을 부추길 수도 나쁜 행동을(또는 그 둘 다) 부추길 수도 있다. 증권 거래에서 주요 자본의 할당을 더 공정하고 효율적으로 만듦으로써 시장이 더 잘 돌아가게 만들 수도 있고 혹은 그 반대의 상황을 야기할 수도 있다. 증권 거래 위원회는 혁신을 포상하고 우리가 나스닥에서 수용한 것과 같은 기술 변화를 장려할 수도 있다. 아니면 그러한 변화를 방해하고 지연시켜서 우리의 견고한 경쟁자들에게 더욱 힘을 실어 줄 수도 있다. 그들은 공평한 경쟁의 장을 만들 수도 있고 어느 한쪽이 더 유리하도록 만들 수도 있다. 나는 무엇이 사업가들에게 동기를 유발시키고 더 열심히 움직이게 하는지 잘 알고 있었다. 그런데 정치인들에 대해서는 아는 게 거의 없었다. 나는 그들을 움직이게 하는 게 무엇이고 그들에게 승리감을 주는 게 무엇인지 알아내야 했다. 워싱턴의 방식을 빨리 파악해야 했다.

나는 옥슬리가 호출하는 것에 익숙해졌다. 옥슬리와 나는 수년간 많은 프로젝트에 함께 참여하며 좋은 친구가 되었다. 스포츠 팬으로서 그는 스포츠와 정치가 둘 다 복잡한 전략과 교묘한 속임수가 개입된다는 점에서 공통점이 많다는 것을 내게 가르쳐 주었다. 인상적인 축구 경기와 장시간의 골프 경기, 기타 다른 스포츠 경기들의 하이라이트 등 지나간 경기의 훌륭한 장면들을 묘사하던 그가 떠오른다. 그는 오래전에 있었던 오하이오 주립대학과 미시간 대학의 축구 경기에서 4쿼터 역전승을 이뤄내는 전략적 장면을 설명하면서 특정 법안을 둘러싼 입법 과정과 정치권이 취하는 입장에 관한 설명으로 자연스럽게 넘어갔다. 그는 똑같은 호기심과 직관력으로 스포츠와 정치의 유사성을 보여주었다. 그는 놀라운 기억력으로 의회에서 덕을 보기도 했다. 이름과 얼굴, 있었던 일, 법안의 세부 내용, 위원회 회의 등의 자리에서 누가 무슨 말을 했는지까지 쉽게 기억해냈다.

나는 정부에 옥슬리와 같은 사람들이 더 많아지기를 바란다. 그의 이름을 딴 2002년 사베인즈 옥슬리 법(엔론과 월드컴의 분식회계 사건이 발생한 뒤 통과됐고 미국 재계의 회계 기준과 투명성을 제고하기 위해 발의되었다.)은 미국 재계에서(부드럽게 표현해도) 그다지 환영받지 못했다. 금융업계는 관리 강화와 복잡한 보고체계가 생기면서 스트레스를 받았다. 그러나 옥슬리는 상냥하고 포용적인 성품으로 그 법안의 명성을 초월했다. 2007년 은퇴 후, 그는 나스닥의 사외이사로 오게 되었다. 나스닥 상장사들의 임원들은 이 실용주의적이고 중도적인 전 국회의원을 만날 수 있는 기회를 즐겼고, 워싱턴 정계의 뒷이야기를 듣고 복잡한 사정에 관해 조언을 구하는 것을 아주 좋아했다. 2016년 암으로 때 이른 죽음을 맞이하기 전까지 나스닥에서의 그의 공로는 크게 인정받았다.

정치 교육을 받으며 나는 예전에 미국 재무부에서 근무했던 나스닥의 법무 자문위원 에드 나이트(Ed Knight)가 준 지짐에서 많은 노움을 받기도 했다. 그는 재무부에서 밥 루빈(Bob Rubin)과 로이드 벤슨(Lloyd Bentsen) 밑에서 일했다. 법과 정치에 관한 그의 사려 깊은 조언과 깊은 지혜는 매우 유용했다. 나는 나스닥에 있는 동안 그의 전문성과 금융 규제에 관한 지식, 워싱턴과 월스트리트 양쪽으로 뻗어 있는 주요 인물들과의 개인적인 친분에 의지했다. 사업가들에게 정계는 별세계처럼 느껴질 수 있다. 마치 다른 나라의 문화 속에 던져진 사람처럼 그들의 언어를 이해하고 어떻게 일처리를 해야 하는지 아는 친구들이 필요하다.

나는 워싱턴에서 많은 친구들을 사귀었다. 하지만 정책에 대한 의견의 불일치는 어쩔 수 없었다. 2003년에서 2005년까지 증권 거래 위원회 위원장을 지낸 윌리엄 도날드슨(William Donaldson)과의 관계가 바로 그 좋은 예이다. 도날드슨의 인상적인 이력은 공공 부문과 민간 부문 모두에서 성공과 권력, 특권을 거머쥔 인물이라는 데 있었다. 그는 옛날 방식의 주식 거래에 푹 빠져 있었고 플로어 거래 모델의 전문가였다. 사실 그는 한때 말 그대로 나를 괴롭혔던 뉴욕 증권 거래소의 CEO였다.

내가 나스닥에 온 직후 그와의 첫 만남은 올 것이 오고 말았다는 느낌이었다. 에드 나이트는 어느 여름날 나를 증권 거래 위원회로 데리고 갔다. 우리는 나스닥 이사회 회장인 볼드윈(Baldy Baldwin)에게 함께 참석해 줄 것을 청했다. 미 해병대 출신인 두 사람이 서로 대화가 통할까 싶어서였다.

"제 동료들에게 뉴욕 증권 거래소가 얼마나 좋은지 이야기하고 있었어요."

회의를 시작하면서 도날드슨이 대뜸 말했다.

뉴욕 증권 거래소라고? 그가 회의 전에 혼자 그렇게 생각했다 하더라도 왜 하필 그 순간에 저런 말을 할까? 그는 당연히 우리가 완전히 다른 주식 거래 모델의 옹호자임을 알고 있었다. 우리는 뉴욕 증권 거래소의 거래 방식에 대해, 그리고 케케묵은 규정들이 주식시장의 발전과 경쟁을 저해하고 있다고 그에게 말하려고 준비하고 있었다. 그는 고의적으로 도발적인 태도를 보인 것이었을까? 뉴욕 증권 거래소의 CEO로서 과거의 영광을 무심코 드러낸 것일까? 아니면 그가 대화하고 있는 상대가 누구인지 몰랐단 말인가? 지금까지도 나는 잘 모르겠다. 하지만 그것은 걱정스러운 신호였고 옛날 방식의 거래에 대한 그의 충성심을 단적으로 드러내는 노골적인 태도가 아닐 수 없었다.

내가 증권 거래 위원회와의 관계에서 초기에 어려웠던 점들은 그 위원회의 역할을 어떻게 이해해야 하는가와 관련되어 있었다. 1929년 주식시장 붕괴 이후 창설된 증권 거래 위원회는 주식 거래 질서를 바로 잡고 투자자들을 보호한다는 뚜렷한 목적을 가지고 있었다. 그 목적을 달성하기 위해서 증권 거래 위원회는 규칙과 규정, 그리고 월스트리트의 다양한 이해관계자들이 그 규칙과 규정을 어떻게 지키고 있는지에 기본적인 관심을 가졌다. 이것이 중요한 기능이라는 것은 두말할 나위가 없다. 하지만 2003년에 〈비즈니스위크〉가 커버 스토리로 나스닥이 살아남을 수 있을 것인가(당시 월스트리트의 많은 이들이 공유하고 있었던 관심사)에 관한 기사를 실었을 때 증권 거래 위원회의 관심 범위가 매우 협소하다는 사실을 깨달았다. 그 기사에서는 우리가 매일 돈을 잃어가고 있다고 꼬집어서 언급하고 있었다. 그러나 증권 거래 위원회에서는 전화 한 통 없었고 눈치조차 채지 못한 것 같았다. 그들은 규정의 세부 사항에는 신경을 썼지만 우리가 파산할지 여부에는 별로 관심이 없는 듯 보였다.

후에 나는 도날드슨에게 이것에 대해 문제 제기를 했다. 그러한 정보는 중요한 정보가 아닌가? 어쨌든 나스닥은 월스트리트 조직의 상당히 중요한 한 부분이다. 만약 큰 은행이 똑같은 문제를 겪고 있었다면 연방준비제도에서는 그 은행의 생존 가능성에 신경을 썼을 것임이 분명하다! 물론 국가 은행 시스템을 안정성 있게 유지하는 것은 연방준비제도의 명확한 임무 중 하나이다. 그래서 우리는 '대마불사'(역자 주: 대형 회사가 파산할 경우 부작용이 커서 구제 금융 등을 통해 결국 살아남는다는 의미로 쓰임), '스트레스 테스트(역자 주: 해당 금융기관이 경제 위기를 이겨낼 수 있는 능력을 가지고 있는지 측정하는 도구)', '시스템적으로 중요한 기관(역자 주: 은행이나 보험회사 등 한 금융기관의 실패가 전체 금융 위기를 촉발하는 경우 그 금융기관을 일컬음)' 등과 같은 표현을 사용하는 것이다. 공식적으로 증권 거래 위원회는 투자자 보호, 공평하고 질서 있는 효율적인 시장 유지, 자본 형성 촉진 이렇게 크게 세 가지의 임무를 가지고 있다. 분명히 연관성 있는 문제임에도 조직의 건전성과 생존력을 살피는 것은 이들의 임무로 올라가 있지 않다. 증권 거래 위원회의 권한 행사는 시장 감시를 중심으로 이루어진다. 에드 나이트는 언젠가 내게 이렇게 설명해 주었다.

"증권 거래 위원회는 재무부에 가깝다기 보다는 법무부에 더 가깝습니다. 사무실에 경제 전문가들이 아니라 법률 전문가들이 가득하죠."

이것은 이해하기 어려운 부분이겠지만 2008년 금융 위기로 초래된 일이었다. 많은 문제들이 투자은행의 대차대조표에는 드러나 있지 않았던 위험 부담에서 촉발되었기 때문이다. 그것은 연방준비제도가 아닌 증권 거래 위원회가 규제하는 부분이었다. 그러나 자식의 건강이 아니라 행실에만 관심을 가지는 가혹한 부모처럼, 규제 기관이 베어 스턴(Bear Stearns)과 리먼 브러더스(Lehman Brothers)의 대차대조표에 있었던 암 덩어리를 미처 발견하지 못한 것이었다.

이와는 대조적으로 연방준비제도의 첫 번째 관심사는 안정성이었고, 그것은 상업 은행들이 문제의 근원이 아니었다는 것을 방증해준다. 분명히 금융 위기에는 많은 원인들이 존재한다. 하지만 돌아보건대, 2003년 나스닥의 불안한 재정 상황과 관련해 도날드슨과 나눈 대화와 나스

엄밀히 말하면 증권 거래 위원회와 금융 산업 규제당국(뉴욕 증권 거래소와 나스닥의 연합 규제 기구에서 발전된 금융 규제당국)이 이 기관들을 감독하고 있었으나 증권 거래 위원회에서 기본적인 역할을 담당했다.

닥의 경제 사정에 대해 그가 보여준 무관심은 투자은행에서 시작되어
결국 세계 경제를 위협한 금융 위기 사태의 불길한 전조였던 것이다.

로비는 곧 교육이다

나는 금융 시장 규정과 관련해 강한 정치적 입장을 가진 적이 없다는
말을 해두고 싶다. 나는 자본주의를 확고히 믿는 사람이지만 분명한 경
계선이 없지는 않다. 모든 시장들은 영리하고 투명하고 일관성 있는 규
정의 혜택을 받고 있고, 이 규정들은 시장이 진화하면서 상황에 맞게
개선되어야 한다. 옥슬리가 즐겨 하는 비유를 빌자면, 스포츠에서 권
한이 있는 심판이 명확한 규칙 준수를 강요하는 것은 경기장에서의 건
강한 경쟁을 유도하는 데 필수적이다. 마찬가지로 좋은 규정은 자본주
의와 시장이 번영하도록 해준다. 나쁜 규정은 대중이 시장의 공정성에
대해 신뢰를 잃게 만들어 쉽게 시장 활동을 저해한다.

가능하다면 나는 규정의 개입을 받지 않고 시장 원리가 스스로 마법
을 작동시키는 것을 더 좋아한다. 그러나 좋은 규정은 현대 시장에서
반드시 필요한 것이고 주식시장에서도 마찬가지이다. 나는 또한 공정
한 경쟁은 소비자들에게 좋은 것이라고 믿는다. 다른 경제 분야에서도

그렇듯이 금융 시장에서도 그렇다.

워싱턴에서 나는 규제 감독에 관해서는 나스닥의 특별한 관점을 옹호하는 자로서의 역할을 수용했다. 이것은 내가 경쟁적 생태계 속에서 현재 진행되고 있는 주식시장의 고객 중심이자 기술 주도의 영리 추구 사업으로의 전환을 지지하고 있다는 것을 의미했다. 매매자와 딜러, 수기로 일하는 마켓메이커들의 내부 네트워크는(다른 시대에 얼마나 적합했는지를 떠나서) 점점 현대 사회에는 적합한 모델이 되지 못하고 있다. 우리는 햇빛이 충만한 투명한 시장을 지지했고 이것은 모두가 시장에서 이루어지는 매수자와 매도자의 활동을 볼 수 있는 거래소를 의미한다. 루이스 브랜다이스(Louis Brandeis)가 언젠가 말했듯, "햇빛은 가장 훌륭한 살균제이다". 나는 이런 모습의 거래소가 우리가 추구해야 할 미래상이며 결국은 모두 이런 방향으로 바뀔 것이라고 믿었다. 신기술의 발전에 힘입어 진보는 다가오고 있었고 나는 시대에 뒤떨어진 방향으로 가고 싶지 않았다. 구식이고 시대에 뒤처진 거래방식이라고 여기는 것을 보호할 마음은 없었다. 우리는 경쟁하고 혁신하고 생존하고 시대와 함께 변화하고 고객을 섬기고 적정한 수익을 올리기 위해 열심히 노력하고 있었다. 나는 다른 이들도 그렇게 해야 한다고 생각했다.

나스닥을 대표한다는 것은 우리 조직과 조직의 요구를 대표하는 것 이상을 의미한다. 대중들은 마음속에서 우리를 혁신과 기업가 정신, 경제적 역동성과 연관지어 연상했고 정가의 사람들은 시장의 상황을 진단하기 위해 나를 만나고 싶어 했다.

"CEO분들은 뭐라고 하시던가요?"

"진정한 혁신은 어디에서 일어나고 있나요?"라고 그들은 내게 물었다.

"벤처 투자자들의 상황은 어떤가요?"

"현재 경제 상황을 어떻게 보고 계신가요?"

"금융 시장은 어떻게 돌아가고 있나요?"

이런 종류의 질문들이 끝없이 이어졌다. 에드(Ed)는 내게 이렇게 조언했다.

"우리가 워싱턴에 가면 우리는 나스닥만을 대표하는 것이 아니라 기술 경제의 현황과 수천 개의 우리 상장사들을 대표하는 것입니다. 우리는 그들의 열망과 어려움, 그리고 미국 재계에 미치는 집단적 영향을 대변합니다."

물론 그 수천의 기업들도 그들이 궁금한 점을 가지고 있었다. CEO들을 만나면 그들은 내게 물었다.

"정계에서는 무슨 일이 벌어지고 있나요?"

"정치인들은 무슨 생각을 하고 있나요?"

"어떤 규제 조치가 있을 예정인가요?"

이 모든 질문들에 답하기 위해서는 워싱턴을 자주 방문해 국회의원들에게 로비도 하고 상하 양원의 금융위원회 앞에서 진술도 해야 했다. 다른 분야도 그렇겠지만 정치에서는 개인적 인간관계가 중요하다. 그래서 나는 정치인 및 정부 관료들과 많은 시간을 보내며 그들을 개인적으로 알아가고 신뢰와 친분을 쌓기 위해 노력을 쏟았다.

그것은 여러 가지 측면에서 놀라운 경험이었다. 새로운 세계에 소개되고 내 이력과 인생 경험에 대해 잘 몰랐던 사람들을 만났다. 이를테면 금융 상원위원회 의장을 맡고 있는 리차드 셸비(Richard Shelby)와 같은 인물들(그는 허풍기 있는 전형적인 남부 출신의 실세였다.)과도 안면을 트게 됐다. 임기 중 나는 양당의 많은 공직자들과 관계를 형성했다. 메사추세츠 상원의원인 바니 프랭크(Barney Frank), 코네티컷 상원의원 크리스토퍼 도드(Christopher Dodd), 재무부장관 행크 폴슨(Hank Paulson), 뉴욕 상원의원 척 슈머(Chuck Schumer), 앞서 언급한 마이크 옥슬리(Mike Oxley) 등 다수의 공직자들과 알고 지냈다. 대체적으로, 내가 알고 지낸 정치인들은 근면하고 헌신적인 공직자들이었다. 그럼에도 선출직 관리들 중 많은 이들이 주식시장의 기본 역학을 이해하는 데 무능함과 나태함을 보여줘 나를 놀라게 했다. 아주 존경하게 된 인물들도 있었던 반면, 당을 막론하고 무관심하고 비효율적이고 무능해서 거슬렸던 인물들도 있었다.

실제로, 나와 내 동료들은 정치 지도자들을 만나 로비를 하고 그들에게 금융 시장의 성격, 즉 금융 시장이 어떻게 작동하고 어떻게 투자자들에게 이득을 가져다주며, 오랜 기간 어떻게 발전해 왔는지, 또 앞으로 어떻게 더 바람직하게 변화할 수 있는지에 대해 알려주는 데 많은 시간을 쏟았다. 현대의 로비스트들은 평판이 별로 좋지 않은 경우가 많고 그것은 그럴 만도 하다. 정치적으로 영향력을 추구하는 것이 사람들을 미심쩍은 길로 이끈다는 것을 인정하지 않을 수 없기 때문이다. 하지만 내 경험으로는 효과적인 로비는 교육적 역할도 한다. 국회의원이 되기 전에 시장 경험을 많이 한 국회의원은 별로 없다. 사실 내가 국회의원이었다면 한 푼의 정치 자금도 모금할 필요가 없다고 하더라도 그저 현장에 있는 사람들에게 배우기 위해서라도 나는 사람들을 불러 하루 종일 이야기를 나누었을 것이다.

그렇다. 우리는 우리의 시각을 가지고 있었고 우리의 경쟁자는 당연히 다른 시각을 가지고 있었다. 그리고 마땅히 그래야만 한다. 하지만 이러한 대화는 단순히 언쟁에서 이기기 위한 당파적 노력이 아니었다. 사실 나는 선출직 관리와 함께 자리하게 되면 우리와 경쟁사 측 주장 모두를 대변하고 문제가 되고 있는 더 큰 사안의 맥락 속에서 대화를 풀어나가려고 노력했다. 잘되면 로비를 통해 중요한 모든 시각들을 논의할 수 있게 되고 그 결과 국회의원들과 규제당국이 모든 사항을 고려해 결정을 내릴 수 있게 된다.

실제로 의회에서 논의되는지의 여부에 따라 실망하거나 냉소적인 태도를 보이기가 쉽다. 하지만 그런 태도는 사업가로서 영리하지도 전략적이지도 않은 태도이다. 당신이 정치 위에 있는 것처럼 생각하지 마라. 어느 누구도 그렇지 못하다. 정치와 공생하는 법을 배우고 사업하기에 더 공정한 세상을 만드는 데 당신의 역할을 다하도록 하라. 설사 당신의 업종이 아직까지 규제 감독의 대상이 아니었다 할지라도 언제 그것이 바뀔지는 알 수 없는 일이다.

공평한 경쟁의 장 만들기

우리가 규제와 관련해 초기에 목표로 삼았던 것은 시장의 규칙을 바꿔서 우리가 뉴욕 증권 거래소와 경쟁할 수 있는 공평한 경쟁의 장을 만드는 것이었다.

　그 당시에는 두 가지 측면에서 전쟁을 치르고 있었다. 새로운 전자 주식 거래 시스템의 출현은 나스닥이 직면한 도전의 한 측면에 불과했다. 도전의 다른 측면은 인근에 위치한 더 오래된 거래소와의 계속되는 경쟁이었다. 우리는 그들과 상장 경쟁을 했고 뉴욕 증권 거래소와 경쟁해 주식 거래의 시장 점유율을 높이기 위해 열중하고 있었다. 2003년 뉴욕 증권 거래소는 자신들의 거래소에 상장된 주식의 거래 약 80%를 장악하고 있었다. 그러나 이것은 그들이 전자 거래를 하는 새로운 시대에 경쟁을 잘하고 있다는 신호가 아니었다. 오히려 그 반대였다. 그들은 알량한 규제의 도움으로 시장의 모든 구성원들이 함께 경쟁하는 것을 회피하고 있었다.

　당시 규제체계는 뉴욕 증권 거래소의 사람이 수기로 하는 거래방식을 좋아했다. 뉴욕 증권 거래소에서는 스페셜리스트들이 해당 주식에 대한 대부분의 주문을 통제했고 거래소에서 다른 이들과 거래함으로써 가격을 협상했다. 뉴욕 증권 거래소의 주식을 거래소 플로어 환경이 아닌 전자로 거래하기를 원하는 고객이 있다면 그 고객에게 가장 최적의 최종 가격을 제시하기가 어려웠다. 거래소 중개인들과 스페셜리스트들은 대부분의 유동성 자산을 관리했고 거래를 실행시키는 데 30초가 걸렸다. 반면 애플과 같은 나스닥 주식을 거래하기를 원한다면 단말기를 꺼내 다양한 전자 주식 거래 시스템을 둘러보면서 가장 좋은 매매가를 찾으면 된다. 그렇게 하면 1초도 안 걸려서 거래를 실행할 수 있게 되는 것이다.

뉴욕 증권 거래소가 당분간은 전자 거래 상용화를 미루는 데 성공했는지는 몰라도 필연적으로 다른 전자 주식 거래 시스템을 따라갈 수밖에 없을 것이다. 어쨌든 디지털 혁명은 중개인의 일자리를 없애고 있었다. 2003년 뉴욕 증권 거래소의 스페셜리스트들은 아직도 1969년에 그랬던 것처럼 거래소 플로어에서 소리를 지르고 있었다. 하지만 조만간 다이얼식 전화기가 그랬듯이 플로어 거래에도 변화가 있을 것이다. 하지만 그런 변화가 일어나도록 만들기 위해서는 규정에도 변화가 생겨야 한다. 이런 경우에는, 진전을 앞당길 촉진제가 필요하다.

2004년 기회는 우리의 증권 시장을 '현대화하고 강화하기' 위해 고안된 규제 계획이라는 모습을 하고 찾아왔다. 그것은 전국시장제도(Regulation of the National Market System)라는 이름으로 주식시장의 효율성을 향상시키고 기술 진화를 장려하고 우리에게 유리하게 게임의 규칙을 바꾸는 등 그 모든 것을 동시에 이룰 수 있는 기회였다. 이 과정에서 나의 역할은 주식 거래가 어떻게 이루어지는지와 제안된 규정 변경이 주식 거래 환경에 어떤 발전을 가져오는지에 대해 국회의원과 위원회의 위원들을 이해시키는 것이었다. 로비는 곧 교육이며, 가끔 이러한 중요하면서도 기술적인 문제들은 자세한 설명이 필요하다.

내 세 명의 아이들은 그 시기에 축구를 하고 있었는데, 그 덕분에 어울리는 비유가 떠올랐다. 어느 무더운 날 내가 그 아이들의 축구 경기에 갔다고 쳐보자. 경기가 끝난 후 나는 간단히 간식을 먹기 위해 주변을 둘러본다. 저쪽 길 아래 창문에 '청량음료 1.79달러'라고 쓰여진 가게가 있다. 그때 내가 고개를 돌리자 저만치 멀리 보이는 교외의 6차선

고속도로 중앙분리대 건너 모퉁이에 다른 간판이 보인다. 간신히 광고를 알아볼 수 있을 정도다. '청량음료 1.69달러'. 모든 조건이 동일하다면 나는 아마도 더 싼 것을 고를 것이다. 하지만 다른 가게에 가는 데에는 20분이 더 걸리고, 시간이 늦어서 어둑어둑해지고 있다면 그곳에 도착했을 시간에는 가게가 이미 문을 닫았을지도 모른다. 나는 지금 당장 목이 말랐고 아이들도 그렇다. 그렇다면 선택은 간단하다.

그러나 2004년 내가 국회의원들에게 이와 같은 문제들을 설명했을 때, 앞서 언급한 비유를 금융 시장으로 가지고 오게 되면 선택은 결코 간단한 것이 아니었다. 사실 당시 규제체계에서는 어떤 특정 거래에 대해 어디에서든 상관없이 '가장 좋은 가격'을 선택하는 것을 '요구했다'. 일명 '선택 거래 규제'는 제시된 시세를 보고 선택해서 거래하지 못하도록 명시하고 있다. 다시 말해 '최선의 가격'을 무시하고 다른 곳에 약간 더 비싸게 올라와 있는 시세를 선택할 수는 없다는 것이다. 바로 이 부분이 쟁점이었다.

'만약 뉴욕 증권 거래소가 가장 좋은 가격을 제시한다면 당신은 그것을 수용해야 한다.'

얼핏 듣기에는 타당한 것처럼 들리겠지만 뉴욕 증권 거래소의 트레이딩 플로어는 마치 시간이 멈추는 블랙홀 같은 곳이었다. 거래 속도는 나스닥 거래소의 경우 100분의 1초 단위로(요즘에는 100만분의 1초 단위로) 거래가 진행되는 것에 비해 뉴욕 증권 거래소는 10분의 1초 단위로 거래가 진행됐다. 뉴욕 증권 거래소의 트레이딩 플로어에는 종이 시세표를 전달하기 위해 거래 데스크 사이를 말 그대로 뛰어다니는 사람들

표를 전달하기 위해 거래 데스크 사이를 말 그대로 뛰어다니는 사람들이 있었다. 중년 남성들이 발을 끌며 플로어를 가로지르는 모습은 거래 시스템의 시대착오적 현실을 보여준다.

반면 나스닥의 생태계는 인간의 몸을 사용하는 활동력의 제약을 받지 않았다. 만약 엑손의 주가가 나스닥에서 100달러인 것을 봤다면 바로 주문을 넣고 즉시 거래를 완료할 수 있다. 그 순간 뉴욕 증권 거래소에서는 엑손이 99.98달러인 것을 확인하게 될 수도 있다. 대량 거래의 경우 이 가격 차이가 수백 달러를 절약해 줄 수도 있다. 그러나 뉴욕 증권 거래소의 트레이딩 플로어에서는 인간 중개인을 통해 거래가 이루어지는 것이므로 주문이 처리되기를 기다려야 한다. 주문이 처리되는 시간 동안 좋은 일이 발생할 것을 기대할 수는 없다. 드디어 그 주문이 실행되려고 할 즈음 그 주식은 그 가격에 살 수 없을지도 모른다. 마치 고속도로 건너편까지 아이들을 끌고 갔지만 그 음료의 가격이 올랐다거나 음료가 품절임을 확인하는 순간과 마찬가지의 상황이다. 주식 시세는 일시적이다. 시장은 항상 변화하고 있으므로 시간이 흘러감에 따라 내가 돈을 잃고 있다는 것을 알게 될 수도 있다.

고객들은 심지어 가격이 조금 더 비싸더라도 확실성이 보장되는 쪽을 선택하고 싶어 한다. 아이들의 운동 경기에 갔다가 목이 말랐던 부모처럼 투자자들은 많은 불확실성을 안고 있는 더 가격이 싼 거래보다도 당장 가능한 거래를 선택하기를 원한다. 간단히 말해서 당시 규제 체계는 플로어 중심의 옛날 방식의 거래에서 미래 방식의 전자 거래로 이행할 수 있는 길을 제시하지 못했다. 우리는 새로운 시대에 맞는 새로운 규정이 필요했다.

또한, 뉴욕 증권 거래소의 스페셜리스트들은 다른 모든 이들에 비해 도덕적으로 의심스러운 정보 우위를 가지고 있어 독점적인 거래 능력을 가지고 있었다. 그들은 단순히 객관적인 입장의 경매인들도 아니었고 냉정하게 매수 호가와 매도 호가를 짝지어주기만 하는 사람들도 아니었다. 그들은 그들 스스로 응찰할 수 있었다. 나는 주식 트레이더는 해본 적이 없지만 특정 주식의 주문 상황에 대해 다른 이들은 모르는 중요 정보와 30초 먼저 정보에 접근할 수 있는 권한이 주어진다면 나도 정말 잘할 자신이 있다!

2004년 나는 금융 상원위원회 앞에서 분명한 메시지를 가지고 진술했다.

"선택 거래 규제는 우리나라 주식 거래소들 사이의 경쟁을 막는 것입니다."

그리고 덧붙였다.

"또한 경쟁은 미국시장을 세계에서 가장 강한 시장으로 만드는 원동력이자 대규모 투자자들과 소규모 투자자들 모두에게 가장 이득이 되며 대중에게도 책임을 지는 것입니다."

나는 시장이 '전자 거래가 투자자들에게 가장 좋은 안이다'라는 본질적인 진실을 드러냈다고도 강조했다.

제안된 규정 변경은 나스닥에게 중요한 일이었지만 그 변화가 일어날 때까지 가만히 기다리고 있지만은 않았다. 아이넷과 BRUT를 매입한 후, 나스닥은 자체 시스템을 통해 뉴욕 증권 거래소의 주식을 성공적으로 거래하기 시작했다. 차츰차츰 우리는 성공을 향해 나아가고 있었고 전자 거래에서 유동성을 높여가고 있었다. 고객이 뉴욕 증권 거래소의 주식을 우리에게 주문했을 때 어떤 경우에는 우리가 직접 그 주문을 즉시 처리해 주기도 했다. 그렇게 처리해 줄 수 없는 경우에는 뉴욕 증권 거래소로 주문을 전달해서 처리했다. 이 과정은 전자 주식 거래 시스템이 말하자면 중개인이고 그 중개인이 뉴욕 증권 거래소의 회원이 되어 플로어에서 거래할 수 있는 자격을 부여받는 것인데, BRUT의 매입으로 가능해진 일이었다.

그 시기에 BRUT의 임원은 뉴욕 증권 거래소에서 열리는 파티에 초대되어 뉴욕 증권 거래소 이사회 회장과 이야기를 나누게 되었다.

"어디에서 오셨나요?"

그는 우리 임원에게 물었다.

"BRUT에서 왔습니다."

그는 대답했다.

"흥미롭군요. 뉴욕 증권 거래소가 당신 회사의 협찬을 받아 그 샴페인을 즐기면서 파티를 해도 되겠군요."

이때 이 대화를 옆에서 듣고 있던 뉴욕 증권 거래소의 직원이 재빨리 회장에게 BRUT가 나스닥의 전자 주식 거래 부문이며 우리가 마시는 스파클링 와인하고는 아무런 상관이 없다고 귀띔해 주었다. (역자 주: 스파클링 와인인 브뤼 샴페인을 영어식으로 발음하면 브루트 샴페인이라서 샴페인 회사의 직원이 참석한 것으로 오해한 것임.)

엉뚱한 회사로 오인받은 것은 그렇다 치고, 어쨌든 나스닥은 뉴욕 증권 거래소의 주식을 거래하는 경쟁에 뛰어들기로 결심했다. 우리 시장의 점유율이 상승함에 따라 우리의 거래 처리 시간도 단축되었고 유동성 또한 향상되었다. 결국, 고객들은 전자 거래를 선택하기를 원했다. 우리는 전국시장제도(Reg NMS)가 그 방향으로 강력하게 추진되길 바랐다.

돌이켜보면 전국시장제도에서 제안하는 변경 사항들은 자명하고 필수적이며 심지어 필연적으로 보이는 사항들이다. 하지만 당시에는 증권 거래 위원회의 위원들에 의해 그 법안이 통과되도록 하는 것은 매우 까다로운 과정이었다. 뉴욕 증권 거래소는 정계에 매우 영향력이 컸고 강력한 브랜드를 가지고 있었다. 많은 이들에게 뉴욕 증권 거래소의 플로어는 미국 자본주의의 심장부를 의미했다. 국제적인 관광명소이기도 하고, TV 화면에 아주 멋있게 나온다. 처음 뉴욕 증권 거래소에 방문했을 당시, 사람들로 북새통을 이룬 플로어와 소란스러움, 트레이더들이 입고 있는 화려한 색상의 재킷, 그 장소가 뿜어내는 놀라운 기운, 금융 시장의 살아 있는 심장부에 들어와 있다는 느낌 등이 기억난다. 우리는 잠재적으로 시장을 확실히 바꿔놓을 변화를 제안하고 있었다. 그래서 당연하게도 사람들은 변화를 받아들이기를 주저하고 있었고, 그래서 가끔은 우리가 주장하는 장점들이 무색해지곤 했다. 뉴욕 증권 거래소는 유구한 역사 덕분에 시장 점유율뿐만 아니라 사람들의 마음까지도 확실히 점유하고 있었다. 뉴욕 증권 거래소는 그 이름만으로도 워싱턴 정계의 즉각적인 관심을 끌 수 있었다. 우리는 당연히 경쟁자의(뛰어난 사업 감각은 부족하다 하더라도) 정치적 영향력에 대해 건강한 존경심을 가지고 있었다.

시간이 지나면서 나는 국회의원들의 마음을 사로잡을 수 있는 것이 무엇인지 더 잘 알게 되었다. 내 팀의 도움으로 우리는 우리의 견해를 그들에게 설득시키기 위해 시간과 노력을 쏟아부었다. 그리고 그 과정에서 주요 정치 지도자들과 좋은 관계를 형성하기도 했다. 우리는 모금 행사를 벌이기도 했다. 정계에 접근하기 위해서는 정치 후원금이 있어야 한다는 것은 거부할 수 없는 진실이다. 하지만 큰 금액을 후원할수록 정계의 호감을 얻을 수 있다고 생각한다면 그건 너무 순진한 생각이다. 정치권에서는 주장하는 안이 타당한지가 결정적 영향을 미치는 부분이다. 적어도 15년 동안 다양한 위원회의 위원들과 국회의원들, 각료들, 그 밖의 정계 호기심 많은 존재들과 논쟁을 벌이며 내가 경험한 바에 따르면 그렇다. 워싱턴에서는 일종의 실용주의가 작동하고 있고 그것은 다행스러운 일이다.

불완전한 발전

마침내 전국시장제도에서 비전자 거래소에서의 '선택 거래 규제' 조항은 폐지되었다. 전국시장제도에서는 기본적으로 '주식 시세가 전자 방식으로 접근 가능하지 않다면 차선을 선택할 수 있다'고 언급했다. 이 규정은 모든 것을 바꾸어 놓았다. 아버지는 더 이상 그의 딸에게 약간 더 가격이 싸지만 상대적으로 접근이 어려운 음료를 사주기 위해 복잡한 고속도로를 건너지 않아도 됐다. 뉴욕 증권 거래소는 규정이

'2위 자리에 만족하지 않는다.'
우리는 마침내 동등한 지위를 깨뜨리고 우위를 점하는 데 성공했다.

바뀌어도 그들의 거래소는 유동성이 월등히 좋아 사람들은 여전히 플로어에서 거래할 것이라고 호언장담했다. 하지만 그것은 잘못된 예측이었다.

2005년 전국시장제도가 통과된 후(하지만 시행되기 전), 나는 금융 상원위원회 앞에서 다시 한 번 진술하며 규정 변경을 요구했다. 나는 그들에게 전국시장제도로 국내 주식시장들의 경쟁을 막아온 장애물은 제거될 것이고 플로어 기반의 거래소가 전자 거래로 나아갈 수 있도록 장려책을 마련하게 될 것이라고 믿는다고 말했다. 심중에는 있었으나 말하지 않은 내용은 그 장려책들이 뉴욕 증권 거래소의 플로어를 아주 호되게 타격할 것이라는 예측이었다. 규정이 채택된 이후, 뉴욕 증권 거래소의 자사 상장 주식에 대한 거래 점유율은 80%에서 20%로 급감했다. 뉴욕 증권 거래소는 전자 거래에 대해 신속히 상황 파악에 나설 수밖에 없게 되었다. 그들은 2005년에 전자 주식 거래 시스템을 구입하는 등 그 방향으로 이미 행보를 보이고 있긴 했지만 전자 거래와 비전자 거래 양쪽 모두를 진행하기에는 비용이 많이 들었다. 전국시장제도가 통과된 후 뉴욕 증권 거래소는 이전의 압도적으로 우세한 지위를 되찾은 적이 없었다.

나스닥은 이 규정이 변경됨으로써 수혜를 입은 당사자였다. 2007년 우리는 국내에서 거래량이 가장 많은 최대 거래소가 되었다. 우리의 경쟁 우위는 눈에 띄게 강화되었다.

'2위 자리에 만족하지 않는다.'

우리는 마침내 동등한 지위를 깨뜨리고 우위를 점하는 데 성공했다. 이제 뉴욕 증권 거래소 및 다른 거래소들과 더 공평한 경쟁의 장에서 경쟁할 수 있게 된 것이다. 무엇보다 우리는 경쟁에 소질이 있었다. 전자 주식 거래 시스템이 생겨난 이래 수기로 주문을 처리하는 거래소들은 더 이상 국내 시장 시스템 내에서 거래를 지연시키는 약한 연결고리로 인식되지 않아도 되었다.

한편 트레이딩 플로어의 스페셜리스트들 또한 시간과 장소의 우위는 분명히 가지고 있었지만 컴퓨터라면 더 효율적으로 처리할 수 있는 거래를 처리하려고 노력했다.

전국시장제도가 시행되자 여러 세대의 트레이더들이 한 세기 이상 능숙하게 기술을 발휘하며 북적대던 뉴욕 증권 거래소의 플로어는 조용해졌다. 속도와 전산화, 자동화로 정의되는 새로운 세대의 거래는 드디어 월스트리트제국의 심장부로 침투해 들어갔다. 기계가 스페셜리스트들을 대신해서 들어왔다. 일부 사람들에게 이것은 실망스러운 변화였다. 그리고 내게는 전환기에 놓여 있는 시장의 자연스러운 진화로 느껴졌다. 이러한 시장의 진화가 투자자들에게 이득이 되고 시장의 건강한 기능을 향상시키고 여러 가지 비용을 절감해 주기를 바란다. 그 과정에서 어려움을 감수해야 하지만 나는 전자 거래가 앞서 언급한 모든 것들 이상을 이뤄낼 것이라 확신한다.

모든 새로운 규정은 예상하지 못한 시장의 진화를 낳는 것이 일종의 자연법칙일지도 모른다. 새로운 규정들은 좋거나 나쁜 의도치 않은 결과를 가져온다. 합법적인 개선점들과 더불어 착취와 남용의 가능성도 공존한다. 하나의 구멍을 막으면 다른 구멍이 뚫릴 수도 있다. 80년대 후반에서 90년대 초반의 소액 주문 처리 시스템을 이용한 무법 거래자들은 블랙먼데이를 기점으로 규정이 바뀐 것을 기회로 활용했다. 2000년대 초반 전자 주식 거래 시스템의 폭발적인 증가는 1997년 대체 거래 시스템에 관한 규정(Reg ATS)이라고 알려져 있는 규제 개혁에 힘입은 것이었다. 발전은 직선으로 진행되지 않으므로 추세선이 중요하다. 분명 주식 거래의 세계에는 문제점과 실패, 추문이 있어 왔지만 지난 수십 년간 더 공정해지고 투명해지고 저렴해지고 접근성이 높아졌는가? 이 질문에 대한 대답은 분명히 '그렇다'라고 생각한다. 전국시장제도도 이와 같은 불완전한 발전의 법칙을 벗어나지 못했다. 사실 새 법안이 통과되기 전에 나는 선택 거래 규제가 여전히 전체 전자시장에 적용되고 있다는 사실로 말미암아 새로운 체계와 관련해 골치 아픈 문제들이 생길 거라 예측했었다.※ 나는 차후에 밝혀지게 될 이유들로 선택 거래 규제가 완전히 폐지되기를 바랐다.

실제로는 전국시장제도는 거래소의 확산과 시장의 분화를 가능하게 해 훨씬 더 복잡한 환경을 만들어 나가고 있었다. 증권 거래 위원회의 규정 변경을 이뤄낸 격렬한 논쟁과 진술, 연구에는 경제학자, 트레

※나는 2004년 12월 8일 〈월스트리트 저널〉의 논평에 나의 우려를 담아내려고 했다. '수백만 번의 순간적 독점들'이라는 제목 하에 '가장 좋은 가격'이 이론상으로는 좋게 들릴 수 있지만 실제로는 장기적으로 문제를 야기할 수밖에 없는 이유를 대중에게 설명하는 기사였다.

이더, 중개인, 기관, 은행가, 학자, 거래소 전문가 등 많은 이들이 참여했던 반면 의도적으로 중요한 한 그룹이 빠져 있었다. 그것은 프로그램 개발자들과 일상적인 운영을 책임지고 있는 사람들이었다. 전국시장제도는 대규모로 전산화된 거래 생태계에서 고안되고 시행된 첫 번째 규정이었다. 그러므로 한 그룹을 누락시킨 것은 유감스러운 일이었다. 이런 이유로 일상적인 거래 시장체계에서 전국시장제도를 시행했을 때 실제 결과가 어떠한지에 대해서는 충분히 고려되지 못한 것이었다. 이 새로운 체계의 불리한 점과 잘못될 가능성, 불리한 조건 하에서의 회복 탄력성, 앞으로의 발전 방향 등이 충분히 검토되지 않았던것이다. 우리는 훌륭한 엔진과 정교한 변속기를 개발했지만 비상 브레이크의 필요성에 대해서는 주의 깊게 생각하지 못했다.

그 결과 매우 짧은 시간 동안 1조 달러 이상의 시장 가치가 하락했다가 다시 회복된 2010년 플래시 크래시(Flash Crash)(역자 주: 2010년 5월 뉴욕 증시에서 다우지수가 거래 종료 15분을 남겨두고 특별한 악재도 없이 1000포인트 가까이 폭락한 사건)가 일어나면서 모든 이들이 더욱 극심한 공포에 사로잡히게 되었다. 플래시 크래시의 정확한 원인에 대해서는 아직도 논란이 분분하지만 더욱 분화된 새로운 주식 시장체계와 깊이 연관되어 있는 것만은 확실하다. 거래소의 연결성과 확산성이 증가하면 많은 이점이 있지만 새로운 허점이 드러나기도 한다. 거래가 전산화되어서 음의 피드백 루프(negative feedback loop)는 플래시 크래시 때의 통제 불능 상태처럼 위험을 잘 인식하지 못했다. 짧지만 공포스러웠던 플래시 크래시의 영향으로 경각심을 갖게 된 주식 거래 시장은 증권 거래 위원회의 지원을 받아 새로운 거래 환경에 필요한 안전장치를 마련하는 데 적극적으로 나섰다. 나스닥은 거래 일시 차단 장치와 새로운 보안 장치를 개발했다. 급격한 가격의 상승과 하락이 발생할 경우 거래를 일시 정지시킴으로써 개별 주식에 대해 상한가와 하한가 사이를 벗어나지 못하도록 하는 거래 구조를 확립한 것이다. 우리는 거래소들 사이의 거래 관계에서 특정 기관이나 주가 조작 매매 집단의 일시적인 불능 상태에 대해 전체 시장을 보호하기 위해 안전장치를 도입했다. 오늘날 주식시장은 이러한 변화로 말미암아 많은 발전을 이뤘지만 기존의 가르침은 여전히 명심해야 한다. 항상 불리한 점을 고려하고 부정적인 시나리오가 예측되는 부분을 염두에 두어야 하는 것이다.

결국 모든 시장 구조에는 약점이 존재하며 어떤 한 부분이 향상되면 다른 부분은 저하될 가능성이 있어 어떤 규제도 만병통치약일 수는 없다. 전국시장제도는 발전으로 나아가는 과정에서 내딛은 적극적인 큰 걸음이었다. 나스닥은 그 결과에 만족했다. 사실상 뉴욕 증권 거래소를 제외한 거의 모든 거래소들은 새로운 규정을 환영했다고 생각한다. 기업이 변화의 시기에 적응하지 못하면 그 기업은 뒤처질 것이다. 하지만 규정이 변화를 따라가지 못하면 업계 전체가 고통을 겪게 될 수 있다. 전국시장제도는 주식 거래가 더 좋은 방향으로 변화하도록 했고 그 변화는 계속될 것이다. 이제 새로운 세대의 규제당국이 시장을 점검하고 있고 전국시장제도를 개혁하려는 노력이 지난 몇 년간 진행 중에 있다. 내가 자주 하는 말인데 오늘의 정답이 내일의 정답이 될 수는 없다. 구 나스닥의 지난 흔적들은 서서히 사라지고 있었다. 원리버티 플라자의 행사장과 컨퍼런스룸에서는 이미 나스닥의 과거보다는 미래에 대해 더 많은 고민을 하고 있다. 그리고 우리는 업계 전체를 우리가 열어갈 그 미래로 이끌기 위해 규정을 변화시켜 길을 만들어낸 것이다.

| **리더의 경영분석**—정치 교육에 필요한 4가지 원칙

● **당신이 정치를 초월할 수 있다고 착각하지 마라**
정치와 함께 사업을 도모하는 것을 배우고 정치를 당신의 경쟁 우위를 높이는 데 활용하라.

● **로비는 교육이다**
로비는 국회의원들과 규제당국이 실제로 제대로 된 정보를 기반으로 결정을 내릴 수 있도록 중요한 시각들을 제시할 수 있는 기회이다.

● **정치계에는 그들의 시간표가 있다**
법이나 규정이 바로 바뀔 수 있다는 지나친 기대는 가지지 마라.

● **이해당사자들을 잘 사귀어 두라**
사업은 그 사업을 성공시키는 데 있어 중요한 역할을 하는 넓은 의미의 이해당사자, 즉 정치인, 규제당국, 벤처 투자자, 지역사회 지도자, 투자자 등이 있다. 그들과의 관계를 일찍이 잘 형성해 두라.

CHAPTER 7

글로벌 기업으로의 약진

나스닥, 37억 달러에 OMX 인수 결정
〈월스트리트 저널〉, 2007년 5월 26일

2004년 어느 이른 아침, 나는 거래 처리 서비스 부문의 부사장인 크리스 콘캐논의 사무실로 갔다.

"자네에게 상의할 기막힌 아이디어가 있네."

크리스는 경계심과 호기심이 뒤섞인 표정으로 나를 바라봤다.

"어떤 아이디어이신가요?"

"뉴욕 증권 거래소를 인수하고 싶네."

나와 크리스는 1년 가까이 함께 일해오고 있었다. 그는 아마 나스닥과 관련된 사업이라면 내가 누구에게도 뒤지고 싶지 않은 경영자라는 것을 이미 느끼고 있었을 것이다. 나스닥은 빠른 속도로 다른 성격의 조직으로 변모해가고 있었고, 나는 인수를 통해 사업을 키울 수 있는 방법을 모색하고 있었다.

반면, 뉴욕 증권 거래소는 휘청거리고 있었다. 이미 전국시장제도가 통과되기 훨씬 전부터 그랬지만 CEO 고액 연봉 스캔들이 우리의 경쟁자에게 큰 타격을 주었고 그들의 명성은 바닥으로 곤두박질쳤다. 골드만삭스(Goldman Sachs) 사장 존 테인(John Thain)이 뉴욕 증권 거래소의 실추된 명예를 바로 세우고 구시대적인 거래소에 긍정적인 탄력을 회복한다는 사명을 안고 뉴욕 증권 거래소의 신임 CEO로 임용되었다. 내가 보기에 뉴욕 증권 거래소의 시대는 얼마 남지 않았다. 현재의 방식을 고수한다면 말이다. 머지않아 자본주의의 냉정한 효율성은 뉴욕 증권 거래소의 남다른 유구한 역사와는 상관없이 그곳을 변화시킬 것이다. 또한, 나는 금융계가 점차 세계화되어 감에 따라 경제 선진 국가에서 다양한 거래소들 사이에 통합이 이루어질 것을 예상하고 있었다. 나는 나스닥이 그런 시류에 뒤처지지 않고 그 선두에 서야 한다고 생각했다. 다시 말해, 그때가 승부수를 두기에 적절한 시기라고 판단했다.

그 당시에 우리는 뉴욕 증권 거래소 인수는 승산이 없을 거라 여겼다. 무엇보다도 뉴욕 증권 거래소가 동의해야 했는데 그럴 가능성은 없었다. 브로드 스트리트에 위치한 코린트식 기둥이 세워진 웅장한 건축 양식에는 어떤 오만함이 스며 있었고, 그 오만함은 그곳에서 일하는 많은 사람들에게도 스며들어 있었다. 그것도 어떤 면에서는 오만함의 흔적이다. 그 당시 뉴욕 증권 거래소는 약 2세기 동안 미국에서 가장 큰 주식 거래소로, 세계 역사상 가장 성공적인 경제체제에서의 자본 형성을 감독하는 글로벌 시장의 골리앗이었다. 하지만 그 당시에는 우리가 실제로 그들보다 더 많은 돈을 벌고 있었다. 그럼에도 그들은 우리를 갑자기 어디서 나타나 항상 기대 이상의 성과를 보여주려고 노력하는 거슬리는 존재로 보는 경향이 있었다. 이런 태도를 가지고 있는 상대에게서는 합병 논의를 이끌어낼 수 없었다. 더욱이, 우리의 연방 반독점 규제 기관은 나스닥과 뉴욕 증권 거래소가 하나가 되어 국내 상장 시장을 독점하려는 것을 좋게 보지 않을 것이 거의 분명했다. 하지만 행운은 용감한 자의 편이다. 수동적으로 행동해서는 아무런 대가도 기대할 수 없다.

크리스는 나스닥의 일부 지분을 소유하고 있는 사모펀드 그룹 실버레이크 파트너스에 전화해 자금 조달 가능성을 타진했다. 그들은 우리의 계획에 큰 관심을 보였고 우리가 합병을 성사시킬 수만 있다면 자금을 제공하겠다고 동의했다. 우리는 준비가 되어 있었지만 이것은 우호적 인수이자 동등 합병이어야만 했다. 우리는 이제 공기업이라 할 수 없었고 뉴욕 증권 거래소는 여전히 비영리 기관이어서 입찰이 불가능했다. 나는 존 테인에게 전화해 만나자고 했다. 우리는 언론의 눈에 띄지 않도록 소호(역자 주: 뉴욕 시 맨해튼 남부에 위치한 패션, 예술의 중심지)에 있는 한 호텔에서 만났다. 그는 주식 거래 업계에 온 것을 환영한다는 식의 우호적인 인사를 나누는 자리를 기대했을 것임이 분명했다. 내 실제 의도를 밝히자 그는 매우 놀랐고 그다지 달가워하지 않았다. 우리의 대화는 짧게 끝이 났지만, 그것은 경쟁사를 인수하려는 나의 첫 번째 시도였을 뿐이었다. 그것으로 끝은 아니었다.

후에 깨달은 것이지만 아마 그것이 최선이었던 것 같다. 머지않아 나스닥은 인스티넷을 인수해 통합 작업으로 다음 해까지 매우 바쁜 시간을 보낸다. 그러나 이 사건은 나에게 새로운 깨달음을 주었다. 그것은 우리가 어떻게 하면 궁극적으로 우리의 국내 및 해외의 기반을 확장할 것인지 진지하게 고민해야겠다는 생각을 하게 된 계기가 되었다는 점이다. 그것이 우리의 운명인 것 같다고 밖에는 표현할 길이 없다. 뉴욕 증권 거래소 인수를 추진하면서(내가 가장 좋아하는 시인 중 한 명인 로렌스 펄링게티(Lawrence Ferlinghetti)의 시에서 빌어 표현하자면) '가질 수 없는 당신에게 추파를 던진' 것이었는지도 모르겠지만 나는 아주 집요할 수밖에 없었다. 그리고 2005년 또 다른 기회가 찾아왔다.

새벽의 기습

영화 〈대부〉에서 알 파치노가 맡았던 배역인 마이클 코를레오네가 가족의 자금으로 호텔을 인수하기 위해 라스베가스로 가는 장면이 인상 깊게 떠오른다. 호텔의 소유주인 모 그린은 그 제안에 불쾌해한다.

"당신이 내 호텔을 살 수는 없어. 내가 당신 것을 사야지!"라고 그는 단언한다. 2005년에서 2006년 사이 나스닥과 런던 증권 거래소 간에 벌어진 일은 이 고전 영화의 한 장면을 떠오르게 했다.

2005년 런던 증권 거래소의 당시 CEO였던 클라라 퍼스(Clara Furse)는 내게 연락해서 이렇게 요청했다.

"뉴욕에서 만날 수 있을까요?"

그녀와 그녀의 팀은 우리에게 하고 싶은 말이 있었던 것이다.

"그쪽에서 원하는 것이 무엇일 것 같나?"

나는 어느 날 오후 내 사무실에서 전략 회의를 하며 크리스와 아데나에게 물었다.

"우리를 인수하고 싶은 거겠죠."

크리스는 주저하지 않고 대답했다.

"퍼스는 우리의 주가가 하락해 있는 것과 우리의 대차대조표도 봤습니다. 인수를 진행할 적당한 때가 왔다고 생각하는 거겠지요."

나는 크리스의 생각이 옳다고 생각했다. 그리고 또 다른 사안이 작용하고 있는 건 아닌지도 의심해 보았다. 유로넥스트(Euronext)가 런던 증권 거래소를 인수하려고 한다는 추측이 돌고 있었다. 런던 금융계의 시각에서 보면 그들은 업계의 중심에 위치해 있었고 유럽의 경쟁사에서 인수 입찰을 하는 것은 당연히 환영할 수 없는 일이었다. 퍼스는 유로넥스트의 제안을 거절하고 독립성을 유지하려고 노력하고 있는 것으로 보였다. 그것은 곧 그녀 또한 회사를 보호해 줄 백기사를 찾고 있었다는 것을 뜻했다. 나스닥과의 합병이 그 요구를 충족시켜 줄 것이었다. 전략적 계산과 별개로도 나스닥과의 합병은 런던 증권 거래소의 사이즈를 키워 줘 유로넥스트의 인수를 불가능하게 해줄 것이었다.

런던에서 런던 증권 거래소 팀이 도착해 함께 자리에 앉자, 퍼스는 우리가 예상했던 그대로의 제안을 내놓았다. 그녀의 태도는 품위 있었고 논리도 설득력이 있었다. 그녀는 나스닥과 런던 증권 거래소의 결합을 호혜적 '동등 합병'으로 인식했고 여러 가지 면에서 실제로 그것은 사실이었다. 그녀가 두 기업 사이에서 발생할 시너지 효과를 열거하고 미래 글로벌 기업으로서 통합된 두 기업의 비전을 제시했을 때 나는 인수합병의 매력을 충분히 공감할 수 있었다. 사실 나는 미처 그 생각을 먼저 하지 못한 것이 조금 원통했다. 나는 항상 경쟁자들보다 한발 앞서 가는 것을 좋아하는데 이번에는 내가 한발 늦은 것이었다. 이 미팅은 세계적인 거래소들의 생태계에서 나스닥이 지니고 있는 위상이 어느 정도인지 내게 일깨워 주었다.

런던 증권 거래소와의 합병 가능성을 진지하게 고민해 보자 이점이 많을 것이라는 확신이 더욱 들었다. 하지만 분명히 퍼스는 이 거래가 성사되면 런던 증권 거래소가 주도적 역할을 하게 될 것이라는 기대를 했을 것이다. 이러한 거래에서는 보통 향후 손익계산서에서 각각의 기업 지분의 기여도 분석을 하게 된다. 그 분석 결과를 기반으로 양측 중 한 쪽에서 합병되는 기업의 더 많은 지분을 가지게 된다. 그녀는 이 거래에서 런던 증권 거래소가 미래 수익에 더 많은 공헌을 할 것이라 여기고 그렇게 되면 런던 증권 거래소가 자연스럽게 우세한 지위를 점할 거라고 생각했을 것이다. 동등 합병을 생각했겠지만 조지 오웰의 글에 나온 말을 빌어 표현하자면 특정 기업들은 나머지 기업들보다 더 동등한 지위를 누린다.

하지만 이 합병 시나리오에는 흥미로운 반전이 있었다. 같은 해에 일찍이 인스티넷을 인수하면서 우리는 추가 수익과 시장 점유율뿐만 아니라 기업 합병을 통해 엄청난 금액의 비용을 절약하기도 했다. 이는 곧 우리의 기대 수익과 이익률이 실제로는 우리의 최근 실적 보고서에 명시되어 있는 것보다 훨씬 높다는 것을 의미했다. 우리의 주가에는 아직 한층 높아진 나스닥의 가치가 반영되어 있지 않은 상태였다. 하지만 곧 반영될 예정이었다. 나는 인스티넷 인수에서 발생하는 시너지 비용을 포함시키지 않은 시장 가치를 기준으로 거래할 마음이 없었다.

합병 논의가 한창 진행되던 한 시점에 나는 가장 최근의 나스닥 예상 수익 보고서를 꺼내 놓았다. 두 기업에서 내놓은 수치와 그에 따른 분석은 합병이 완료될 때 쯤에는 손익계산서 상 나스닥의 수익이 런던 증권 거래소의 수익보다 훨씬 더 높을 것임을 시사했다. 따라서 우리가 런던 증권 거래소-나스닥의 미래 수익에 더 많은 공헌을 하게 된다는 것이다. 그것은 근본적으로 런던 증권 거래소가 우리를 인수하는 것이 아니라 우리가 런던 증권 거래소를 인수하게 된다는 의미였다.

런던 증권 거래소가 더 많은 지분을 가지는 쪽이 될 수 없다는 사실을 퍼스가 알게 되자, 동등 합병에 대해 그녀가 보였던 열의는 시들해지고 말았다. 사실 그녀는 우리의 전화도 잘 받지 않게 됐다. 하지만 합병 계획의 논리는 내게는 여전히 매력적이었고 퍼스가 그 아이디어를 내게 알려준 것이 기뻤다. 런던 증권 거래소와의 합병 기업은 유럽 전역의 주식 거래업에서 우월한 리더십을 가지는 지위에 오를 것이며 최대 규모의 국제 상장 거래소 프랜차이즈가 될 것이었다.

뉴욕 증권 거래소와 마찬가지로 런던 증권 거래소는 오랜 역사와 전통을 가지고 있었다. 런던 증권 거래소 역시 역사가 엘리자베스 1세 여왕 시대로까지 거슬러 올라가는 자본주의의 진정한 심장부였다. 그리고 실제로도 전통적인 엘리트 거래소의 전형이었다. 아마도 화려한 임원실과 훌륭한 와인저장실, 비슷한 비용 구조, 다른 시대에서 온 것 같은 관료주의적 기반 시설 등을 갖춘 곳일 것이다. 그런 곳들은 나스닥에게 나스닥이 추구하는 효율성과 기술향상 차원에서 항상 행복한 사냥터였다. 그런 특징을 가진 거래소를 내게 보여준다면 나는 우리가 놀라운 가치를 일깨워서 개조하고 재건한 거래소를 보여줄 것이다. 나스닥과 런던 증권 거래소의 잠재적 합병은 이 모든 유혹적인 요소들을 가지고 있었다. 우리는 이 기회를 그냥 놓칠 수 없었다.

2006년 3월, 우리는 초대받지 않은 입찰에 참여해 런던 증권 거래소를 24억 파운드 또는 그들의 주식을 한 주 당 9.5파운드에 매입할 것을 제시했다. 그것은 시세보다 훨씬 더 높은 가격이었다. 그 제안은 나스닥으로서는 사업적으로 아주 합리적인 제안이었지만 사실 내 개인적으로는 입찰을 결정하면 돌아오지 못할 강을 건너는 것이었다. 어쨌든 나는 취임한 지 3년밖에 되지 않았다. 당시 상황을 고려했을 때 우리가 이렇게 빨리 이런 종류의 인수를 감행할 위치에 놓여 있다는 것은 이해하기 어려운 일이었다. 뉴욕 증권 거래소는 우리가 잘 알고 있는 대상이었고 거리상으로도 바로 인근에 위치해 있었다. 그러나 런던 증권 거래소는 다른 나라에 다른 문화, 다른 역사를 가진 곳이었다.

나는 런던 증권 거래소 회장인 크리스 깁슨스미스(Chris Gibson-Smith)를 만나기 위해 나스닥 회장 볼드윈과 함께 영국으로 갔다. 처음에는 이 사업적 제안이 역효과로 작용했다. 볼드윈은 늦은 저녁에 깁슨스미스에게 전화했다. 여전히 더 전통적인 런던의 비즈니스문화에서는 명백한 실례였다. 24시간 주 7일 근무체제는 아직 대서양 건너에까지 전파되지는 않았다. 국제 거래의 세계에는 항상 문화적 지뢰가 산재해 있어 지뢰를 밟지 않도록 주의하는 것이 현명하다.

결국 우리는 깁슨스미스와 퍼스를 런던 증권 거래소 사무실에서 만나 우리의 제안을 제시했다. 퍼스는 불편한 기색이 역력해 처음부터 그녀가 이것에 반대하는 입장임을 확실히 보여주었다. 깁스스미스와의 만남은 조금은 더 호의적이었지만 미팅을 마칠 때 즈음에는 그 역시 합병 제안에 대해서는 그다지 관심이 없어 보였다. 런던 증권 거래소 이사회는 즉각 이 제안을 거절했다. 우리는 우리가 제안한 입찰가가 후했다고 생각했지만 그들은 입찰가가 거래소를 '상당히 저평가했다'고 단언했다.

나는 런던 증권 거래소 이사회가 우리의 입찰을 즉각 일축하려고 하는 것이 주주들에게 해가 되고 있다고 생각했다. 매각을 주저하는 것은 이해한다. 나도 나스닥에 대해서 똑같은 감정을 느꼈으니 말이다. 나는 기업이 성공하고 독립성을 유지하기 위해 우리의 사업 계획을 집행하고 최선을 다함으로써 매일 견고한 경영자로 일하는 것이 내 일이라고 생각했다. 하지만 진지하게 입찰이 들어온다면 주주들의 수탁자로서 입찰을 충분히 고려해 보아야 할 때라고 생각한다. 경영진으로서 당신이 회사를 소유하고 있는 것은 아니다. 주주들이 소유주이며 당신은 주주들을 위해 일하는 것이다. 그런데 런던 증권 거래소의 경영진은 그 의무를 다하고 있는 것처럼 보이지 않았다.

그래서 우리는 주주들에게 직접 찾아갔다. 우리의 첫 번째 제안이 거절당하자 우리는 이사회와 경영진을 건너뛰고 자발적 입찰(uninvited bid)을 감행했다. 2006년 11월, 나스닥 경영진이 긴급 전략 회의를 하고 있을 때 우리의 입찰 소식이 언론의 귀에 흘러 들어갔다. 우리는 전략을 세우고 함께 사교적인 시간을 보내며 비교적 특별한 일 없는 주말을 보내는가 싶다가도 그 다음 순간 뉴스가 온통 우리의 이야기로 도배되기도 했다. 언론의 논조는 우리가 금융기관과 다음 수순을 밟기 시작하자 갑자기 바뀌었다. 11월 20일 월요일 아침, 우리는 인수합병계에서 '새벽의 기습'으로 알려져 있는 시도를 단행했다. 우리는 런던 증권 거래소의 주식을 나스닥의 현금으로 공개 시장에서 매입하기 시작했고 그들에게 우리의 의도를 선언하는 공문을 보냈다.

그 후 몇 달 동안 우리는 런던 증권 거래소의 인수를 시도하면서 여러 단계의 국면을 거쳤다. 그중 많은 단계는 영국 인수 및 합병 패널에서 정한 특정 규정들에 의해 좌우되었다. 우리는 런던 증권 거래소의 주식을 계속 사들여 그들 지분의 30%를 보유하기에 이르렀다. (지배권을 쥐기 위해서는 적어도 50%의 지분이 필요했다.) 우리는 런던 증권 거래소의 가장 큰 기관 주주 두어 곳을 만나 그들에게 지분 전체를 우리에게 매각할 것을 제안했다. 이 당시에는 한 주 당 약 12.5파운드에 거래되었다. 잠재적 대형 인수가 진행되고 있을 때에는 으레 그렇듯이 많은 대형 헤지펀드들 또한 런던 증권 거래소의 지분을 많이 사들였다. 그들은 이 기업에 대해 장기적인 관심을 가지고 있었던 것이 아니라 주가를 끌어올려 빨리 수익으로 전환시키고 싶었던 것이다.

당시에는 비교적 알려져 있지 않은 투자자였지만 나중에 미국 주택 시장의 붕괴를 정확하게 예측한 것으로 유명해진 존 폴슨(John Paulson)도 또 다른 뉴욕 헤지펀드 매니저였던 샘 헤이만(Sam Heyman)과 함께 새로운 주주들 중 한 사람이었다. 나는 나스닥 본사에서 길을 따라 조금만 내려가면 대서양 건너 나의 야망을 쫓을 수 있는 대상들이 존재한다는 사실을 알게 되어 기뻤다. 이것이 바로 금융 분야가 가지는 국제적 특성인 것이다. 나는 그들의 지분을 매입할 수 있게 되기를 바라며 그 두 사람을 여러 회의에 참석시켰다. 그들의 지분을 넘겨받으면 우리의 지분은 50%가 넘게 된다.(그들 각자가 정확히 똑같은 가격을 제시했다는 사실이 조금 흥미로웠다. 언젠가 누군가가 내게 헤지펀드는 떼를 지어 사냥한다고 말해준 적이 있었다.) **역설적이게도** (직업의 특성상 단기 투자에 전문가인) 두 헤지펀드 매니저는 내게 '장기적으로 고민해 보라'고 설득했고 그들의 지분에 대해 주식 가격을 올려 받지 않겠다고도 말했다.

우리의 입찰을 지원하는 은행들은 폴슨과 헤이만의 지분을 사들이는데 필요한 자금을 빌려주겠다고 약속했다. 애초에 런던 증권 거래소의 경영권을 우리가 가질 수 있다는 생각은 너무나 매력적이었다. 이제 밀고 나가는 일만 남아 있었다. 사실 자금이 너무 쉽게 구해져 깜짝 놀랐다. 그 당시는 융자금이 쉽게 구해지는 시기였다. (돌아보면 그게 약간 불길했던 것 같다.) 하지만 우리가 인수 가능성을 타진할수록 그에 대한 매력은 점점 감소했다. 최종적으로 매도 호가가 그야말로 너무 높다는 결론이 나왔다. 결국 우리는 결승 지점을 코앞에 두고 입찰을 철회하기로 했다. 우리는 우리가 지불할 용의가 있는 최대 금액을 설정해 두었었고 그 액수는 이미 초과한 상태였다. 포기할 때인 것 같았다. 인스티넷 인수로 우리의 대차대조표에는 이미 많은 부채가 존재했으므로 다른 안전망이 없는 상태였다. 나는 회계 장부에 너무 많은 부채를 올려놓고 싶지 않았다. 그때 그런 판단을 내린 것은 잘한 일이었다. 그 당시는 2008년 경제 위기가 발생하기 1년 남짓 전이었고 경기순환 곡선의 호황기에 그렇게 많은 부채를 떠안는 것은 후에 큰 재앙이 되었을 것이다. 미래 경기 전망에 대한 남다른 통찰력은 지니고 있지 못했지만 나는 지나친 부채가 보이는 위험과 보이지 않는 위험 모두를 불러온다는 사실은 잘 알고 있었다.

사업은 개인의 일이 아니다 ─────────────────●

몇 주, 몇 달, 혹은 몇 년 동안 노력해온 거래를 포기한다는 것은 결코 쉬운 일이 아니다. 그런 경우에는 이미 너무 멀리 와버렸기 때문에 결승선을 향해 계속 가는 것이 쉬울 수도 있다. 경제학자들은 이것을 '매몰 비용 오류(sunk costs fallacy)'라고 부른다. 시간과 자원이 이미 투자가 되었고 회수할 수 없다는 이유로 그 이상의 투자가 정당화된다는 논리이다. 논리적이지는 않지만 빠지기 쉬운 함정이다. 어디서도 보상받을 수 없는 뜬 눈으로 지새운 밤들과 스트레스와 시간들이 생각날 것이다. 그래서 아마 예상 비용보다 조금 더 비용을 지불하고 협상 불가한 목록에서 몇 가지 사항들을 포기하는 등 생각한 것보다 더 많이 타협하게 될지도 모른다. 하지만 그것이 옳은 선택이 아닐 때도 있다.

우리는 런던 증권 거래소와 사랑에 빠져 있었음이 분명했다. 런던 증권 거래소는 우리의 전략적 방향에 꼭 들어맞았다. 우리가 선택할 수 있는 최선의 선택지로 보였다. 그러나 우리가 그 인수를 꼭 성사시켜야 하는 것은 아니었다. 그렇게 눈이 멀어 있지는 않았다. 다른 전략적

> "나는 내가 추진하는 모든 거래에 집중했지만
> 결국 그것은 사업이었다."

선택지도 있다는 것을 알고 있었다. 실제로 내가 반드시 이뤄내야 한다고 생각했던 인수 거래는 인스티넷이 유일했다. 런던 증권 거래소는 필수가 아니라 선택 사항이었다. 그리고 그런 순간에는 그 차이를 아는 것이 중요하다.

내가 냉철한 사고를 유지할 수 있도록 도와준 것은 이 일이 내 개인의 일이 아니라는 앎이었다. 물론 나는 내가 추진하는 모든 거래에 집중했지만 결국 그것은 사업이었다. 거래의 성패가 나와 내 지도력을 반영하는 것은 아니었다. 나는 벤처 투자가들의 세계에서 배운 그들의 자세를 따르려고 노력했다. 벤처 투자가들은 10개의 투자 중 9개는 실패할 것이라고 예상하고 실패를 당연한 일로 받아들이는 법을 배운다.

그와는 반대로 몇 년 동안 만난 내 협상 상대들 중에는 해당 거래를 생사가 걸린 투쟁으로 여기는 사람들도 있었다. 그들은 초대받지 않은 입찰은 개인적인 모욕으로 받아들였고, 매각을 당하는 것은 개인적인 실패로 여겼다. 또한 논의가 시작됐으나 입찰을 중도 철회하는 것은 수치스러운 일로 간주했다. 세간의 이목을 집중시키는 공개 인수 거래의 경우에는 언론에서 이와 같은 논리를 더욱 부채질한다.

경제 언론들, 특히 런던의 언론들은 영국의 주요 자산을 인수하려고 하는 '문간의 이방인'에 대해 분노하며 런던 증권 거래소와 나스닥 사이의 인수 협상 과정을 상세히 보도했다. 나스닥에게 있어 입찰 철회는 사업 계획의 차질이었다. 하지만 긍정적인 결과도 있었다. 나에게는 유럽의 기업 인수 규정과 비즈니스문화에 대해 많은 것들을 배울 수 있는 학습 경험이 되었다. 이 경험은 다음 인수 협상에서 유용하게 활용될 것이다. 두 번째 긍정적 결과는 런던 증권 거래소의 지분을 상당히 많은 수익을 남기고 팔게 된 것이다. 지분 매각으로 거의 4억3천1백만 달러의 수익을 얻었다. 나는 임원진에게 우리가 아마도 2007년 미국에서 가장 성공한 헤지펀드일 거라고 농담을 던지기도 했다.

몇 가지 긍정적인 결과도 있긴 했지만 나스닥의 이미지에 런던 증권 거래소를 녹여내어 재창조할 수 있는 기회를 잃어버린 것은 실망스러운 일이었다. 그렇지만 인수합병이 성공했다면 어떠했을까를 생각하며 시간 낭비를 할 수는 없었다. 국제적인 확장의 필요성은 아직도 시급한 문제였고 우리의 관심은 재빨리 지도상의 다른 지역으로 옮겨갔다. 우리가 인수 대상으로 관심을 가질 만한 곳은 나스닥의 강점을 살려 함께 발맞춰 나아갈 수 있는 거래소였다. 확실한 시너지와 비용 절감 효과가 있고 인근 지역으로의 비즈니스 확장이 가능하면서도 운영 면에서는 우리가 가진 기술 효율적이고 비즈니스 효율적인 측면에 있어 한 발 뒤처져 있는 곳, 다시 말해 두 기업 모두 비용을 줄일 수 있는 동시에 실제 가치는 높일 수 있는 곳이면 적합할 것이다. 얼마 지나지 않아 우리는 마침내 하나의 목표물을 찾아냈다.

추운 날씨 속의 따뜻한 협상 ●──────────────────────

나는 북유럽 거래소의 집합체인 OMX의 CEO 마그누스 뵈커(Magnus Bocker)와 함께 샴페인을 한 잔(혹은 세 잔) 하며 OMX에 대해 먼저 탐색해보는 시간을 가졌다. 그는 뉴욕 시의 잠재 고객들을 대상으로 시음회를 진행했었고 우리는 그 기회를 빌어 재빨리 그를 접촉했다. 무슨 일이든 적당히 하는 사람이 아니었던 뵈커는 그날 저녁 우리를 안내하기 위해 세계 최고의 샴페인 전문가들 중 한 사람을 고용했다. 뵈커는 따뜻하고 카리스마 넘치는 사람으로 사람을 끄는 매력이 있었다. 우리는 그날 밤 오래 갈 우정을 만들게 되었고 그의 회사 OMX 또한 나의 관심을 끌었다. 알면 알수록 흥미가 가는 곳이었다.

우리가 상세히 알아본 바로 이 기업은 최근에 주식회사로 전환된 스칸디나비아 거래소들의 집합체였다. 거래소 기술 분야에서 세계적으로 인정받는 브랜드로서 나스닥의 기술력에 견줄 만했다. 또한 동반 상승효과로 나스닥의 파생상품 라인을 확장시키고 청산소로서의 역할도 강화시켜 줄 수 있는 기업이었다. 수익성이 높은 기업이었지만 잘 운영된 것은 아니어서 합병을 통해 우리가 큰 효과를 기대하기는 힘들었다. 유럽에서만 긴밀한 연결성을 가지는 것이 아니라 OMX의 기술 고객들이 있는 세계 곳곳의 거래소에도 연결성을 가지고 있었다. 여기까지 알게 되자 나스닥과 OMX의 합병은 그야말로 환상적인 기회로 보이기 시작했다.

시작부터 협상은 호의적이었고 전문가답게 주주 가치가 가장 중요한 협상 안건이 되었다. 이것은 런던 증권 거래소와 합병 논의를 진행할 때와는 눈에 띄게 대조적인 상황이었다. 우리는 37억 달러에 합의했고 이는 우리가 합병을 발표했을 때의 주가보다 19% 높은 금액이었다. 뵈커는 뉴욕으로 와서 합병 기업의 사장직을 수행하는 데 동의했다. 주요 주주들도 이 합병 결정을 승인했다. 또한 OMX의 주요 투자자들로부터 긍정적인 지지 의사 표시도 얻어냈다. 그중에는 스웨덴의 최대 주주인 발렌베리가의 투자회사인 인베스터 AB도 있었다. 나스닥에서도 이 거래가 성사되자 몹시 흥분했다. 두 국가 간의 규정 차이를 극복해야 하는 절차가 남아 있었지만 우리는 잘 해낼 자신이 있었다.

이 거래는 몇 가지 이유에서 나스닥에게 더 유리한 거래라고 볼 수 있었다. 주식 거래소의 세계에서는 종종 합병이 일어난다. 그 결과 지역 거래소가 전국 단위의 거래소가 되기도 하고 전국 단위의 거래소가 국제적 거래소가 되기도 한다. 최근에 핀란드와 아이슬란드, 덴마크 등 그들 지역의 대부분의 거래소를 인수한 OMX는 그러한 합병 경향의 완벽한 예였다. 거래 협상이 진행되자 우리는 더 우세한 지위를 점유하기를 원했다.

브랜드 측면에서 우리는 상장 사업을 보호하고 싶었다. 그 당시 국제적으로 견고한 상장 거래소는 기본적으로 나스닥, 뉴욕 증권 거래소, 런던 증권 거래소, 홍콩 증권 거래소, 이렇게 4곳이었다. 뉴욕 증권 거래소는 애초에 파리와 브뤼셀, 암스테르담의 거래소와의 여러 차례의 인수합병으로 생겨난 파리 소재의 유로넥스트와 합병 거래를 마무리한 상태였다. 우리로서는 경쟁의식이 생겨날 수밖에 없는 상황이었다. 기업 공개를 고려하고 있는 기업의 입장에서 국제시장 진출이 결정적 고려 사항이라면 나스닥도 그 부분을 고려해야 할 필요가 있었다.

더 중요한 것은 우리가 기존에 보유하고 있는 마이크로소프트와 구글과 같은 최고의 상장사들과 함께 경쟁적 지위를 유지해 나가는 것이었다. 우리의 대형 기술 기업들이 국제적 연결성을 지닌 상장 거래소의 가치를 높게 평가하게 된다면 우리도 위협을 느끼고 방어에 나서게 될 수밖에 없다. (나중에 이러한 우려는 근거가 없었음이 밝혀졌다. 국제적인 접근성은 중요했지만 대개 기업들은 국내 거래소에 상장하고 투자자들은 전 세계 어디에서든 그 기업들에 접근할 수 있다. 몇 가지 예외적인 경우도 있기는 하다. 특히 주로 북미 투자 자본을 유치하고자 하는 중국 기업들과 미국 거래소에 주기적으로 상장하는 이스라엘 기업들이 이에 해당한다.)

OMX 역시 전 세계 거래소에 기술을 판매하는 거래소 기술 분야의 의심할 나위 없는 선두주자였다. 그러므로 전 세계의 신흥 시장들이 자신들의 거래소를 직접 개발함에 따라 우리가 차세대 기술 업그레이드 제공 업체로 시장을 장악하는 것이 가능해질 것이라는 전망을 해볼 수 있다. 수익성이 좋은 소프트웨어 및 서비스 공급 사업은 엄청난 장래성을 가지고 있다. 일부 투자자들과 직원들이 이 사업의 잠재성을 잘 모르고 있다는 사실을 알고 나는 깜짝 놀랐다.

"거래의 일부로 그 사업을 매각하실 생각이십니까?"라고 그들은 내게 물었다. 왜 내가 무한한 성장 가능성을 지닌 동시에 우리의 기술력을 높여주고 수익률도 아주 높은 최적의 전략 사업을 팔려고 하겠는가?

회의를 함께하면서 나는 OMX의 문화에서 용기를 얻기도 했다. 언뜻 보기에는 위원회도 많고 개입되는 사람들도 많고 끝없는 분석과 시간

소모적인 합의 중심의 의사결정 과정이 너무 관료주의적으로 비춰졌다. 하지만 내가 예상한 것보다 더 체계적이지 못하고 기업가적인 요소들도 있다는 것을 우리는 알아차리게 되었다. 그들은 여러 지역 거래소들을 인수하기 전에 신흥 아웃사이더로 시작했기 때문에 아직까지도 그들의 문화적 DNA에 그 에너지를 간직하고 있었던 것이다. 조직 전반에 걸쳐 훌륭한 재능과 혁신적 정신이 반짝이는 부분을 우리는 발견했다. 최초 설립자인 올로프 스텐함마르(Olof Stenhammar)는 미국 기업에서 비즈니스 경험을 쌓고 스칸디나비아로 돌아와 미국 기업들의 가치체계 중 일부를 차용해 초창기의 OM 옵션 거래소를 시작했다. 그들의 기업가적 DNA는 파묻혀 버렸지만 기본적인 유전자의 청사진은 그대로 남아 있었다.

대체로 합병은 흥분되는 전망을 낳았고, 나스닥이 국제적 야망을 실현하는 데 있어 긍정적인 움직임이자 진정한 국제적 거래소로 발돋움하는 데 중요한 첫걸음이었다. 우리는 2007년 5월 사회 각계의 축하 속에서 합병을 발표했다. 이 합병은 주식시장 천국 또는 발할라(역자 주: 북유럽 신화에서, 오딘을 위해 싸우다가 살해된 전사들이 머무는 궁전으로, 지붕이 방패로 덮여 있는 아름다운 궁전)의 천생연분이라고 불러야 할 것이었다. 하지만 그런 축하 분위기는 두바이에서 온 전화를 받고 깨어져 버렸고 전체 합병 계약은 좌초될 위기를 맞이하게 되었다.

국제 거래 체결의 험난한 모험 ─────────────────●

보르세 두바이는 아랍 에미리트의 국영 거래소였다. 합병이 발표되고 두 달이 지난 2007년 8월 그들은 OMX의 지분을 우리가 제안한 매입가보다 14% 높은 가격으로 공개 매입하기 시작했다.

놀람과 분노의 감정을 겨우 수습하고 나는 그들이 OMX에 관심을 가지는 이유를 진단해 보았다. 자세히 들여다보니 일부는 사업적 경쟁이고 또 다른 일부는 가족 경쟁 구도였다. OMX의 창립자인 스텐함마르(Stenhammar)는 두 명의 제자, 말하자면 두 아들인 마그누스 뵈커(Magnus B aecker)와 페르 라슨(Per Larsson)이 있었다. 라슨은 1996년 스텐함마르가 회장이 되고 난 후 7년 동안 OMX의 CEO로 재직했다. 페르와 뵈커는 친구이자 경쟁자였다. 2003년 뵈커는 라슨의 자리를 넘겨받았고 라슨은 보르세 두바이 자회사의 CEO가 되었다. 이 회사가 바로 나스닥보다 높은 가격을 부르며 OMX를 노리고 있는 회사였다. 우리는 국제적으로는 권력 투쟁의 중심에 놓여 있었고 국내적으로는 왕위 계승 경쟁의 중심에 놓여 있었다.

왕위 쟁탈전이 아니라면 그들은 왜 OMX의 입찰에 관심을 가졌을까? 이것은 도대체 어떤 경영 사례에 해당되는가? 그들의 태도는 얼마나 진지한가? 3자 거래의 가능성은 존재하는가? 실사를 위해 나는 나스닥-OMX의 합병이 가치면에서 더 우월하다는 것을 확신시키기 위해 즉시 스톡홀름으로 날아가 두바이에 물밑 협상을 제안했다.

우리는 런던에서 만나기로 합의했다. 나는 협상팀에 국제적 감각을 보강하기 위해 런던에 살고 있었던 나스닥의 이사 팻 힐리(Pat Healy)를 회의에 동석하게 했다. 중동국가의 기업과 거래하는 것이 처음이었던 우리는 문화적 장벽을 걱정했지만 그것은 나의 기우였다. 두바이에서 온 임원진인 에싸 카짐(Essa Kazim)과 수드 발라위(Soud Ba'alawy)는 매우 학식이 높고 똑똑한 야심찬 사업가들이었고 협상은 처음부터 상호 존중의 분위기 속에서 이루어졌다. 우리는 몇 차례 만남을 가진 후, 2007년 9월 히스로 공항 근처의 한 호텔에서 72시간 동안의 마라톤 회의를 마지막으로 협상의 막을 내렸다. 협의된 내용은 두바이 그룹이 새로이 출범하는 나스닥-OMX의 최대주주가 되며 나스닥이 다량 보유하고 있는 런던 증권 거래소 주식의 일부와 특정국가에서의 거래 기술 사업에 대한 권한도 가진다는 것이었다. 나스닥은 신생 기업인 두바이국제금융 거래소에 대한 지분을 가지기로 했다. 이 협상은 대체적으로 복잡한 협상이었다. 나는 가끔 우리가 회의실을 오가며 영역 다툼을 하는 것이 리스크 게임(역자 주: 모든 영역을 점령하고 상대를 제거하면 이기는 전략 보드 게임)을 하고 있는 것처럼 느껴지기도 했다. 아데나는 놀라운 인내력을 발휘하며 능숙하게 복잡한 3자 거래를 성사시킴으로써 자신의 본분을 다했다. 이러한 거래는 중간에 틀어지는 경우가 부지기수다. 그래서 내게 아주 도움이 된 나만의 협상 원칙을 몇 가지 정리해 보았다.

1. 시차증으로 피곤할 때는 큰 결정을 내리지 마라.

항상 중요한 결정은 하룻밤 자고 일어나서 내려라. 아침의 밝은 햇살이 정답을 드러내 보여주는 경우가 많다.

2. 상대편의 입장에서 생각해 보라.

좋은 협상은 상대방이 거래에서 얻고자 하는 것이 무엇인지 잘 파악하고 양측 모두에게 득이 될 수 있도록 노력하는 것이다.

3. 흑백 논리에 빠지지 않도록 주의하라.

거래에는 항상 회색지대가 존재한다. 그리고 그 복잡성과 씨름하는 것이 당신이 해야 할 일이다. 그렇게 간단한 일이었다면 당신이 고액 연봉을 받지도 않았을 것이다.

4. 결정적인 사실들을 알아보라.

협상에서 50개의 사실이 언급되었다면 무엇이 가장 중요한 정보인지 판단할 필요가 있다. 영리한 사람들은 항상 관련성이 높은 사실들을 많이 제시하지만 좋은 협상가들은 어떤 사실이 협상에 결정적인지를 알아볼 줄 안다.

그 주 중반이 되었을 때 우리는 마침내 기본적인 협상 내용을 마련했다. 그 내용을 언제까지나 비밀로 할 수는 없는 노릇이므로 우리는 스톡홀름으로 가서 즉각 발표하기로 결정했다. 우리 홍보팀에서는 기자회견을 요청했고 그 지역의 모든 언론사들이 이를 즉시 수락했다. 스웨덴에서는 이 일이 큰 사안이라서 국가적으로 중요한 뉴스로 다루어졌다.

그 자리에 모여 있는 기자들을 둘러보자 수개월간에 걸친 긴 여정을 마무리하며 다시 한 번 결승점에 도달한 것처럼 느껴졌다. 하지만 내가 발언을 하고 기자들의 질문을 받기 위해 마이크를 잡자 기습 질문이 들어왔다. 기자들 중 한 명이 이렇게 물었다.

"카타르 입찰에 대해서는 어떻게 생각하십니까?"

'뭐라고? 무슨 카타르 입찰 말인가? 이 기자는 도대체 무슨 말을 하고 있는 것인가?' 나는 속으로 생각했다. '지금 카다르와 두바이를 혼동하고 있는 건가?' 분명히 카타르와 두바이는 완전히 다른 곳이다. 하지만 수면 부족 상태에서 나도 순간적으로 혼동했다.

기자와 나 양쪽 모두 지리적으로 혼동을 한 것은 아니었다. 〈월스트

리트 저널〉이 카타르 투자청에서 OMX에 입찰한다는 소식을 속보로
내보낸 것이었다. 사실 카타르 투자청은 벌써부터 OMX의 주식을 사
들이고 있었고 OMX 이사회에 합병 거래를 종결짓지 말 것을 촉구했
었다. 갑자기 나스닥과 OMX가 중동의 경쟁국들 사이의 권력 다툼에
끼어 있는 것처럼 느껴졌다.

너무 지치고 화가 난 나머지 나는 이 모든 것이 수포로 돌아갈 운명
인 것인가 하는 의심이 들었다. 우리는 두바이 협상단과 3일 동안 잠
도 자지 못한 채 협상했고 바로 그 승리의 순간에 카타르의 새로운 행
보 때문에 우리의 영광은 날아가 버렸다. 현재 내 상태로 새로운 정보
에 대해 충분히 답변하기는 어려웠다.

"잠을 못 잔 상태에서는 중대한 결정을 내리지 말 것."

나는 그저 뉴욕에 있는 집으로 돌아가 휴식을 취한 뒤 다음 계획을
고민하고 싶었다.

매우 지치고 힘든 거래 제안과 역제안, 날카로운 협상, 단조로운 호
텔방, 피로에 찌든 흐릿한 눈으로 세계를 돌아다니는 소용돌이의 끝에
서 아데나와 나는 함께 스톡홀름 공항으로 향했다. 아데나는 지난 며칠
동안 너무나도 많은 일을 했고 신뢰할 수 있는 조언자임은 물론 의지할
수 있는 똑똑한 협상자였다. 우리가 어떻게 보였을지는 짐작할 수 있

> "삶과 비즈니스에서 가장 큰 기쁨 중 하나는 공동의 목표를
> 달성하기 위해 굳건하게 맺어진 팀과 함께 열심히 일하는 것이다."

었다. 작별 인사를 하는 그 순간의 감정에 북받쳐 그녀는 울음을 터뜨렸고 그녀를 위로하기 위해 그녀의 어깨를 두드려주던 나도 울고 있었다. 거래는 개인적인 일이 아니었지만 결국 우리 모두는 한 인간이다.

나는 이럴 때 임원진의 체력의 중요성을 절감한다. 사업은 단거리 달리기가 아니라 마라톤이다. 그리고 그 마라톤에서 선두주자가 되려면 남다른 체력, 즉 정신적, 감정적, 육체적 체력이 뒷받침되어야 한다. 밤늦은 시간까지의 야근, 장시간 근무, 해외 출장, 집중 협상, 스트레스 상황 등 이 모든 것들이 일의 일부이고 필연적으로 심신에 타격을 준다. 업무 이외의 나머지 시간에는 어디에서든 가능하다면 주의를 산만하게 하는 상황과 스트레스를 최소화하는 것이 좋다. 건강을 유지하고 활동성을 유지하고 사랑하는 사람들과 행복한 시간을 보내고 충분한 휴식과 안정을 취하는 것이 도움이 되는 만큼 안정적인 가정생활은 큰 도움이 된다. 리더가 되기 위해서는 실력만으로는 부족하다. 강한 에너지와 인내력이 필요하다. 나의 임원진은 이 모든 자질을 갖추고 있었고 나는 그들과 함께 마라톤을 뛸 수 있다는 게 자랑스러웠다.

삶과 비즈니스에서 가장 큰 기쁨 중 하나는 공동의 목표를 달성하기 위해 굳건하게 맺어진 팀과 함께 열심히 일하는 것이다. 사람들이 뭔가를 함께 성취하기 위해 자신의 모든 재능과 능력을 동원할 때 생겨

나는 사명감과 동지애는 그 무엇과도 바꿀 수 없는 감정이다. 극도로 힘들거나 어려운 일을 할 때, 혹은 서로의 희생이 요구될 때 특히 그러하다. OMX와의 합병과 관련한 협상을 했을 때도 그러한 경우로, 깊은 연대감과 함께 오래 지속되는 관계가 형성된 잊지 못할 순간이었다. 나는 우리가 성취해 낸 결과가 자랑스럽지만 나와 긴 여정을 함께해준 사람들에게 감사한 마음이 더욱 크다. 국제 거래의 최전선에서 포화를 맞으며 용기를 발휘했던 그러한 경험들이 아데나를 훌륭한 리더이자 10년 후 나스닥의 강인한 CEO로 만든 원동력이 되었다고 생각한다.

결승선

나는 이런 경우 어쨌든 우리의 협상을 마무리 짓는 것이 맞다는 결론을 내렸다. 바로 인베스터 AB를 만나기로 했다. OMX는 공개 기업으로서 카타르에서 들어온 입찰을 존중해야만 했다. 하지만 나는 그들이 나스닥과 두바이의 인수 제안에 훨씬 더 관심이 많음을 자신할 수 있었다. 어려운 협상 과정과 달콤한 제안이 필요하긴 했으나 결론적으로 나는 (인베스터 AB를 대표하는) 뵈르예 에크홀름(Börje Ekholm)과 거래하는 데 성공했고, 이는 카타르 그룹에게는 만만치 않은 도전으로 작용했다. 우리는 두 제안 사이의 가격 차이가 크지 않다는 점을 감안하여 인베스터 AB가 나스닥의 입찰에 손을 들어주는 조건으로 단계적인 합의에 도달했다. 그래서 그들은 우리의 제안을 지지하는 것으로 하고 (카타르가 아주 높은 가격을 제안하지 않는 이상) 주식을 거래 정지시키기로 했다.

그 결과 카타르 그룹은 결국 OMX 입찰을 철회하고 주식을 매각했다.

우리는 국내 보안 검사를 통과했고 나스닥의 두바이 지분이 승인되었다. 나스닥은 국제적 파트너를 통해 이득을 얻게 될 것이다. 우리의 새 이름은 나스닥-OMX가 될 것이다. 우리의 직원 수는 하룻밤 사이에 두 배 이상 늘어났고, OMX가 전 세계에 60개 이상의 거래소를 고객으로 보유하고 있는 만큼 국제무대에서의 존재감은 기하급수적으로 증가했다. 나스닥은 이제 6개 대륙에 영향력을 행사하게 되었다. 국제무대에 발자취를 남기겠다는 우리의 소망은 아주 흡족하게 실현되었다. 나는 합병된 기업을 거래소와 거래소 고객들을 기술로 연결한 최대 규모의 국제적 네트워크라고 설명했다.

불리했던 점으로는 우리가 OMX에 상당한 비용을 지불했고, 입찰 경쟁에서 얼마간의 가격 손실이 있었다는 점이었다. 우리는 이 비용을 현금과 주식 모두로 지불했다. OMX를 인수하는 것은 당시 긍정적으로 보이는 결정이었으나, 그 후 몇 년 동안 세계적으로 주식시장이 급락하자 합병의 가치에 대해 더욱 비판적으로 생각할 수밖에 없게 되었다. 그러나 사업에서는 장기전이 모든 것을 이긴다. 시간이 흐르면서 나스닥-OMX 합병은 나스닥 성공에 필수적인 것이었음이 입증되었다.

나스닥은 국제시장의 거래소들에 소프트웨어 및 서비스를 공급하는 중요한 업체로 자리매김해 가고 있었고, 이 사업은 국제적인 성장 시장이라 할 수 있었다. 또한 OMX의 능력 있는 인재들을 나스닥의 국제 업무를 위한 인력으로 수혈 받음으로써 엄청난 혜택을 입기도 했다. OMX가 없었다면 이러한 일들은 가능하지 않았을 것이다. 이제 두 기업을 성공적으로 결합시키는 일만 남아 있었다.

OMX와의 합병은 조금 개인적인 차원에서 내게는 시작이었다. 국제 시장으로의 나의 첫 번째 진출이었고 혹독한 시험이었다. 1년이 훨씬 넘게 계속된 이 거래의 대장정이 끝나고 난 뒤 거래 시작 당시와 비교해보니 내 자신이 다른 사람이 된 것 같은 느낌이었다. 국제적 음모, 유럽의 정치, 중동국가들 사이의 권력 다툼, 헤지펀드의 벼랑끝 정책, 적대적 인수 경쟁 등을 겪는 과정 속 어디쯤에선가 퀸즈 출신의 신출내기 사업가는 기억 저편으로 사라져버렸다. 그리고 우리의 새로운 두바이 파트너와 함께 두바이의 왕 무함마드 빈 라시드 알막툼을 만나기 위해 공작새가 줄지어 서 있는 길을 따라 운전하고 있는 나 자신을 발견했을때만큼 내가 변했다는 사실을 선명하게 느낀 적도 없었다. 나스닥은 세계적인 기업으로 발전해가고 있었고, 나 역시 그랬다.

| 리더의 경영분석–최고의 협상으로 가는 협상 전략 3가지

● **거래 협상은 개인의 일이 아니다**
　협상을 할 때는 감정 기복에 휘말려 당신의 좋은 판단력을 흐리게 되기가 쉽다. 따라서 협상은 내 개인의 일이 아니라 회사의 일임을 직시하라.

● **보수에 걸맞게 적극성을 보여라**
　당신이 목표로 삼은 거래를 항상 성사시킬 수는 없겠지만 비즈니스에서는 적어도 가끔은 대담해질 필요가 있다.

● **이분법적 사고를 경계하라**
　최고의 협상가들은 거래의 모든 측면을 고려하려고 노력하며 상대가 협상에서 얻고자 하는 것이 무엇인지 파악한다. 그들은 협상의 복잡성과 불가피한 타협을 수용하고 실행 가능한 결과에 도달하기 위한 방법을 강구한다.

CHAPTER 8

성장을 위한 투쟁

◆

나스닥, 6억5천2백만 달러에 필엑스 인수
〈월스트리트 저널〉, 2007년 11월 7일

나의 두 아들은 어린 시절 볼링을 좋아했다. 아내는 아이들을 동네 볼링장으로 데리고 가서 공을 굴리고 핀을 넘어뜨리게 했다. 나는 볼링을 그렇게 좋아한 적은 없었지만 볼링을 통해 배운 한 가지 단순한 교훈이 있었다. 가장 중앙에 있는 핀을 목표물로 삼거나 그보다 더 좋은 것은 정중앙에서 한 칸 오른쪽이나 왼쪽에 있는 핀을 겨냥하라는 것이었다. 시간이 흘러 나는 내가 경영진들에게도 똑같은 지시를 하고 있다는 것을 깨달았다. 다만 볼링장이 인수합병이라는 훨씬 더 큰 지분을 두고 다투는 장으로 대체된 것일 뿐이었다.

나는 우리 팀에게 잠재적 인수 대상을 평가할 때 매매 거래 처리, 효율적인 거래소 운영, 거래 기술을 포함해 우리가 보유하고 있는 강점에서 너무 멀리 나가지 말 것을 주문했다. 인수를 통해 확장해 나가는 것은 괜찮았다. 하지만 나스닥이 연관성이 거의 없는 이질적인 기업들의 집합체가 되는 것은 원치 않았다. 나는 우리가 성장하기를 바랐지만 무차별적 성장은 싫었다. 나는 둘이 모여 더 크고 단단해지는 통합과 협업체계의 가치를 높이 산다. 정중앙에서 한 칸 정도 우측이나 좌측의 볼링 핀을 겨냥하는 것은 괜찮다. 시간이 지나면서 우리가 최대의 역량을 발휘할 수 있는 최적 지점은 확장될 것이기 때문이다. 하지만 그 범위를 벗어나 있는 핀을 넘어뜨리려고 시도하는 것은 매우 조심해야 한다. 그러다가 결국 빨리 실패할 수 있다.

이것은 항상 바람직한 접근법은 아니다. 당시 금융 시장에서 주식 거래업(정중앙에 놓여 있는 핀)은 가장 매력 있는 사업이 아니었다. 반면 파생상품 판매는 마진이 높은 사업으로 엄청난 인기를 끌었다. 파생상품 시장에 익숙하지 않은 독자들을 위해 간단히 설명하자면, 파생상품 시장이란 기초 자산의 가치 변동에 따라 가격이 결정되는 금융상품을 기반으로 한 거래 계약을 하는 거래소를 말한다. 콩 선물거래가 파생상품 거래의 한 예이다. 옵션도 기초 주식의 가치 변동에 따라 가격이 결정되는 파생상품의 일종이다. 시카고 상품 거래소(Chicago Mercantile Exchange)와 인터컨티넨탈 익스체인지(Intercontinental Exchange)가 미국에서 가장 유명한 파생상품 거래소이다. 그 당시에는 그들의 성공이 우리도 사업을 확장해 그 시장에서 경쟁해야 한다는 부담으로 다가왔다. 나는 파생상품 거래에 대해 전혀 반대 입장은 아니었지만 우리의 핵심 역량과 너무 거리가 먼 사업에서 수익을 쫓고 싶지는 않았다. 나는 이 같은 우리의 전략에 대해 우리 팀에 매우 엄격한 태도를 유지했다.

"인수는 우리의 전문 영역을 벗어나 전혀 모르는 사업에 뛰어드는 것이 아니라 우리의 전문 영역에서 가속도를 내기 위한 하나의 방편이었다."

《좋은 기업을 넘어 위대한 기업으로》의 저자 짐 콜린스는 위대한 기업을 건설하기 위해 인수 거래를 활용하는 것에 대해 언급한다. 그는 '인수'를 주의를 돌리기 위한 수단이자 의지할 대상, 혹은 '핵심 문제를 피해서 다변화하기 위한 방편'으로 활용하는 것을 경계해야 한다고 조언하고 있다. 그는 또한 실제로 좋은 기업을 넘어 위대한 기업으로 발전하고 있는 기업들은 이미 활용되어 확립된 성공적인 전략을 강화하는 용도로 인수를 활용할 줄 아는 기업들이라고 관찰하고 있다. 나스닥에서도 이것이 우리가 선택한 접근법이었다. 우리는 우리의 핵심 사업과 기초 역량이 무엇인지 잘 알고 있었다. 인수는 우리의 전문 영역을 벗어나 전혀 모르는 사업에 뛰어드는 것이 아니라 우리의 전문 영역에서 가속도를 내기 위한 하나의 방편이었다.

그 전략을 실천한 가장 좋은 예는 2007년에 우리가 필라델피아 증권 거래소(Philadelphia Stock Exchange)(일명 필엑스)를 매입한 사례였다. 필라델피아 증권 거래소는 미국에서 실제로 가장 오래된 거래소로 1790년에 설립되어 미국에서 세 번째로 큰 주식 옵션 거래소였다. 이것이 우리의 최적 지점이자 정중앙에 놓여 있는 볼링 핀 바로 옆의 핀이었다. 필라델피아 증권 거래소의 주주들이 기업 공개를 하거나 거래소를 매각하겠다고 결정했을 때 나스닥과 뉴욕 증권 거래소, 그리고 두어 곳의 거래소 컨소시엄 사이에서 입찰 경쟁이 벌어졌다. 그리고 우리의 최종 승리로 마무리되었다. 매입가로 6억 달러가 넘는 비용을 지불하고 경쟁자들을 물리쳤지만 우리가 얻게 될 가치는 매우 클 것이라 나는 확신했다.

왜일까? 우리는 우리의 과제를 해둔 상태였다. 첫째로, 우리는 이미 내부적으로 주식 옵션 거래를 충분히 배우며 실험해봤다. 둘째, 우리는 필라델피아 증권 거래소에 대해 파악하기 위해 매우 정교한 분석 정보, 즉 오늘날의 용어로는 '빅 데이터'를 활용했다. 입찰 경쟁에서는 지식이 곧 경쟁력이 된다. 필라델피아 증권 거래소는 나스닥의 사업 모델을 우리의 경쟁자들이 인식한 것보다 더 강하고 큰 시장으로 받아들였고 그 이유는 우리가 제시한 입찰가가 가장 높았기 때문이다.

나스닥에서 내가 재직하는 동안 우리는 40건 이상의 인수 작업을 실행했다. 일부는(인스티넷의 변형적 매입과 같이) 기술을 위해, 일부는(OMX 합병과 같이) 국제 시장 진출을 위해, 일부는(필라델피아 증권 거래소 매입과 같이) 관련 시장으로의 이동을 위해, 일부는(BRUT와 같이) 시장 점유율을 높이기 위해 실행되었다. 나는 우리가 하는 인수 작업은 첫해 말까지 주당 순익(Earnings Per Share)을 높이는 데 기여해야 한다고 강조했다. 시행된 모든 인수합병은 나스닥이 국내 최고의 거래소이자 중요한 세계적 거래소로 성장하는 데 큰 도움이 되었다. 우리는 인수 작업을 잘 해낸 우리 자신이 자랑스러웠고 그 과정에서 많은 것을 배웠다. 그러나 사실 이것은 내가 나스닥의 CEO직을 수락하기 훨씬 이전에 시작한 교육의 연장선에 놓여 있었다. 선가드 시절 나의 전 고용주는 인수 거래를 통해 선가드를 크게 성장시켰다. 이 경험은 내가 새로운 가능성에 눈을 뜨도록 해주었다. 선가드를 떠날 때까지 정말 많은 것을 배웠다. 나는 그때 배운 지식을 나스닥에 가지고와 다듬어 더 규모가 큰 인수 작업에 적용해 볼 수 있었다. 경험이 쌓이면서 우리 팀은 인수합병에 대해서는, 특히 그 대상이 주식 거래소일 경우 그야말로 전문가가 다 되었다. 인수 작업을 시작한 초창기에는 비대하고 수동 작업을 고수하고 노동력이 남아도는 거래소를 빠르고 날씬하고 효율적이고 적응력이 높고 기술 중심적인 거래 기업으로 변신시키는 데 특히 능숙했다. 그러다가 나중에는 주로 기술 기반의 인수에 집중하게 되었다.

나는 이 전략을 '어머니 정신을 레버리지하는 것'이라고 이름 붙였다. 우리는 주식 업계에서 최고의 기술 플랫폼을 개발했다. 그래서 우리의 훌륭한 기술 노하우와 거래소 사업에 대한 깊은 이해를 기반으로 다른 거래소들을 인수해 그들을 나스닥의 거래 처리 사업에 통합시킴으로써 레버리지를 일으킬 수 있었다. 실제로 2007년에서 2008년 사이의 바쁜 기간 중 우리는 OMX 외에도 보스턴 증권 거래소, 필라델피아 증권 거래소, 노드 풀(북유럽 전력 거래소) 등 3개의 거래소를 인수했다.

인수는 나스닥 성장 전략의 중요한 한 축이었다. 우리의 효율성의 일부는 기술 전문성에서 기인한 것이었고, 또 다른 일부는 숙련에서 기인한 것이었다. 하지만 나는 우리 성공의 일부는 기회를 알아보고 인수와 관련된 리스크를 줄이는 능력 덕분이었다고 믿는다. 인수는 기업에 엄청난 가치를 더해 주고 성장을 촉진할 수 있다. 그러나 인수에는 필연적인 리스크와 잠재적인 위험이 따른다.

인수 타당성 평가하기: 네 가지 위험 요소 ────────●

해당 인수 건과 관련해 리스크 보상 비율과 새로 인수한 기업을 효과적으로 통합하는 데 따르는 잠재적 어려움이 무엇인지 검토할 때 최소한 다음의 네 가지 요소는 반드시 고려해야 한다.

1. 핵심 사업 리스크
인수 사업 부문이 당신의 핵심 사업에서 거리가 멀수록 리스크는 커진다.

누구나 짐작할 수 있는 것이지만 매우 진지하게 받아들여야 할 사항이다. 나스닥으로서는 주식 거래가 분명히 가장 효율이 높은 분야였다. 그게 우리의 사업이었고 우리가 가장 잘아는 분야였다. 그 핵심 사업에서 벗어난다면, 이를테면 특이한 금융상품이나 다른 유형의 비주식 파생상품으로 옮겨간다면 기업 인수에서 발생하는 리스크가 더 커질 것이다. 우리는 그러한 사업들을 우리의 전문 분야와 똑같은 정도의 정확성을 가지고 평가할 내부적 역량이 부족했다. 정리하자면, 잘될 수는 있다. 하지만 인수 대상이 핵심 사업에서 멀어지는 모험을 무릅쓴다면 당신이 짊어지고 가야 하는 리스크는 그만큼 커지는 것이다.

2. 지리적 리스크
인수 대상이 당신과 지리적으로 멀수록 리스크는 커진다.

오늘날 비즈니스 세계는 글로벌화되어 있고 통신 기술의 발달로 우리는 더 가까워졌다. 하지만 지리적 조건은 여전히 주의 깊게 고려해야 할 사항이다. 수천 마일 떨어져 있는 다른 대륙의 기업을 인수하는 것은 당연히 건너편 동네의 기업을 인수하는 것보다 더 복잡하고 위험하다. 그렇다고 지리적으로 다양한 지역의 조직들 사이의 합병이 성공하지 못한다는 말은 아니다. 우리와 북유럽에 위치한 OMX와의 합병은 완전한 성공이었다. 하지만 나는 거리 때문에 우리가 안고 가야 할 리스크와 도전이 커질 것이라는 사실은 익히 알고 있었다.

3. 문화적 리스크
인수 대상과의 문화적 차이가 클수록 리스크는 커진다.

최소한 다음의 두 가지 문화적 측면은 고려해야 한다. 해당 기업의 내부 비즈니스문화와 해당 기업을 둘러싼 지역문화를 고려해야 한다. 인수에서는 종종 한 기업이 매우 다른 비즈니스문화에 합류하게 되고 만다. 그리고 그것이 차후 문제 발생의 원인이 된다. 두 개의 분명히 다른 비즈니스문화를 결합시켜 균형을 맞추려고 너무 노력하는 것은 문제만 더욱 커질 뿐이다. 당연한 말이지만 비즈니스문화를 바꾸는 것은 전기 스위치를 켜고 끄는 것처럼 쉬운 문제가 아니지만 일반적으로 기업들은 전체 조직을 아우르는 하나의 비즈니스문화를 공유해야 할 필요가 있다고 생각한다. 십중팔구 인수하는 기업은 분명한 원칙과 기대치를 설정하기 위해 하나의 비즈니스문화를 강요하려고 할 것이다. 그런 작업은 인수 협약이 체결된 이후 조속히 이루어지는 것이 좋다. 어느 쪽 비즈니스문화로 통일할 것인지에 대해 혼란은 없어야 한다. 하지만 지역문화(해당 기업이 뿌리를 내리고 있는 국가 또는 지역의 전통)와 관련해서 한 가지 조언을 해주겠다. 선을 넘어 지역문화의 고유한 특성을 짓밟으려 하지 마라. 자신들의 문화를 지키려고 하는 것은 자연스럽고 중요한 일이며 그들만의 공간을 허용해 주지 못할 이유는 없다. 나는 OMX팀이 그들의 지역문화를 지켜갈 방법을 찾은 것이 기뻤다. 대체로 지역문화는 우리가 확립하려고 하는 비즈니스문화와는 별개의 일이었다.

4. 규모와 인원 수의 리스크

인수 대상의 규모가(당신의 기업과 비교해서 상대적으로) **크고 인원 수가 많을수록 리스크는 커진다.**

규모가 크다는 것은 복잡함을 의미한다. 그중 가장 중요한 요소는 인원 수인데, 사람들의 수가 많다는 것은 처리해야 할 문제가 많다는 것을 뜻한다. 하지만 대부분의 경우, 규모가 크다는 것은 더 많은 기업들과 더 많은 지역과 더 많은 시장에서 더 많은 활동을 벌이고 있다는 것을 뜻한다. 인수한 기업이 당신의 기업보다 규모가 클 때 더 많은 인원을 관리하는 데 들어가는 경영 기반 시설 비용과 그에 따른 문제 또한 고려해야 할 필요가 있다. 이는 문화적 차이 또한 수용하기가 더 어려워질 수 있음을 의미하기도 한다. 따라서 하룻밤 사이에 인원 수가 배 이상 늘어나게 될 때 기업 합병으로 발생하게 되는 요구들을 과소평가하지 마라. 아주 실제적인 차원에서 규모와 인원 수의 리스크는 다른 리스크들을 더욱 가중시킨다. 모든 것을 더 어렵고 불확실하게 만드는 것이다. 그렇다고 합병을 진행할 가치가 없다는 말은 아니다. 예상되는 시나리오에서 인수 기업의 리스크가 점차 높아질 것으로 보인다면 그에 상응하는 잠재적 보상 또한 커지도록 만드는 것이 중요하다.

지금까지 언급한 사항들이 나스닥이 각각의 주요 인수합병을 실행하면서 주의 깊게 살펴온 리스크들이었다. 이것들은 내가 특정 기업을 인수할 때 타당성을 평가하는 잣대가 되어 주었고, 앞으로 전개될 상황을 미리 내다보고 인수 계약이 체결된 후 직면하게 될 도전들을 준비하도록 도와주기도 했다. OMX 인수와 같은 길고 험난한 협상이 마침내 마무리되었을 때에는 안도의 한숨을 내쉬며 자화자찬하고 싶은 마음이 들 것이다. 하지만 진짜 인수 작업은 아직 시작도 안 한 것이다. 많은 기업들이 합병을 하지만 진정으로 성공적인 통합을 이뤄내지는 못한다. 그것을 이뤄내지 못하면 합병의 완전한 혜택을 누릴 수가 없다. 나는 직원들이 새롭게 합병된 기업의 비전을 따르고 더욱 기여도를 높여 혜택을 누리게 하려면 하나의 회사인 것처럼 느끼도록 해야 한다는 것을 항상 느낀다. 그렇게 하지 않으면 다양한 팀들로부터 더 높은 수준의 '합의'를 이끌어내지 못할 것이다. 하나의 회사인 것처럼 느끼게 하려면 진정한 통합을 위해 많은 노력을 기울여야 한다. 확실한 통솔력과 영리한 경영 능력이 요구된다. OMX와의 합병은 내가 사업을 하며 다양한 시기에 배운 모든 것을 시험받는 시험대였다.

바이킹을 찾아서

"마그누스(Magnus), 당신 팀에 합류할 바이킹을 찾아야겠네요."

OMX의 전 CEO인 마그누스 뵈커는 가볍게 웃었다.

"저기 한 분 계시네요."

그는 6번 홀에서 공을 칠 준비를 하고 있는 한스-올레 요쿰센(Hans-Ole Jochamsen)을 가리키고 있었다. 시간이 자정이었음에도 골프 코스의 불빛은 아주 밝았다. 나스닥과 OMX의 경영진들은 며칠간 아이슬란드에서 미팅을 갖고 두 기업의 합병 후 계획에 대해 논의하고 있었다. 나스닥-OMX는 실제로 아이슬란드 증권 거래소를 소유하고 있었으므로 아이슬란드는 경영 간부들이 회합하기에 좋은 중간 장소였던 것이다. 아이슬란드는 북극권 근처에 위치해 있어 여름이면 특별한 스포츠를 즐길 수 있는 기회를 제공하기도 했다. 야근을 하기에 용이했고 저녁 늦게까지 충분한 빛이 남아 있는 백야의 나라에서 야간 골프는 인기 있는 활동이었다.

"좋아요, 저기 한 분 계시는군요. 이제 시작이네요."

나는 웃었다. 마그누스는 어느 누구보다 나의 유쾌한 면을 잘 끄집어내는 사람인 것 같았다.

내가 '바이킹'이라고 칭한 것은 다름 아닌 열정적이고 경쟁심 많고 변화에 발 빠른 OMX 직원들을 일컬은 것이었다. 그들은 나스닥의 접근 방식을 수용하고 우리와 함께 미래를 만들어가기를 원하는 사람들이었다. 하룻밤 사이에 우리는 더 크고 더 다변화된 글로벌 기업이 되어 있었고, 문화적 차원의 통합은 아주 중요한 것이었다.

내가 나스닥에 왔을 때 처음 몇 주 동안 했었던 것처럼 나는 OMX팀을 만나 분명하고 명백하게 의사를 전달했다.

"우리는 우리의 문화를 다시 만들 것입니다. 근면하고 성과 중심적이고 군더더기 없고 효율적이고 수익성 높고 성장 지향적인 문화가 될 것입니다."

나는 우리가 OMX의 지역문화는 존중하겠지만 나스닥이 비즈니스문화는 규정하겠노라고 말했다. 나는 일부 사람들에게는 이것이 그들이 지향하는 비즈니스문화가 아닐 수도 있으며, 혹은 그들이 인수 계약을 받아들이면서 기대했던 것이 아닐 수도 있다는 것을 알고 있었다. 그렇다 해도 괜찮았다. 나는 사람들에게 스스로 선택하고 갈 것을 당부했다. 누구도 수치스러워할 필요는 없었다. 기업문화가 바뀌는 것이 그들의 잘못은 아니었다.

나는 북유럽에서 즐거운 시간을 보내고 그곳의 추운 날씨와 따뜻한 지역문화를 모두 사랑하게 되었다. 나는 스칸디나비아국가들은 비즈니스문화가 각각 다르다는 것도 알게 되었다. 예를 들면, 스웨덴의 비즈니스문화는 에릭슨(Ericsson), 이케아(IKEA), 볼보(Volvo) 등 큰 기업체들을 키워낸 긴 역사를 가지고 있다. 반면 덴마크의 비즈니스문화는 산업적이기 보다는 거래자와 협상가를 길러내는 데 강점을 가지고 있다. 아마도 여러 다른 경제 주체들 사이에서 유럽 대륙 및 독일과 더 가깝게 위치해 있다는 지리적 특성 때문인 것으로 보인다. 이러한 문화적 일반화는 항상 가감해서 들을 필요가 있지만, 골프 코스에서 마그누스가 지목한 아주 뛰어난 덴마크의 '바이킹' 한스-올레 요쿰센이 내가 OMX에서 글로벌 거래 및 시장 서비스 부문을 이끌어갈 인재로 의지하게 된 인물이라는 것 또한 사실이었다. 한스-올레 요쿰센은 나스닥 경영진의 중요한 일원이 되었고 합병 후 OMX에서 유럽의 나스닥 거래 처리 사업 부문을 운영했다. 결국 그는 국제 거래 처리 부문을 맡았고 나중에는 사장이 되었다.

북유럽문화에 대한 일부 고정관념은 사실이다. 적어도 일부분은 그렇다. 우리의 북유럽 친구들은 합의에 도달하는 것을 더 중시하고 공동체적 성향을 가지고 있다. 그러한 성향은 좋은 것도 아니고 나쁜 것도 아니다. 모든 문화적 경향이 그렇듯이 장점도 있고 단점도 있는 것이다. 중요한 것은 장점은 강화하고 단점은 줄여나가면 되는 것이다. 북유럽인들의 문화는 미국인들이 놀랄 만한 안전망도 가지고 있다. 그들은 많은 유럽의 이웃 국가들처럼 긴 여름 휴가를 떠난다. (연간 평균 6주의 휴가를 가진다.)

이러한 차이가 있었지만 북유럽팀은 미국의 비즈니스문화에 적응하는 것을 전혀 힘들어하지 않았다. 시간이 지날수록 그들은 많은 면에서 미국인들만큼이나 나스닥의 문화를 잘 흡수했다. 합병 후 우리가 경험한 바로는 북유럽문화가 기업가적 투지가 부족하다는 생각은 확실한 선입견이었다. 결국 우리는 우리의 바이킹을 찾아냈다. 그들은 국제적 감각과 함께 투지와 사업가적인 지적 능력을 지녔다. 그리고 그들은 나스닥의 사업적 성쇠에 진정으로 커다란 축복이었다.

학습된 지식 vs 산지식

인수를 통한 성장의 가장 큰 장점 중 하나는 수익은 늘리는 한편 중복되는 비용 항목은 폐지할 수 있다는 것이다. 사업을 통합하고 간소화함으로써 성장을 유지하면서도 상당한 비용을 절감할 수 있다. 우리 팀은 이 작업을 상당히 잘했지만, 그들이 메스를 들이대기 전에 나는 항상 그들에게 속도를 늦추고 우리가 재건설하려는 회사에 대해 제대로 이해하고 있는지 재검토하도록 주의를 주었다. 비용 절감을 단행하기 이전에 먼저 무엇이 사업을 움직이게 하는지 정확히 이해하는 것이 바람직하다. 효율성을 끌어올리려고 노력하기 이전에 먼저 무엇이 효과적인 것인지 알아야 한다. 그렇지 않으면 효율성을 향상시키려는 선의의 노력이 커다란 역효과를 낳게 될 수도 있다.

효율성보다 효과를 따져라.

이것은 나의 신조 중 하나이다. 대개의 경우 가능한 시너지 효과와 절약할 수 있는 비용을 예측해서 언급하는 예산 집행 시뮬레이션 보고서에 현혹되기 쉽다. 하지만 그것은 학습된 지식일 뿐 경험을 통해 얻은 산지식이 아니다. 산지식은 어떤 유형의 사업을 실제로 경영해 본 경험에서 우러나온다. 산지식은 모퉁이를 돌았을 때 어떤 장애물이 등장할 수도 있다는 사실을 알게 해준다. 학습된 지식은 A와 B를 논리적으로 연결시키는 것은 가능하게 하지만 직선이 아닌 추세선을 추정해서 굴곡을 예측하게 해주지는 못한다. 두 종류의 지식 모두 가치가 있지만 그 두 가지를 혼동하게 되면 문제가 생길 수 있다. 오로지 학습된 지식만을 기반으로 사업에 큰 변화를 도모하려고 한다면 큰 실수를 저지르기 쉽다.

당신이 막 기업을 인수했을 때, 외부인으로서 당신이 가지고 들어가는 신선한 시각을 내부자들의 경험으로 균형을 맞추는 것이 중요하다. OMX와의 합병 직후 OMX의 대규모 기술 개발 프로젝트 중 하나를 고려하면서 나는 이 조언을 스스로 적용했다. 예산은 1억 달러가 넘는 큰 규모였다. 그리고 비용만 들이고 아무런 성과가 없어 보였다. 나는 그 프로젝트를 접고 싶어 몸이 달았지만 먼저 주변의 의견을 구했다. 나는 충분한 정보를 기반으로 결정을 내리고 싶었고 섣부른 판단을 하고 싶지 않았다. 아마 내가 그 프로젝트의 중요성을 완전히 파악하지 못했는지도 몰랐다. 재미있는 점은, 이 프로젝트를 옹호하는 사람을 찾는 것이 거의 불가능했다는 것이었다. 하지만 이 프로젝트는 대차대조표 상에(자본화 개발 비용으로) 여전히 부담스럽게 자리를 차지하고 있었다. 결국 심사숙고 끝에 이 프로젝트는 정당화될 수 없다는 판단 하에 폐기하기로 했다.

글로벌 기업 경영

빠르게 성장하고 있는 글로벌 기업의 세부 사정을 자세히 파악하면서 효과적인 CEO로서의 역할도 다하는 데에는 당연히 한계가 있다. 하지만 그것을 깨닫기는 쉽지 않다. 그 분야에서 모든 것에 대해 최고가 되기를 바라며 똑똑한 직원들이 그들이 가장 잘하는 일을 하도록 그냥 내버려두지 않고 세부적인 사항에까지 신경 쓰느라 큰 그림을 보지 못하는 것은 CEO들이 흔히 저지르는 오류이다. 유아독존적인 유형의 CEO들은 직원들이 어떤 것에 대해 자신들보다 더 잘 알 수도 있다는 사실을 인정하기 싫어한다. 하지만 그와 반대되는 태도도 똑같이 문제가 될 수 있다. 허공을 높이 날아다니고(어떤 경우에는 CEO가 회사 비행기를 타고 이곳저곳 돌아다니는 데 너무 많은 시간을 소비하는 경우도 있다.) 사업 운영상의 중요한 현실을 직시하지 못한다. 회사가 규모가 커질수록 이러한 함정에 빠지기 쉽다. 이런 이유에서 나는 나스닥의 모든 사

> "최고의 경영자는 선수들 옆에서 코치를 하면서도 상대 선수들을
> 차단하고 태클을 거는 법을 잊지 않는 '선수 겸 코치'가 되어야 한다."

업 부문의 업무 상황에 대해 가능한 관심의 끈을 느슨하게 하지 않으
려고 노력했다.

"로버트는 수치를 잊는 법이 없어요"라는 말은 우리 팀 내에서 자주
하는 말이었다. 그게 사실이었길 바란다. 누군가 내게 손익 목표에 도
달하겠다고 말한다면 내 목표는 그들이 그 약속을 지키게 만드는 것
이었다.

나는 최고의 경영자는 선수들 옆에서 코치를 하면서도 상대 선수들
을 차단하고 태클을 거는 법을 잊지 않는 '선수 겸 코치'가 되어야 한다
는 것을 알게 되었다. 그들은 지혜롭게 권한을 위임할 줄 알지만 그들
이 책임지는 사업에 대한 직접적인 지식의 수준은 유지하고 있다. 훌
륭한 CEO가 되기 위해서는 세부적인 업무에 대한 감을 잃지도, 그것에
연연해 압도되지도 않으면서도 실제로 큰 영향력을 행사하며 사업 부
문을 관리할 수 있는 레버리지 포인트를 찾을 수 있어야 한다.

나의 경우에는 OMX를 인수한 것이 나스닥의 정체성에 상전벽해와
같은 변화를 일으킴과 동시에 나의 경영 능력을 한 단계 끌어올릴 수
있는 계기가 되었다. 나스닥이 한때는 미국 중심의 기업이었지만(그리
고 대체로 뉴욕을 기반으로 한) 이제는 두 개의 대륙에서 몇 개의 거래소를
운영하고 있으며 전 세계의 여러 거래소들을 고객으로 둔 합법적인 글

로벌 기업이 되었다. 여러 가지 면에서 나는 나의 전 직장 경험에서 얻게 된 경영 지침의 도움을 받은 경우가 많았다.

ASC의 공동 대표로 일했던 시절 나는 사소한 일까지 챙기는 관리자였다. 그 당시에는 나의 성격상 모든 사소한 일에까지 관여했고 그 상황에서는 그것이 최선이라고 여겼다. 나는 회사가 내 자식이라도 되는 것처럼 생각했고 우리의 성공에 필요한 모든 것에 신경을 썼다. 그러한 상황에서는 사소한 일까지 챙기는 관리자 스타일이 적절했다. 긴밀한 사회적 그룹에 관한 연구 조사에 따르면 '집단'은 약 150명 가량의 조직원이 있을 때 자연스럽게 잘 굴러갈 수 있다고 한다. 그 이상이 되면 새로운 유형의 조직 구조와 관리적 접근법이 필요해진다. ASC에서 근무하던 시절 우리는 근본적으로 비즈니스 집단이었고 나는 관리자였다. 나는 200명 이하의 직원들과 함께 보통 하나의 큰 사무실에서 공동 프로젝트 작업을 했다. 일을 즐길 수 있는 환경이었고, 다른 관리 체계나 조직 내의 요식적인 절차 없이 흥미로운 신제품을 함께 개발하면서 모두 동일한 목표에 집중했다.

ASC가 선가드에 매각되었을 때 나는 더 큰 조직에서 규모가 클 때 어쩔 수 없이 따라오는 복잡한 체계와 관료주의적 관행을 얼마나 오래 견딜 수 있을지 내심 걱정했다. 하지만 선가드는 내가 예상한 것보다 더 자율성을 중시하는 곳이었다. 말하자면 '버거킹'과 같은 프랜차이즈 사업 조직처럼 세밀하게 분업화되어 있는 시스템이었다. 큰 조직 내의 분화된 사업부들이 기업 전반에 걸쳐 몇 가지 보편적인 기능만을 지원받고 기본적으로는 자치적인 사업단위로 운영되었다. 선가드가 ASC

를 인수하면서 내걸었던 경영방침은 "독립적으로 운영하도록 내버려 두겠다"였다. 이미 성공적으로 성장하고 있는 사업에 경영진이 과도하게 개입하지 않겠다는 것이었다.

얼마 지나지 않아 나는 몇 차례 승진했고 독립적인 사업단위들을 감독하게 되었다. 경영자로서 새로운 시각에서 바라보니 너무 많은 자율성을 부여하는 것에도 단점이 있었다. 잠재적 시너지 효과를 놓치게 되며, 중복되는 기능들이 발생하고 직원들이 조직 전체가 추구하는 목표와 동떨어져 있게 된다. 경영자로서 내가 풀어야 할 과제는 '어떻게 하면 혁신과 소유권과 집행권을 인정하는 상대적 자치권한을 타협하지 않고도 한 배를 탄 여러 팀들이 함께 노를 젓게 할 수 있을까?'였다. 나는 거의 간섭을 받지 않으며 나의 작은 '버거킹'을 운영하다가 간섭하고 싶어 하는 경영자가 된 것이다!

"나는 원수 같던 경영자를 만났고 이제는 그게 바로 나이다."

나는 빈정거리듯이 혼잣말했다. 나는 개별적으로 운영되는 이질적인 60여 개의 사업단위들을 더 융화적인 시스템으로 긴밀히 운영되도록 만들자는 취지에서 사업단위들의 문을 두드리고 그들 사이의 다양한 조직의 벽을 허물 것을 제안했다. 갑자기 나는 내가 이전에 초점을 맞추고 있었던 방향과는 반대 방향으로 초점을 이동하고 있었다. 다양한 사업단위들이 단위별로 잘 통솔되고 집중력을 유지하는 한편 전사적으로는 더 나은 통합을 추구하는 것이다. 이제 나는 개별 상품들을 생산하는 것뿐만 아니라 제대로 기능하는 큰 조직을 건설하고 있었다. 하지만 나는 혁신적인 기술 기업에게는 죽음과도 같은 관료주의적 타

> "글로벌 기업을 경영하려면 경영자는 직접 경영과
> 지혜로운 권한 위임 사이에서 적절한 균형을 찾아야 한다."

성에 굴복하지 않고 조직을 건설하기로 마음먹었다. 그것은 정말 소중한 배움의 기회가 되어 주었다.

글로벌 기업을 경영하려면 경영자는 직접 경영과 지혜로운 권한 위임 사이에서 적절한 균형을 찾아야 한다. 이것은 사업이 성장해 글로벌 기업으로 이행하는 시기에 기업가들이 자주 간과하게 되는 부분이다. 수천 명을 지휘하면서 모든 일에 다 관여하는 것은 불가능하다. 스타트업의 경우에는 복도를 지나다니며 직원들과 대화하고 필요한 질문을 던지면서 사업이 어떻게 돌아가고 있는지 체감할 수 있다. 하지만 글로벌 대기업에서는 훨씬 더 큰 복도가 많으며 어떤 경우에는 수천 마일 떨어진 곳에 있기도 하다.

OMX와 합병이 이루어진 해에 나는 수많은 독립 사업체들을 통합하려고 노력할 뿐만 아니라 두 개의 대륙에서 그 작업을 위해 노력해야만 했다. 나는 나스닥 본부와 멀리 떨어져 있는 사업 운영을 위해 믿고 맡길 사람들을 찾아야 했다. 마그누스는 결국 한동안 뉴욕에 와 있어야 했다. OMX의 다른 임원 여러 명도 합병 후 새로이 출범한 회사에서 자연 감원이나 문화적 부조화로 퇴사하게 되었다. 결국 OMX에서는 한스 올레가 나스닥의 문화 속에서 살아남아 성공한 유일한 고위 간부였다. 그의 노력은 우리의 성공적인 통합에 필수적인 도움이 되었다. 가장 중요한 사실은 OMX의 젊은 인재들 중에서는 다수가 결국은 중장기적으로 나스닥의 리더가 되었다는 것이다.

합병 이후 매일 아침 나는 뉴저지에 있는 나의 집에서 아침 일찍 일어나 맨해튼으로 향하곤 했다. 보통 근무 시작 전 운동 시간에 맞춰 오전 6시 정도까지는 회사에 도착했다. 사무실로 향하는 길에 일주일에 여러 차례 나는 코펜하겐과의 시차를 활용해 한스 올레에게 전화해 코펜하겐 OMX의 거래 처리 사업에 관한 현황을 파악했다. 나는 매일 많은 것들을 보고받았지만 그럼에도 내가 그곳의 복도를 오가며 맥을 짚어볼 수 없는 상황이었으므로 사업을 직접적으로 체감하고 싶었다. 그 전화 통화들을 통해 합병 후 기업 환경에서 거래 처리 사업을 제대로 운영하기 위해 무엇이 중요한지 그가 이해하고 있다는 사실을 확인할 수 있어서 안심이 되었다. 합병한 첫해 나는 그에 대한 나의 믿음이 정당하다는 자신감을 얻기 위해 일주일에 수 회 그와 이러한 대화를 계속 이어나갔다. 그리고 시간이 흐르면서 그에 대한 믿음은 확고해졌다.

부서 이기주의를 없애라 ●

자율권을 존중하면서 통합을 추구하려면 항상 균형을 잡기 위해 노력해야만 한다. 나는 사람들이 그들의 사업 부문에 대해 확실한 책임의식을 가지기를 원했다. 나는 어떤 직원이 일상적인 업무 중 완전히 다른 사업 부문과 너무 많이 협력해야 하는 상황이 발생한다면 아마도 그 회사의 조직도에 문제가 있는 것이라고 늘 생각했다. 하지만 나는 우리가 너무 멀리 나가 오로지 '성과주의' 정신만을 추구하기를 원하지는 않았다. 건강한 기업에서는 직원들이 전체 회사의 성공과 연결되어 있다고 느낄 수 있도록 사업 부문 간 어느 정도의 협력 사업이 필요하다.

내가 나스닥에 처음 온 후 몇 해 동안 내가 만난 직원들이 이구동성으로 지적한 문제점은 '지나친 부서 이기주의'였다. 어느 정도는 내가 의도한 부분도 있었다. 조직도가 그렇게 설계되어 있었던 것이다. 하지만 나는 피드백을 진지하게 받아들이고 부서 간 교류를 장려하고 참여와 협력을 이끌어낼 수 있는 방법을 모색했다. 이 전략들 중 가장 중요한 것은 '부서 이기주의를 없애는 모임'이라고 내가 이름 붙인 월요일 아침의 임원 회의였다. 모든 전무 및 부사장들이 참석해야 했고 곧이어 화상회의 형식으로 OMX팀도 참여하는 것으로 확대되었다.

이 회의는 두 가지 목적을 가지고 있었다. 회의에 참석한 모든 이들이 벽을 허물도록 만드는 것뿐만 아니라 각 사업의 세부 진행 상황을 알아보고 다양한 파트의 임원들에게 직접적인 질문을 던지고 나의 경영진을 평가하고 나스닥 내의 모든 파트의 내부 현황을 가까이 들여다보는 기회를 제공해 주는 것이었다. 매주 나는 회사 관리자들이 주로 어떤 고민을 하고 있는지, 그리고 가장 관심을 가지는 일이 무엇인지 정확히 알게 되었다. 가장 중요한 효과는 이 회의 덕분에 CEO의 껍데기 안에 갇히지 않게 되었다는 것이었다. 실제로 어떤 조직에서 높은 자리에 오를수록 사람들은 더욱 당신을 껍데기 안에 가두려고 한다. 주중에 어떤 중요한 일이 있더라도 나는 매주 월요일 아침에는 필히 전체 회사를 360도로 모두 조망해 본다. 그렇게 함으로써 나는 고삐를 놓고

> "내가 채택한 다른 전략은 책임의식과 독립성, 회사 전체의 친선과
> 협력을 장려하는 방식으로 보상체계를 마련하는 것이었다."

서도 말을 놓치지 않고 달릴 수 있게 되었다.

내가 채택한 다른 전략은 책임의식과 독립성, 회사 전체의 친선과 협력을 장려하는 방식으로 보상체계를 마련하는 것이었다. 나는 건전한 경쟁과 활발한 협력 사이에서 가장 효과적인 지점을 찾기를 원했다. 많은 부분은 적절한 성과급이 해결책이 될 수 있다. 내 경험에 의하면 사람들은 당신이 그들에게 하라고 하는 일을 하지 않는다. 그들은 비용을 지급받는 일을 한다.

우리의 보상체계는 기본급, 현금 보너스, 그리고 스톡 옵션 이렇게 세 가지 요소로 구성되어 있었다. 나는 모든 직원들이 회사 주식을 보유하기를 원했다. 그것이 회사가 큰 성공이나 실패에 직면했을 때 우리를 경제적 운명 공동체로 한 배를 타게 하는 접착제 역할을 하기 때문이었다. 현금 보너스는 창의성을 장려하기 위한 우대책으로 개인이나 팀 모두에게 줄 수 있는 것이었다. 그래서 20%의 보너스는 전체 기업의 특정한 목표 실현을 위해 할당되었고, 80%의 보너스는 개별 사업 단위의 성공을 위해 할당되었다. 마지막으로 그 80% 중 10%는 적어도 관리자에 한해서는 직원 설문조사를 기반으로 지급되었다. 우리는 '그 관리자의 팀원들이 얼마나 행복하게 소속감을 느끼며 일하고 있는가?', 또 '직원들이 얼마나 자신의 직무에 연계성을 느끼고 있는가?'에 대해

알고 싶었다. 내 신조는 팀원들의 동의 속에서 팀을 이끌어야 한다는 것이다. 기본적으로 당신이 이끄는 사람들의 지지를 얻어야 한다. 그렇다고 해서 모두가 당신이 내리는 결정을 좋아할 것이라는 의미는 아니다. 하지만 좋은 관리자는 직원들의 기본적인 지원을 받아야 한다.

나는 또한 권력의 오용을 막고 싶었다. 기업 환경에서, 혹은 그 문제에 관한 어떤 환경에서든 당신이 직원들에게 큰 권한을 주었을 때 작은 독재자로 변하는 경향을 가진 일부 개인들은 항상 있게 마련이다. 몇 년에 걸쳐 나는 그 설문조사에서 우리가 어떤 종류의 질문을 할지에 대해 골똘히 생각하는 데 많은 에너지와 노력을 쏟았다. 분명히 우리는 특정 종류의 만족감을 측정하고 있었다. 우리는 이 설문조사가 결실 없는 노력으로 기록되는 것을 원치 않았다. 나는 소속감 높은 직원들을 길러내는 데 도움이 되는 관리자의 자질들을 가능한 면밀히 평가하고 싶었다. 해를 더해 가면서 나는 다양한 요소로 구성된 보상체계가 성과급을 통해 우리 모두가 지니고 있는 '선량한 본성'을 일깨우는 한편, 나스닥 관리자들이 경쟁하고 혁신하며 협력하고 재정에 관해 책임의식을 보여주도록 장려하는 데 도움이 되었다고 믿게 되었다.

물론 모든 것이 경제적 보상체계로 해결되는 것은 아니다. 하지만 나는 개인의 성과, 집단의 성과, 기업의 목표, 주식 지분, 직원의 만족도에 보상체계가 영향을 미칠 수 있는 만큼, 나스닥 내의 팀이 전체 기업의 궤적을 지지하는 한편 그들의 사업적 우선순위를 이행하도록 북돋우는 확실한 방법을 가지고 있다고 느꼈다.

먹구름 낀 하늘 ─────────────────────────────●

나스닥이 OMX 인수와 함께 작은 인수합병을 여럿 진행하고 새로운 사업 분야로 확장하면서 국제무대에서의 활동을 확대함에 따라 드디어 인수합병을 통한 성장 전략의 정점에 다다랐다는 생각이 들었다. 그 당시 나는 더 이상의 확장을 주저하고 있었고 내부적 변신을 통해 발전해야 한다는 입장이 더 강했다. 우리는 합병에서 발생한 시너지 효과와 기회를 활용하는 데 집중했다. 말하자면 나스닥 내부에 국가를 건설하는 것과도 같았다. 이 성공으로 우리는 〈포브스〉지가 선정하는 2008년 '올해의 기업'으로 선정됐으며, 같은 해 S&P 500 기업에도 포함되었다. 우리는 나스닥에 177개의 상장사를 추가했고 심지어 뉴욕 증권 거래소에 상장되어 있는 시가 총액 790억 달러 가치의 9개 기업을 나스닥으로 옮겨오게 했다.

그러나 2008년에는 단 하나의 사건만이 중요했다. 실제로 나스닥의 성공과 여러 해에 걸친 지속적인 시장 성장 및 확장의 영광은 지평선으로 몰려드는 먹구름에 가려졌다. 그 해 3월 베어 스턴스(Bear Stearns)가 갑자기 파산을 선언했고 막판에 어쩔 수 없이 JP 모건 체이스에 인수되었다. 국제시장은 불안하게 반응했고, 수년간 시장을 발전으로 이끌던 경제 순풍은 스스로 지친 것처럼 보였다. 그해 여름이 끝날 때쯤 월스트리트의 경찰관들이 그들의 짧은 미국식의 여름휴가에서 돌아오자 낙관론은 거의 찾아볼 수가 없었다. 하지만 뒤늦은 시기에도 몰려오는 폭풍의 진짜 규모를 알고 있는 사람은 거의 없었다.

●어머니 정신을 레버리지하라

　인수를 통한 성장을 꾀할 때는 당신의 핵심 역량을 살릴 수 있는 기업을 선택할 것이며, 규모와 문화, 지리적 위치, 기본 집중 분야 등을 고려해 두 기업 간의 차이가 클수록 위험도도 높아진다는 사실을 명심하라.

●효율성 이전에 효과를 좇으라

　아주 효율적인 기업을 만들기 위해 간소화를 시도하기 이전에 먼저 좋은 기업을 만들고 어떻게 하면 그 기업이 제대로 작동하는지부터 확실히 파악하라.

●항상 선수 겸 코치가 돼라

　경영자로서 큰 그림을 바라보고 있더라도 항상 비즈니스 현장과의 접속 상태를 유지하라.

●보상체계는 중요하다

　직원들에게 주는 성과급의 중요성을 인지하고 성과에 걸맞은 보상체계를 마련하라. 스톡옵션을 가지고 있는 직원들이 회사의 성공에 더 적극적으로 관심을 가진다.

CHAPTER 9

사상 최대의 경제 위기

◆

리먼 브라더스의 몰락으로 공포에 휩싸인 월스트리트
〈뉴욕타임즈〉, 2008년 9월 9일

리먼 브라더스가 파산했을 때 당신은 어디에 있었나요?

월스트리트에서는 이 질문을 수십 년 동안 하게 될 것 같다. 결국 투자은행의 선두주자 중 하나였던 리먼 브라더스의 몰락은 미국 역사상 최대 규모의 파산이었고 2008년 9월 국제시장을 휩쓴 금융 위기의 중요한 변곡점이 되었다.

나는 그때 한 파티에 참석 중이었다. 파티의 주최자였던 매기 와일더오터(Maggie Wilderotter)는 유명 통신 기업인 프론티어 커뮤니케이션즈(Frontier Communications)의 열성적인 CEO로, 나는 그녀에게 나스닥으로 거래소를 옮길 것을 설득하고 있었다. (몇 년이 걸리긴 했지만 결국 성공했다.) 우리는 친한 사이가 되었고, 그 뒤에 2008년 9월 14일 일요일 뉴욕 웨스트체스터에 위치한 그녀의 자택에서 열리는 파티에 초대받았다.

그녀의 남편이 와인메이커였기 때문에 그들은 캘리포니아 북부 시에라 풋힐즈에 있는 포도 농장을 공동으로 소유하고 있었다. 이 특별한 날, 그녀의 남편은 그가 만든 와인을 선보이고 있었고 그녀는 우아한 안주인으로서 아름다운 집에서 손님들을 접대하고 있었다. 바로 그때 많은 사람들의 휴대폰이 동시에 울렸고 흥에 겨운 떠들썩한 웅성거림이 일제히 멈추었다. 속보가 퍼져나가면서 파티장 안은 술렁거리기 시작했다. 월스트리트에서 가장 오래된 금융기관 중 하나인 리먼 브라더스가 파산 위기에 놓여 있다는 소문이었다. 깔끔하게 손질된 잔디, 잘 차려 입은 손님들, 손에 든 와인 잔에 반사되어 어룽거리는 햇빛 등 마치 개츠비의 파티 장면에나 나올 법한 모습들을 바라보며 나는 갑자기 모든 것이 불안정하고 폭풍전야의 고요 같다는 느낌이 들었다. 광란의 1920년대 말 대공황이 엄습하기 직전에 당시 사람들이 이런 감정을 느꼈을까?

더 깊이 생각해보기도 전에 나는 어느새 관심의 중심에 서 있었다. 모두가 이 사건이 무엇을 의미하는 것인지 내 의견을 듣고 싶어 하는 것 같았다. 그들 대다수는 뉴욕 시민이었지만 많은 이들이 금융계 종사자는 아니었기 때문에 내가 사실상 전문가인 셈이었다. 그들을 안심시켜줄 말은 별로 생각나지 않았다. 시장은 이미 풍전등화였고, 그런 말은 우리가 듣고 싶어 하는 이야기가 아니었다.

나는 위기 속에서 보통 다른 사람들이 공황상태에 빠질 때 침착함을 유지하는 의지할 만한 사람이라고 스스로를 생각한다. 하지만 이 상황에서는 내 마음도 갈피를 잡지 못하고 있었다. 그것이 어떤 파문을 일으키게 될 것인가? 금융 시장에 시사하는 점은 무엇인가? 주식 거래소에는 어떤 영향을 미칠 것인가? 리먼 브라더스는 모든 산업영역에 영향력을 행사하는 투자 금융계의 큰손이었다. 베어 스턴스와 비교했을 때 리먼은 훨씬 규모가 큰 기관이었고 파생상품에도 중요한 영향을 미치는 존재였기 때문에 질서 있게 차근차근 문제를 풀어나가기가 쉽지 않은 상황이었다. 나는 리먼의 규모를 감안했을 때 그 타격과 확산 위험도가 베어 스턴스보다 훨씬 더 강도가 높을 것임을 알고 있었다. 그렇다면 그것이 월스트리트의 심리에는 어떤 영향을 미칠 것인가? 나스닥에는 어떤 파장이 올 것인가? 답을 알 수 없는 그 모든 질문들 속에서 한 가지 분명했던 것은 다음날 아침이면 순식간에 아수라장이 될 것이라는 점이었다. 투자자들은 유혈이 낭자할 것이었다.

결국 나는 한 가지 단순한 진실을 깨닫고 심란한 마음을 진정시켰다. 내가 할 수 있는 한 가지는 금융 시장에서 나스닥이 담당하고 있는 부분을 잘 관리해서 그것이 적절하게 작동하도록 하는 것이었다. 그것은 간단한 문제가 아니었다. 우리의 서버로 주문이 물밀듯이 쏟아져 들어올 것이었기 때문이다. 나스닥과 같은 주식 거래소들에게는 위기의 순간이 항상 거래량이 폭주하는 시기이다. 변동성이 클 때 거래 활동은 증가하며 리먼 붕괴와 같은 급작스러운 사건이 발생하게 되면 공황상태에 빠진 투자자들의 주식 대량 매각이 이어질 수밖에 없다. 우리가 거래량을 조절할 수 있을까?

감사하게도 나스닥의 시스템은 그 일을 해낼 수 있었다. 나스닥의 최고정보책임자였던 애나 유잉(Anna Ewirg)과 그녀의 팀은 모든 상황을 감당해낼 준비 태세를 갖추고 있었다. 인정하건대 긴장되는 순간이 몇 번 있기는 했다. 우리의 시스템이 마치 11월에 부는 북동 강풍 속의 어린 나무처럼 휘어지는 것 같이 느껴진 순간이었다. 우리의 거래 처리 기술은 리먼 사태 이후 날이 갈수록 궁지에 몰렸다. 우리는 휘어질지언정 부러지지는 않았다. 우리는 자체 실험실에서 일반적인 거래량의 2~3배가 넘는 거래량을 정기적으로 시험한다. 하지만 그 기간에는 거래량이 우리가 시험하는 물량을 훨씬 뛰어넘었다. 매일 아침 밀려들어오는 주문을 우리가 성공적으로 처리하고 난 뒤에야 나는 안도의 한숨을 내쉴 수 있었다. 이 당시의 성공적인 운영은 인스티넷 인수를 시작으로 우리가 지난 몇 년 간 거래 처리 서비스에 해온 투자와 핵심 기술 향상을 위해 진행한 연이은 합병 작업의 효과를 톡톡히 입증해 주고 있었다.

거래량이 늘어나는 것은 관련 수입이 크게 증가하는 것을 의미하기도 했다. 이 사태가 모순적인 상황을 연출했다. 우리 주변의 모든 기업들이 추락하고 있을 때 나스닥의 수익은 치솟았다. 하지만 나는 그것이 일시적인 현상이라는 것을 알고 있었다. 약물로 도달한 환각상태처럼 위기 상황에서 발생한 수익 증가는 그렇게 오래 가지 않으며 약발이 다했을 때는 고통이 따른다. 실제로 경제 위기가 발생한 이후에는 보통 심각한 불황이 이어져 거래량이 현저히 떨어지고 이 상태가 얼마간 지속된다. 그리고 기업 공개 시장이 불가피하게 사라지는 등 다른 연쇄 반응들이 가세하여 상황을 악화시킨다. 그래서 나는 갑자기 단기 수익이 크게 증가하는 것에 대해서는 환상을 가지고 있지 않다.

대 신용 경색 시대 ──────────────────────●

신용은 제대로 작동하는 사회와 경제 발전에 있어 필수적인 것이다. 정치학자인 프랜시스 후쿠야마(Francis Fukuyama)는 성공적인 사회에는 장기적 번영에 매우 중요한 역할을 하는 사회적, 정치적, 경제적 기관들이 발전할 수 있도록 해주는 폭넓고 효율적인 신용 네트워크가 형성되는 특징이 있다고 언급한 바 있다. 그 신용 네트워크에서 나오는 사회적 자본은 경제적 자본과 같이 선진 경제가 잘 작동하도록 해주는 중요한 부분이다. 상대를 믿는 동시에 믿을 만한 사람이 되는 것은 서로에게 득이 되는 선순환을 낳지만 그 반대의 경우도 마찬가지이다. 불신은 불신을 낳고 서로 손해 보는 거래를 하게 만들어 궁극적으로 모든 이들을 더 궁핍하게 만든다. 불신의 순환은 정확히 리먼이 파산했을 때 작동하기 시작했다. 월스트리트에서는 갑자기 어느 누구도 믿을 수 없게 되었다. 그리고 금융 자본뿐만 아니라 사회적 자본으로도 움직이는 경제 시스템에서 신용이 실종되면 그 결과는 처참하다.

리먼 파산의 첫 번째 결과는 대출이 중단된 것이었다. 마치 누군가가 잘 정비된 기계에 많은 폐기물을 투입하기라도 한 것처럼 금융 산업이 삐걱거리기 시작하다가 서서히 멈춰버린 것이었다. 시장은 전적으로 신용에 의존한다. 신용은 전체 엔진을 부드럽게 움직이게 하는 휘발유와도 같다. 그리고 신용은 신뢰에 달려 있다.

우리는 신용카드 회사가 고객이 돈을 갚을 것으로 예상될 때에만 고객에게 돈을 빌려 준다는 사실을 잘 알고 있다. 글로벌 금융 생태계에서 기관들 사이에 매일 거래되는 수십억 달러의 단기 대출에도 그와

와 같은 기준은 똑같이 적용된다. 개인 신용카드의 경우에도 그렇듯이 기관이 채무를 상환할 것이라는 믿음을 잃는 순간 신용 한도는 줄어들고 대출은 중단된다.

리먼 파산 이후 집단적으로 발생한 일이 바로 이것이었다. 신뢰가 깨지기 시작한 것이다. 다른 이들의 대차대조표에 어떤 괴물이 도사리고 있을지 누가 알겠는가? 다른 리먼들이 저쪽에서 붕괴될 위기에 놓여 있다면 어떻겠는가? 완벽히 건강하게 운영되고 있던 기업조차 리먼의 파산에 상당한 영향을 받고 있을 것이었다.

만약 이 기업이 리먼에게 대출해 준 돈이 있는데 이제 상환받을 길이 없다면? 주식시장이 하향세로 돌아서자 한때 아주 안정적이라고 믿었던 자산이 갑자기 훨씬 가치가 떨어져 보일 수도 있다. 거대 보험사인 AIG가 파산 위기에 놓여 휘청거리고 있는 다음 주자라는 소문이 돌았다. 어쩌면 모건 스탠리도 매일 주가가 급락하고 있어 리먼의 상황과 크게 동떨어져 보이지 않는다고 사람들은 쑥덕거렸다. 어쩌면 투자은행의 기준이라 불리는 골드만삭스조차도 현 상태를 유지하기 위해 자금 수혈을 받아야 할까?

소문은 꼬리에 꼬리를 물고 점점 확대되었고, 모든 거래 당사자와 모든 거래, 그리고 모든 거래 처리 과정은 기준이 더욱 강화된 검사와 의혹의 대상이 되었다.

이러한 공포감이 월스트리트 내에서 전이되기 시작해 글로벌 시장 전체로 확산됨에 따라 은행 간 대출 금리는 치솟았다. 대출 활동의 지표라고 할 수 있는 상업 어음 시장은 크게 위축되었다. 일명 TED 스프레드(은행 간 대출 금리와 미국의 재무부 단기 채권의 가격 차이)라고 불리는 핵심 리스크 관리 지표는 사상 최고치에 달했다. 한 신문은 '은행들 현금 비축으로 신용 대출 시장 경색'이라는 헤드라인으로 이 내용을 보도했다.

신뢰도가 높은 관계망은 공포에 사로잡힌 생존 경쟁으로 변질되고 말았다. 이제 누구나 진정으로 믿을 수 있는 유일한 거래 상대는 '최종 대출 기관'인 연방정부밖에 없었다. 정부가 나서서 위기 상황에 대한 안전망을 제공해야만 했다. 곧 대규모 구제 금융이 필요하게 될 것이었다.

연방 규제 당국이 리먼의 파산을 막기 위해 더 열심히 노력했어야 했을까? 나는 그것이 가능한 일이었다고 보기 때문에 이 질문에 대한 대답은 당연히 '그렇다'이다. 돌이켜 생각해보면 리먼이 파산하도록 두고 보는 것은 금융 수류탄의 핀을 뽑으며 그것이 폭발하지 않기를 바라는 것이나 마찬가지였다. 분명히 리먼은 글로벌 금융 위기의 유일한 징후였으며 원인은 아니었다. 하지만 그럼에도 리먼이 붕괴하도록 그대로 놔둔 것은 사려 깊지 못한 판단이었다. 항상 이미 일이 벌어지고 난 뒤에는 예리한 판단이 가능하지만 일이 벌어지고 있는 순간에는 그런 판단이 그렇게 쉬운 것이 아니다.

재무장관 헨리 폴슨(Henry Paulson), 뉴욕 연방준비은행 총재 티모시 가이트너(Timothy Geithner), 연방준비은행 의장 벤 버냉키(Ben Bernanke), 증권 거래 위원회 위원장 크리스토퍼 콕스(Christopher Cox), 연방예금보험공사 의장 실라 베어(Sheila Bair) 등 미국의 경제 지도자들은 규정이 명확하지 않아 그들이 빈 공간을 메꿔야만 하는 애매한 영역에서 이미 자신의 역할을 수행하고 있었다. 그리고 실질적인 입법 권한 내에서 현 위기에 적절한 속도로 반응하려고 노력하고 있었다.

우리에겐 뭉툭한 몽둥이만 있었을 뿐 리먼과 같은 기관의 문제를 쉽게 풀어낼 수 있는 잘 다듬어진 검증된 도구는 없었다. 또한 도덕적 해이에 관한 논란도 있었다. 정부가 주요 기관을 구제하기 위해 간섭하는 선례를 남기게 되면 그것이 그 리스크의 불리한 점을 파악해버린 기관들이 더 위험도가 높은 행동을 하는 무대를 만들어주는 셈이 된다는 우려도 있었다.

나는 위기 대응 전문가들 중 가이트너, 콕스, 버냉키와 가끔 내왕했다. 나는 그들 각자에게 감사함과 존경의 마음을 가지고 있었지만 내가 가장 잘 알고 지낸 인물은 폴슨이었다. 그를 처음 만난 것은 재무장관 재임 초기에 워싱턴에 있는 그의 사무실에서였다. 당시 겉으로 보기에 안정적인 경제 상황과 짧은 임기, 그 밖의 필요한 개혁안들에 대한 초당적 지지가 부족하다는 상황을 감안했을 때 그가 재무부에서 과연 무엇을 이룰 수 있을지에 대해 아쉬운 듯 고민하던 모습이 떠오른다. 그는 개혁안 중 하나로 페니를 없애는 안을 언급하기도 했다. 칭찬받을 만한 목표이긴 하지만(그리고 지금까지 누구도 성취하지 못한 일이다.) 그가 직면하게 될 실제적인 사안들과 비교하면 코웃음이 날 정도로 대수롭지 않은 일이다. 여기서 우리가 얻게 되는 교훈은 '무언가를 바랄 땐 신중해야 한다'는 것이다.

본론으로 돌아와서, 나는 폴슨이 버냉키와 다른 인물들과 더불어 국가와 세계 경제를 바로 세우기 위해 전례 없는 조치를 취한 영웅이라고 생각한다. 나는 그런 칭찬을 일상적으로 던지는 사람이 아니다. 미국은 역사상 가장 위험했던 시기 중 하나였던 그 당시에 중요한 자리에 폴슨과 같은 성품과 권위를 가진 사람을 공직자로 둔 운좋은 나라였다. 골드만삭스 출신이었음에도 그는 월가의 사람처럼 보이지 않았다. 그는 항상 현실적인 평범한 사람이자 공직자로서는 드물게도 자기 자리에 신경 쓰지 않는 사람 같다는 인상을 주었다. 그는 타고난 정치인도 아니었고 재능 있는 웅변가도, 진보나 보수의 당파성을 강하게 드러내는 사람도 아니었다. 하지만 영리한 달변이 비즈니스와 삶에서 과대평가되는 경우는 많다. 그리고 공공연하게 표출되는 당파성이 경제 위기 중에는 큰 걸림돌이 될 수도 있다.

최악의 위기 상황이 지나가고 나라가 서서히 고통스럽게 안정을 되찾아가고 있을 때쯤 나는 당시에는 이미 은퇴한 폴슨이 기조 연설자로 참여하는 한 학회에 참석했다. 그의 연설이 끝났을 때 나는 청중석에서 가장 먼저 일어섰다. 그것이 내가 기립 박수를 주도해 본 유일한 경험이었다. 나는 그의 연설 내용 때문이 아니라 그가 우리 모두를 위해 해낸 일들 때문에 일어선 것이었다.

2008년 후반에 재무부장관 집무실에 그 자리에 적합하지 않은 누군가가 앉아 있었다면 미국의 상황은 어떻게 전개됐을지 상상하기 힘들다. 그 당시 대중들은 영웅적인 행동을 요구했고 폴슨은 그 요구대로 했다. 내가 보기에 그는 위대한 미국인이다.

나는 비교적 피해 정도가 심각하지 않은, 상대적으로 안전한 주식 거래소의 관점에서 전개되는 위기 상황을 관측했다. 실제로 나의 입장에서 가장 중요한 관심사는 대혼란의 시기에 주식시장이 전체적으로 어떻게 움직일 것인가였다. 극도의 암울함 속에서 아무에게도 하지 못했던 이야기였지만 사실 주식시장은 별 문제 없이 아주 잘 돌아갔다.

월스트리트 전체를 아울러서 비난하는 경우가 많지만 사실 주식 거래소들은 금융 위기에 대한 책임이 없다는 것을 강조하고 싶다. 오히려 금융 위기는 주택시장에서 시작되어 장외 거래의 불투명한 상호 거래 시스템에서 곪아터진 것이었다. 이런 거래 시스템에서는 신용 부도 스와프와 같은 신종 금융상품들이 보이지 않는 리스크를 발생시킨다. 다른 많은 거래소들과 마찬가지로 주식시장은 얼어붙지 않았다. 리먼이 파산하고 신용 대출 시장이 경색되자 나스닥을 포함한 주식 거래소들은 확산되는 글로벌 금융 위기의 충격 속에서도 매일 매일 거래를 계속해나갔다. 거래는 체결되고 정리되고를 반복했고 시스템은 쉬지 않고 돌아가고 있었다. 신뢰는 유지되었다. 고객들은 나스닥이나 뉴욕 증권 거래소에서 이루어지는 그들의 주식 거래가 제대로 처리될 것이라는 믿음을 버리지 않았다. 그들은 거래의 반대편에 있는 거래 상대에 대한 신뢰를 잃어버리지도 않았다. 연방정부가 끼어들 필요가 없었다. 그것이 우리의 회복 탄력성을 대변해 주고 있었다.

물론 다른 모든 이들처럼 우리도 그 시기에 주식시장의 폭락과 그것이 국가 경제와 열심히 일하는 미국인들의 경제 사정에 타격을 주게 되는 상황을 크게 걱정하고 있었다. 우리는 공매도와 같은 거래 관행이 부정적인 정서에 불을 지피거나 적절한 가격 예시를 방해하지 못하도

"궁극적으로 우리가 해야 할 일은 시장이 상승하거나 하락하게 만드는 것이
아니며, 스스로의 재난이 될 시장 붕괴가 일어나지 않도록 하는 것이었다."

록 하기 위해 우리 조직에서 모색 가능한 변화를 끊임없이 검토하고 있
었다. 하지만 궁극적으로 우리가 해야 할 일은 시장이 상승하거나 하락
하게 만드는 것이 아니며, 스스로의 재난이 될 시장 붕괴가 일어나지
않도록 하는 것이었다. 그것이 우리의 책무였고 월스트리트의 한 부분
을 차지하고 있는 우리가 도움이 될 수 있는 일이었다. 이 놀라운 사실
을 한번 생각해 보라. 금융 위기 동안 다른 많은 기관들이 '거래가 없는
상황'을 걱정하고 있었을 때 우리의 주된 걱정은 '너무 많은 거래량'이
었다. 안타깝게도 많은 금융기관들은 영업을 중단해야만 했다.

규제할 것인가 말 것인가

나스닥의 내 사무실에는 경제 뉴스 채널이 방송되는 모니터와 증시
를 보여주는 모니터가 여러 대 있었다. 보통 때 같으면 그 모니터를 눈
여겨보지 않는데 2008년 가을 경영진과 나는 모니터 앞에 붙박여 시장
이 전개되는 상황에 시선을 고정하곤 했다. 특히 상황이 처참했던 어
느 날, 크리스 콘캐넌이 나와 함께 모니터를 주시하고 있었다. 시장은
가파르게 하락하고 있었고 심지어 우리가 월스트리트 타워 50층에 있
었음에도 거리의 공포감이 감지될 정도였다. 마치 대형 저압계가 맨

해튼에 정박한 것처럼 그 공포감은 도시 전체로 침투해 들어가는 것 같았다.

"이런 시장 폭락은 처음 보네요."

여실히 우려를 드러내며 크리스의 목소리가 약하게 떨렸다. 모건 스탠리도 하락하는 수많은 주식들 중 하나였고 급매 처분과 차이가 없는 것처럼 보였다. 상황이 정말 이렇게 안 좋을 수 있는 걸까? 화면에 빨간색 숫자들이 연이어 올라오자 나는 크리스를 돌아보고 걱정스러운 속마음을 들키지 않기 위해 노력하며 이렇게 말했다.

"공매도자들이 모건을 공격하고 있군. 그리고 골드만삭스도. 공매도자들이 시장을 말아먹을 참인 것 같네."

'공매도'라는 용어가 생소한 이들을 위해 설명을 덧붙인다. 공매도란 투자자가 주가가 떨어질 것을 예상하고 그 주식을 팔고 가격이 떨어졌을 때 다시 사들여 시세 차익을 남기는 것을 말한다.※ 금융 위기가 절정인 시기에 주가는 곤두박질치고 공매도가 횡행하면서 일각에서는 공매도가 주가 하락을 부추기고 있다고 걱정했다.

"저희가 조치를 취해야 할까요?"

크리스는 온통 빨간 숫자로 뒤덮인 화면에서 눈을 떼지 못한 채 물었다.

보통 때 내게 공매도가 시장에 긍정적인 작용을 할 수 있는지 물었다

※공매도를 할 때 투자자는 주식 소유주로부터(최소 비용을 지불하고) 주식을 빌려 그것을 매도한다. 그 주식의 가격이 떨어지면 투자자는 주식을 다시 사서 본래 소유주에게 반납한다. 해당 주식을 더 높은 가격에 팔고 낮은 가격에 삼으로써 생긴 차액이 공매도에서 벌어들이는 수익이 된다.

면 나는 그에 대한 대답이 왜 '물론 그렇다'인지 확실한 이유를 설명해 주었을 것이다. 내 의견에 반대하는 입장도 있겠지만, 기업의 하락 주식에 투자할 줄 아는 능력은 가격 예시 기능을 더 잘 수행하도록 시장을 단련시켜 준다. 주가가 오를 것이 예상될 때만(길게 봤을 때) 투자한다면 시장이 불균형해져 주식이 과평가될 것이다. 이론적으로 공매도는 주가 동향에 대한 그들의 다양한 목소리를 허용함으로써 '비이성적 과열'이 주식시장을 장악하는 것을 막아줄 수 있다. 또한 엔론과 같은 회사들이 그들의 회계 부정 행위를 숨기기 어렵게 만들어 시장에서 사기를 근절하는 것을 도와줄 수 있다. 하지만 금융 위기 동안 공매도는 이미 급속도로 자본을 태우고 있는 산불에 휘발유를 뿌리는 것이나 마찬가지였다. 그래서 나는 크리스의 질문에 감사했다. 그 질문은 내가 스스로에게 해온 질문이었다. 나는 우리가 증권 거래 위원회를 통해 공매도가 확산되는 것을 일시적으로나마 막을 수 있지 않을까 하는 생각을 했다. 그리고 나는 이것이 현재 우리 눈에는 보이지 않지만 막대한 영향을 미치게 될 시발점이라는 것에도 감사했다.

"보통 때 같았으면 그건 안 좋은 생각이라고 말했겠지만……."

내 목소리는 잦아들었다. 내 직위는 월스트리트 집단의 최상단에 위치했지만 그 순간 나는 통제할 수 없는 힘에 의해 휘청거리고 있음을 느꼈다. 크리스와 나는 이 지구상에서 시장 구조에 대해서라면 둘째가라면 서러울 정도로 잘 알고 있는 두 사람이었다. 하지만 금융 위기의 회오리 속에서는 자신의 경험을 얼마나 신뢰해도 되는 건지 장담할 수 없었다. 철학적 이상과 실제 현실 사이에서의 전형적인 딜레마였다.

우리 중 어느 누구도 이전에 이런 일을 겪어본 적이 없었다. 역사상 이렇게 민감한 시기에 누가 시장의 조정자로 나서겠는가? 우리는 고상한 이론과 노고, 이상주의적 동기를 가졌지만 모두 무너질지도 모르는 일이다. 나는 크리스를 쳐다보며 하던 말을 맺었다.

"……하지만 내가 뭘 알겠나?"

시장이 커다란 충격을 받고 움찔해서 의식을 잃고 있는 것을 바라보고 있노라면 그러한 의심은 자주 우리 주위를 소용돌이쳤다. 조만간 강펀치가 날아올 것이었다. 우리는 머리를 숙이고 암울함이 밀려오는 속에서도 우리의 일을 했지만 예전의 낙관주의는 급속히 사그라진 상태였다.

그 대화가 있고 난 뒤 집에서 쉬던 주말 저녁식사 시간 즈음 크리스 콕스의 전화를 받았다. 그는 가이트너와 공매도 문제에 대해 논의했다고 했다. 이미 여름에 그들은 공매도 관행에 대해 엄중한 단속에 나섰고 규제를 강화하기 위한 시도를 해왔다. 그들은 심지어 일부 주식에 대해서는 일정 기간 동안 전면적으로 공매도를 금지하기도 했다. 이제 가이트너는 더욱 시장을 보호하는 방안을 고려 중이었다. 나도 그 생각에 동의하는 입장이었다.

"로버트, 귀찮게 해드려 죄송합니다. 하지만 가이트너는 가능한 즉시 이 일을 처리하기를 원합니다"라고 콕스는 설명했다. 그의 목소리에는 극도의 피로와 조급함, 걱정스러움이 모두 배어 있었다.

이 문제를 걱정하는 사람은 그뿐만이 아니었다. 사실 콕스는 그것에 관해 은행들과 정치인들의 압박도 받고 있었다. 뉴욕 상원의원인

척 슈머와 힐러리 클린턴은 공매도 금지를 촉구하고 있었다. 금융 위기가 발생한 후 어느 시점에 TV 방송 진행자인 짐 크래머(Jim Cramer)는 공매도자들을 단속하지 못한 것에 대해 콕스를 개인적으로 추적 취재했고 그 후 대선 후보자였던 존 매케인(John McCain)이 콕스를 불러 그를 해고했다.

개인적으로 나는 콕스가 증권 거래 위원회를 이끄는 데 필요한 좋은 자질들을 모두 갖추고 있다고 생각했다. 그는 열심히 일하고 이념적이지 않으며 반응이 빠른 인물이었다. 그러나 그가 행한 업무 처리의 정당성 여부를 떠나 그는 그 시기에 시장을 더 불안정하게 만든 유령인 공매도자들의 활동을 허용한 것에 대한 책임이 있었다.

"크리스, 나도 동의합니다."

나는 그에게 말했다.

"하지만 당신이 누구보다 더 잘 아시겠지만 증권 거래 위원회는 민첩한 조직으로 알려져 있지 않지요. 어떤 것에 빨리 대응하도록 설계되어 있지 않습니다."

그것은 자명한 사실이었다. 증권 거래 위원회는 투명성을 요구하는 정보공개법을 철저히 따르게 되어 있다. 두 명 이상의 위원들이 서로에게 동시에 말하는 것조차 허용되지 않는다. 그렇지 않으면 정보공개법에 따라 다섯 명의 위원들 모두가 공청회를 열어야 한다. 어쨌든 대중이 새로운 규정에 관여할 수 있어야 한다. 그래서 대중 의견 수렴 기간이 있으며, 이것은 세심하게 설계된 절차이다. 그럼에도 나는 불편한 진실을 깨닫게 되었다. 정부 기관들의 경우 투명성을 추구하거나 속도를 추구하는 것이지 둘 다 추구할 수는 없다는 사실이다.

"아빠, 외출하실 준비 다 되셨어요?"

케이티가 내 집무실로 들어오자 그 애의 목소리가 방 안을 울렸다. 케이티와 나는 외출할 계획이었고 딸은 배가 고팠던 것이다. 보통 때 같았으면 짜증스러운 표정으로 내게 서둘러 전화를 끊으라고 재촉했을 것이다. 그리고 대다수의 십대 청소년들처럼 아버지의 일에는 관심을 보이지 않았을 것이다. 하지만 지금은 달랐다. 방에 들어오자마자 케이티는 매우 조용하고 엄숙해졌다. 그리고 갑자기 나를 걱정하는 듯한 기색을 내비쳤다. 집무실의 분위기와 그 시기의 심각성이 어떻게 항상 자기 몰두에 사로잡혀 있는 십대 소녀에게도 전달됐는지 놀라지 않을 수 없었다.

콕스는 곧 새로운 계획이 있다고 내게 설명했다.

"로버트, 증권 거래 위원회가 이 안을 스스로 발의하기는 어려운 상황이니, 나스닥과 뉴욕 증권 거래소가 공동으로 발의해 주셨으면 좋겠습니다. 그 편이 빨리 승인될 수 있을 거예요."

콕스의 계획은 바람직해 보였고, 우리는 바로 그렇게 했다. 증권 거래 위원회는 대부분의 공매도를 잠정적으로 금지하는 조치를 통과시켰고 그 조치는 2008년 10월 초까지 몇 주간 발효되었다. 그 당시 뭔가를 해냈다는 뿌듯함이 느껴졌다. 물론 공매도 금지가 주식 매도를 중단시키거나 시장 폭락을 방지하지는 못한다. 그 경험을 통해 나는 누군가 인지한 문제를 바로잡기 위해 너무 빨리 행동하고 그 과정에서 자연스러운 시장의 흐름에 끼어들었을 때 무슨 일이 발생할 수 있는지에 대해 교훈을 얻게 되었다. 그 당시에 조차도 공매도 금지 조치가 시장 안정화에 그다지 도움이 되지 않았다는 것이 전반적인 의견이었고, 그 후 여러 조사에서도 똑같은 결론이 나왔다. 효과가 있었다면 역효과가 있었는지도 모른다. 그 다음 해에 콕스가 증권 거래 위원회를 떠나게 됐을 때 그는 그 결정을 후회한다고 말하기도 했다.

"그때는 우리가 잘 몰랐지만 모든 상황을 고려했을 때 증권 거래 위원회는 다시는 그렇게 안 할 거예요"라고 그는 말했다.

레버리지의 위험성

"똑똑한 사람이 파산하는 데에는 세 가지 원인이 있을 뿐이다. 그것은 술, 여자, 레버리지다."

전설적인 투자자 찰스 멍거(Charles Munger)의 명언이다. 월스트리트에는 똑똑한 사람들이 수없이 많다. 위에서 언급한 세 가지가 똑똑한 사람들을 주저앉힌 것은 사실이지만 2008년에는 그들 중 한 가지가 특히 두드러진 원인으로 나타났다. 바로 레버리지였다. 위기에는 단 하나의 원인만이 존재했던 것이 아니었다. 여러 사건들이 모여서 시스템 전체에 불을 지피게 되는 것이었다. 하지만 레버리지의 위험성이 그 중심에 도사리고 있었고 우리가 똑같은 상황을 반복하지 않으려면 기억해야 할 가르침으로 가장 중요해 보였다.

레버리지라고 물론 모두 나쁜 것은 아니다. 나는 나스닥의 변신에 필수적인 인스티넷과 같은 자산을 인수하기 위해 많은 빚을 졌다. 당시 우리는 일시적으로 자산의 9배에 달하는 부채를 지고 있었다. 그것은 곧 회사가 어떤 이유로 쇠락하게 되면 부채를 청산할 능력이 없어진다는 뜻이었다. 우리는 나스닥이 일시적으로 취약한 위치에 놓여 있다는 것을 알고 있었지만 인수합병의 시너지 효과를 고려해 볼 때 우리가 빨리 수습할 수 있겠다는 확신도 있었다.

그것은 특별한 상황이었다. 나는 대체로 합리적인 범위 내에서 부채를 유지하려고 신경을 썼다. 런던 증권 거래소 입찰 건에서 보았듯이 나스닥이 부채를 너무 많이 이용해야 할 것으로 판단되는 경우 인수를 포기하기도 했다.

북유럽지역에 청산소를 보유하고 있는 OMX의 새 소유주가 된 일이 아마 내 경험 중 가장 레버리지와 관련이 깊은 경험일 것이다. 이 분야는 내게 익숙한 사업이었지만 운영을 감독해본 적은 없었다. 그래서 사업을 빨리 파악하기 위해 노력해야 했다.

월급 값을 하는 CEO라면 누구나 자신이 관리하는 사업을 이해하고 관리가 용이한 적정 수준에 도달해야 한다. 특히 대기업의 많은 CEO들이 그들의 사업과 관련된 주요 세부 사항에 대해서는 잘 모른다는 사실에 놀랄 것이다. 그래서 나는 청산소 운영의 기본 요소를 배워야만 했고 그중 하나가 수익 관리였다. 청산소 사업에서는 회원 기관들의 포지션이 얼마나 노출되어 있는지와 해당 리스크를 감당하기 위해 필요한 자금이 얼마인지를 알아야 한다. 우리는 그 일을 도와줄 뛰어난 IQ를 가진 수학자들을 여러 명 채용했다.

OMX를 인수하자마자 나는 리스크 관리팀을 만났다. 베어 스턴스와 리먼 브라더스 사태로 모두가 리스크 모델을 재고하게 되기 수개월 전이었다. 리스크 관리팀은 자산들 사이의 상관 관계와 그 관계 속에서 발생하는 리스크를 판단하기 위해 복잡한 수학적 정보 자료를 사용하고 있었다. 예를 들어, 주요 기관 고객이 우리와 거래하는 1억 달러의 운용 자산을 가지고 있다고 한다면 우리 청산소에서는 7백만 달러의 증거금을 요구할 것이다. 그러나 이 회의에서 리스크 관리팀은 그들의 리스크 모델에 따르면 과거 특정 자산의 가치 하락이 다른 자산의 가치 하락과 연관성을 보이지 않았다고 보고했다.

자산들이 서로 연관성이 없는 경우 리스크 모델 상에서는 리스크가 감소했다고 나타날 것이기 때문에 우리는 연관성이 없는 자산들을 포함하고 있는 운용 자산에 대해 증거금률을 완화해야겠다고 판단하게 될지도 모른다.

그러나 감사하게도 우리 팀은 그런 계산이 나왔어도 최종적으로 증거금률을 변경하지 않기로 결정했다. 보수적인 태도를 유지하는 쪽을 택한 것이다. 나는 당시 그 결정이 얼마나 현명한 결정인지 몰랐다. 지금 돌아보면 그것은 선지적인 결정이었다. 이제 우리는 그런 많은 모델들이 하나도 맞지 않는다는 사실을 알고 있다. 실제 위기 상황에서는 모든 것들이 서로 연관되어 있다. 하지만 그때 나는 폭풍이 다가오고 있다는 사실을 모르고 있었다. 나는 회의 자리에서 가장 똑똑한 직원들이 무슨 제안을 하던 간에 우리의 위험도를 더 이상 높여서는 안 되겠다고 결심했다. 몇 달 후, 금융 위기를 겪게 되면서 매일 위험도를 면밀히 관찰하게 되었고 여러 회원사들에게 마진콜(역자 주: 선물계약

"과거의 기록에만 매달리지 마라.
스스로를 속이지 마라."

의 예치증거금이나 펀드의 투자원금에 손실이 발생할 경우 추가 자금을 유치하여 당
초 증거금 수준으로 회복시키도록 요구하는 것을 일컬음)을 보낼 수밖에 없었다.

여기서 리더십에 관한 가장 중요한 교훈을 얻을 수 있다. 자기 자신
을 속이지 말라는 것이다. 이것은 깨닫기 쉽지 않은 교훈이다. 당신이
확신해서는 안 되는 것들을 스스로 납득시키려고 하는 때가 종종 있다.
상황을 독립적으로 평가하기 보다는 그 당시의 분위기나 일시적인 보
상의 영향을 받아 스스로를 어떤 결론으로 이끌게 되는 상황은 항상 일
어날 수 있다. 그리고 레버리지는 미래가 과거와 똑같을 것이라는 가정
하에 스스로를 속이기에 아주 쉬운 것들 중 하나이다.

하지만 현실에서는 미래가 항상 과거와 비슷하지는 않다. 당연하게
들릴 테지만, 인간은 항상 이전의 경험을 바라보던 렌즈를 통해 현재
의 경험을 해석하려는 경향이 있다. (인간이 프로그램을 만든) 컴퓨터도 자
주 그런다. 어떤 일이 일어난 적이 없다고 해서 그 일이 일어나지 않는
다는 법은 없다. 우리는 금융 위기를 통해 그와 같은 중요한 가르침을
얻었다. 어떤 사업 모델들은 그것이 완전히 파산할 때까지 견실해 보
였던 것이 사실이다. 그러니 과거의 기록에만 매달리지 마라. 스스로
를 속이지 마라.

"공식을 강조하는 괴짜들을 조심하라."

워런 버핏이 투자자들에게 과거 기록을 기반으로 한 모델을 의심할 것을 당부하는 주옥같은 명언이다. 나였다면 그것을 다르게 표현했겠지만 아주 중요한 충고이다. 나스닥은 공식과 모델을 강조하는 괴짜들에게 의존하면서 수십억 달러 가치의 사업을 건설했다. 우리의 많은 상장사들에 대해서도 그들의 공식과 모델을 적용했었던 것이 사실이다.

그러나 복잡한 수단들이 그렇듯이 수학도 자신을 속이는 또 다른 방법이 될 수 있다. 금융 위기가 발생하기 전 30대 1의 레버리지 비율을 감당할 수 있다고 어떻게든 그들 스스로를 납득시켰던 월스트리트의 투자 은행가들이 그랬던 것처럼 말이다. 다시 말해서 그들은 100달러의 투자금마다 3.33달러의 자금을 빌려주었고 그것은 그들의 운용 자산의 가치가 4% 이상 하락하면 파산한다는 뜻이었다! 하지만 공식으로 무장해 있는 CEO들은 그 비율을 허용 가능한 것으로 스스로에게 주입시켰다. 나는 사업을 하며 많은 실수를 저질렀지만 그런 실수는 절대로 저지르지 않았다. 나라면 리스크에 대한 걱정이 머릿속을 떠나지 않아 두 다리를 뻗고 잠들 수 없었을 것이다.

투자은행들이 아직 공기업이 아닌 합자회사로 만들어지는 시대에 그러한 고위험을 감수하려고 했다는 사실이 믿어지지 않는다. 합자회사가 이를테면 직원들이 회사 지분을 보유할 수 있게 하는 등의 보상체계를 가지고 있었다면 당연히 더 엄격히 운영됐을 것이고 그 결과 위험 부담도 경감됐을 것이다. 2008년 금융 위기와 같이 큰 규모의 위기는 한두 가지의 원인으로 발생하는 것이 아니다. 필연적으로 많은 사건들이 겹쳐서 촉발된다. 그럼에도 레버리지와 지도력의 상실, 월스트리트 투자은행들의 각기 다른 조직 구조가 각각 주요 원인으로 작용했다.

그렇다면 증권 거래 위원회는 어떤가? 그들은 얼마만큼의 책임을 져야 할까? 규제 실패 또한 위기 상황을 만드는 데 일조했으며, 증권 거래 위원회가 규제와 관련된 문제의 시발점인 것만은 분명했다. 하지만 특정 인물 또는 다섯 명으로 구성된 증권 거래 위원회를 비난하거나 위기를 유발한 특정 사건들에 주목하기 보다는 증권 거래 위원회의 규제문화를 살펴보는 것이 위기의 원인을 파악하는 데 더 도움이 된다고 생각한다.

많은 이들이 언급한 것처럼 문화는 운명인지도 모르지만, 이 경우 해당 조직의 '헌장' 또한 운명이다. 증권 거래 위원회의 헌장은 명백하게 투자자 보호와 공정하고 질서 있는 시장을 유지하는 데 중점을 두고 있다. 증권 거래 위원회가 감독하는 기관들의 안정성과 건전성을 유지하는 것은 그들의 주요 관심사가 아니었다. 하지만 그 사항은 위원회 창립 헌장에 명시되어 있으며 창립 이래 지난 세기 동안 꽤 잘 지켜졌다. 금융 위기로 그것이 완전한 실패로 돌아가기 전까지는 말이다. 조직의 관성은 강력한 것이다. 증권 거래 위원회는 모든 이들이 규정을 따르게 하고 있었다. 나스닥과 다른 기관들이 사업 모델을 조금이라도 바꾸는 일이 생기면 투자자 보호라는 미명 하에 그것에 촉각을 곤두세웠다. 그러는 사이 그들의 코앞에서는 세계 경제를 망치는 수많은 부채와 위험 거래들이 쌓여가고 있었던 것이다. 돌아보면 만약 그것이 그렇게 중대한 사건으로 번지지 않았다면 관리 부실은 그냥 넘어갈 일이었다. 증권 거래 위원회는 살펴보아야 할 방향을 주시하도록 꾸려져 있지 않았던 것이다.

위기 중 살아남은 투자은행들은 상업은행으로 전환되었고 이들에 대한 규제 권한이 연방준비제도 이사회로 넘어가면서 완전히 역학 구도가 바뀌게 되었다. 그럼에도 금융 위기는 우리나라의 금융 규제체계가 바뀌어야 할 때라는 경종을 울려주었다. 그리고 자욱한 연기가 걷히고 시장이 안정을 되찾은 뒤 그 일은 실제로 일어났다.

도드 프랭크 법안과 대형 은행 ●

"야, 이 새x야! 이런 야비한 자식! 당신이 어떻게 나한테 이럴 수가 있어? 대체 무슨 짓을 하고 있는 거야?"

갑자기 심한 욕설이 내게 마구 쏟아졌다. 수화기를 들고 내가 말을 내뱉기도 전에 뜻밖에도 이런 말을 들은 것이었다. 하지만 단지 욕설 때문에 놀란 것은 아니었다. 나를 놀라게 한 것은 욕을 하고 있는 당사자였다. JP모건 체이스의 CEO이자 업계에서 내가 아주 존경하는 인물 중 한 명인 제이미 다이먼(Jamie Dimon)이 전화해서 술에 취한 선원처럼 욕을 하는 것은 아무 때나 볼 수 있는 광경이 아니다.

"제이미, 저도 얘기 좀 할게요."

나는 15초 정도가 지나서야 겨우 끼어들 수 있었다. 그러나 오히려 그의 고성은 더 커졌다.

"아무 말도 하지 마! 그냥 들게!"

그리고는 30초 동안 고함과 욕설이 뒤따랐다.

"금융 위기는 나스닥의 회복 탄력성에 중요한 역할을 하는
우리 사업 모델의 특정 측면을 부각시켜 주었다."

인정하건대, 나는 그가 무엇에 화가 나 있는지 정확히 알고 있었다. 나는 그가 불만을 터뜨리는 모습이 측은하기까지 했다. 때는 2009년이 었고 후에 도드 프랭크 금융개혁법안으로 알려지게 되는 새로운 법안을 둘러싼 논쟁이 한창이었다. 이 법안은 국가적 금융 위기가 발생한 상황에서 미국의 금융 규제체계의 전면적 점검을 위한 것이었다. 다이 먼은 나스닥이 특정 거래와 청산이 실행되는 방법을 바꾸자는 캠페인에 관여하고 있다는 사실을 알게 된 것이었다. 그러한 변화는 대형 은행들에게 상당한 타격을 줄 것임이 분명했다.

몇 달 전 나스닥의 법률 고문인 에드 나이트(Ed Knight)는 금융 위기 이후 새로이 마련될 규제체계에 우리가 영향력을 미치기 위해 취해야 할 일련의 조치들을 제안했다. 월스트리트의 주요 기관들은 규제체계에 관여할 수 있는 이해관계가 있었다. 그렇지만 나스닥의 경우에는 다른 금융기관들에 비해 규제체계와의 직접적인 관련성이 적었다.

내가 보기에 금융 위기는 나스닥의 회복 탄력성에 중요한 역할을 하는 우리 사업 모델의 특정 측면을 부각시켜 주었다. 나스닥과 같은 주식 시장들은 '원스톱 연결' 모델이라고도 불리는 모델을 채택하여 작동된다. 이 모델은 매수자들과 매도자들이 리스크를 공제해 주는 독립적인 중앙 청산소가 있는 거래소에 모두 모여 함께 거래하는 것을 말한다.

뒷부분이 중요하다. 청산소는 법적으로 거래소에서 발생하는 거래들을 정산해 준다. 거래소에서 이루어지는 거래 처리를 관할하는 표준 규칙을 제공하는 곳이라 할 수 있다. 만약 소매 투자자인 존 Q. 퍼블릭이 TD 아메리트레이드에 있는 그의 은퇴 계좌를 이용해 주식을 사겠다고 주문한 경우, 곧바로 승인은 나겠지만 그것이 거래가 완료된 것을 의미하지는 않는다. 거래는 청산소에서 정산되어 계약이 마무리되고 돈이 움직일 때까지 끝난 것이 아니다. 어떤 면에서는 청산소가 신뢰를 체계화하고 제도화하는 역할을 하는 것이다. 시장 참여자인 모든 기관들은 청산소에 담보를 맡겨야 한다. 그리고 청산소에서는 회원사들의 신용도를 모니터하고 손실액이 한 회원사의 담보를 넘어선다면 손실액을 메울 수 있는 자금을 제공한다. 현재에는 미국 주식 거래소들의 청산소의 기능을 중앙예탁기관에서 맡아서 하고 있다.

수년 동안 나는 경쟁적인 전자 거래소, 독립적인 청산소와 함께 투명한 공개 시장을 지지해왔다. 나스닥은 그런 방식으로 운영되었고 우리는 그런 방향으로 시장의 진화를 이끌 수 있는 규정을 전폭 지지했다. 금융 위기를 겪는 동안 이 모델을 고수한 시장들은 민간 상호 신용대출 시장에 쌓여 있는 숨겨진 리스크가 없이 가장 좋은 실적을 냈다. 그 믿음이 입증된 적이 있었다면 아마 이 순간이었을 것이다.

민간 상호 거래 시장은 실패 확률이 높다. 비도덕적인 행동 때문이 아니라 그와 같은 관계에서는 신뢰가 깨지기 쉽기 때문이다. 그들은 청산소라는 방화벽이 없다면 그들의 가장 취약한 부분에 구멍이 생겼을 때 전체가 무너지게 될 것이고 그것이 시장 전체를 전염시키는 것은 더욱 위험하다. 소문이 양산되면 더 위력이 커진다. 신뢰가 무너지면 전체 시스템을 빠르게 감염시킬 수 있다. 실제로 불신은 서로 연결되어 있는 상호 관계망을 더 쉽게 감염시킬 수 있다. 그것이 2008년에 많은 장외거래소들이 서서히 운영을 멈추게 된 이유였다. 청산소는 제도적 방화벽을 제공하고 위기에서 우리 시스템을 공격했던 전염 양상에 대해 면역력을 길러준다.

에드의 제안은 의회에서 현재 논의 중인 도드 프랭크 금융개혁법안에 우리가 제안한 변경 사항을 포함시키자는 시장 구성원 중심의 캠페인을 벌이는 것이었다. 우리는 그 로비 활동에 얼마간의 자금을 투자해 우리가 지향하는 목표와 뜻을 같이 하는 의식 있는 조직들을 지원했다. 대의명분을 위해 벌이는 일이었고 정책 논의에 실질적인 영향력을 행사할 수 있게 되기를 희망했다.

그 캠페인을 벌이던 때 기억에 남는 만남 중 하나로 오바마 행정부 시절 국가경제위원회 의장을 지낸 로렌스 서머스(Lawrence Summers)를 백악관 웨스트윙(대통령 집무실이 있는 서관)에서 만나 대화를 나눴던 적이 있었다. 그 상징적 건물에 관광객으로서가 아니라 국가에 영향을 미칠 공적인 일로 내가 발을 들여놓았다는 사실이 흥분됐다. 우리가 청산소에 대한 우리의 생각을 말하기 시작하자 내가 알게 된 가장 똑똑한 인물들 중 한 명인 서머스는 의자에 등을 기대고 앉아 눈을 감았다. 가슴이 덜컥 내려앉았다. 우리 이야기에 집중하고 있는 것일까? 자고 있는 것일까? 듣고 있는지는 확실하지 않았지만 그가 일을 많이 하는 걸로 유명하다는 사실은 알고 있었다. 아마도 기자들이 그가 자는 모습을 포착한 적이 있었는지도 모른다. (며칠 후, 언론은 실제로 대통령과의 회의에서 자고 있는 그의 모습을 포착한 사진을 내보냈다.) 그러나 잠시 후 그가 눈을 번쩍 뜨더니 외쳤다.

"그렇지, 청산소! 그게 기본적으로 우리가 돈을 발명한 이유였지."

그의 말에 어리둥절해진 나는 '자고 있었음이 분명해'라고 생각했다. 그런데 그 다음 순간 나는 그의 말이 옳았음을 깨달았다. 그것은 놀라운 통찰이었다. 돈은 개개인이 서로의 신용도를 신뢰할 필요 없이 사람들에게 물건이나 서비스를 교환할 수 있는 자신감을 준다.

동일한 방식으로 청산소는 투자자들 개개인이 거래 상대의 신용도를 확인하고 신뢰하는 것과 상관없이 주식 거래를 할 수 있는 자신감을 준다. 돈은 그냥 종이 조각(또는 통장에 찍혀 있는 숫자)에 불과할 수도 있지만 우리 모두가 이 거래 수단에 매달려 집중하고 있고 그것이 연방정부의 전폭적인 신뢰로 지원을 받고 있기 때문에 매일 수천억 달러의 거래를 처리할 수 있는 수단이 될 수 있는 것이다.

서머스가 우리의 이야기를 듣던 중 재빨리 깨달은 것처럼 청산소도 주식을 거래하는 데 있어 돈과 동일한 방식으로 중요한 기능을 수행한다. 우리가 이야기를 나눴던 다른 어떤 누구도 이렇게 독창적인 연결성을 발견해내지는 못했다. 일을 하면서 이렇게 훌륭한 지성을 만나게 되는 것은 언제나 흥미로운 일이다.

시간이 흘러 2009년 12월 11일 많은 장외파생상품 시장에서 독립적인 청산소의 사용을 허가하고 그 기능을 은행에게서 빼앗아오는 내용을 골자로 하는 법안이 하원에서 통과됐다.

법안이 하원에서 통과되자 은행들이 들고 일어났다. 그들은 새롭게 제시된 규제체계를 감안했을 때 특정 파생상품 시장에서 어음 교환과 거래 기능을 잃어버릴 가능성이 있다는 것을 갑자기 깨달은 것이다. 그것은 은행권에서 수용 가능한 선을 넘어선 것으로, 이를테면 그들은 대기업 및 기관들을 상대로 거래되는 장외파생상품인 이자율 스와프 (interest rate swaps)에서 벌어들이는 수십억 달러의 수익을 포함해 상당한 수입원을 잠재적으로 잃게 되는 것이었다. 체이스 은행은 2008년 이 사업에서만 50억 달러에 달하는 수입을 벌어들인 것으로 알려져 있다. JP모건 체이스의 이 사업부 부서장이 회사 내에서 불렸던 별명이 '화폐 제조기'였다는 것도 우연이 아닐 것이다.

하원에서 통과된 이 법안은 이러한 유형의 거래와 청산이 난무하는 것을 잠재우고 체이스 은행과 같은 은행들이 장악하고 있는 민간시장에서 그와 같은 거래가 이루어지는 것을 막으려는 위협으로 여겨졌다. 법안이 통과되었을 때 맨해튼 전역의 모든 임원실에는 경보벨이 울렸다. 척박한 금융 환경에서는 그 수입원이 아주 중요한 것이었다. 그들은 "누가 이 법안을 지지하는 거야?"라고 묻기 시작했다. 다이먼이 화가 나서 전화한 것도 바로 이런 연유였던 것이다.

JP모건 체이스에게 있어서 이 문제는 특히 중요했다. 월스트리트에서 재무 상태가 가장 좋은 금융사 중 하나인 체이스 은행은 다른 금융사들은 따라올 수 없는 안전성과 확실성을 제공해 줄 수 있었다. 그들은 다른 금융사들이 거의 처리할 수 없는 이자율 스와프와 같은 파생상품 거래도 취급할 수 있었다. 특화된 고객 맞춤 계약에 따라 거래가 청산되는 상호 거래소들은 그곳에서 가장 재무 상태가 좋은 고객에게 우선권을 주는 경향이 있다. 반면 공동 청산소에서는 특정 개인의 영향력 보다는 그룹의 집단적 영향력이 중요하다. 모든 이들이 거의 동등하게 대우받는다. 어떤 우대 조건도 없고 특별 이율도 제공하지 않는다. 모두가 담보를 맡겨야 한다. 규정은 더 투명하고 표준화되어 있다.

나는 다이먼의 비난을 그의 입장에서 이해할 수 있었다. JP모건 체이스는 금융 위기 중 베어 스턴스와 워싱턴 뮤추얼을 인수해 그 기관들의 부채를 떠안는 희생을 감수했다. 더구나 체이스 은행은 금융 위기를 몰고온 부도덕한 활동에 가담한 적이 없었다. 다이먼은 한편으로는 누군가를 응징하려는 정치인들에게 맞서고 있었고 다른 한편으로는 화가 난 대중들에게 맞서고 있었다. 하지만 내가 원스톱으로 연결되는 공동 청산소를 가진 전자시장을 옹호하고 나서지 않는다면 도대체 누가 그러겠는가? 그게 바로 나스닥이 하는 일이지 않는가! JP모건은 돈을 빌려주고 나스닥은 공정한 시장을 운영하는 것이다.

2010년 파생금융상품 시장의 규정체계와 관련해 우리의 제안을 반영한 도드 프랭크 금융개혁법안이 통과되었다. 그렇게 해서 우리는 파생상품의 시장거래를 감독하는 청산소를 가지게 되었고 비록 전면적으로 정상 운영되기까지는 여러 해가 걸렸지만 그것은 중요한 진전이었다. 게다가 이제 모든 이자율 스와프는 중앙예탁기관의 공공 데이터베이스에 신고되어 더욱 투명성을 확보하게 되었고 이것 또한 긍정적인 발전이었다. 장외거래시장은 주식시장이 이뤄온 발전에 비하면 여전히 훨씬 뒤처져 있지만 나는 우리와 다른 이들의 노력으로 오늘날 더 탄탄하고 나은 모습이 되었다고 믿고 있으며, 장외거래시장이 진화하는 데 일조한 것에 자부심을 느낀다.

메이도프 사기 사건

우리는 금융 위기를 통해 신뢰의 중요성을 깊이 깨달았다. 그리고 많은 이들에게 우리 경제를 위기로 몰고 간 탐욕과 부패의 화신이 되어버린 버나드 메이도프(Bernard Madoff) 사건이 그 깨달음의 마지막을 장식했다.

나는 몇 년 동안 메이도프 형제들(버나드와 피터)과 몇 차례 거래를 한 적이 있었다. 내가 ASC에서 우리의 소프트웨어 플랫폼인 BRASS를 개발했을 때 나는 그 두 사람과 거래의 가격체계를 협의하기에 이르렀다. (사실상 피터와 협의하는 것이었다. 버나드는 자잘한 실무에는 관여하지 않는 것처럼 보였다.) 그는 논의를 통해 실질적으로 얻을 게 없는데도 나에게서 받아낼 수 있는 최소한의 금액을 가지고도 끝없이 실랑이를 벌였다. 나는 좋은 협상 전략을 펼하는 사람이 아니다. 그렇지만 그것은 솔직히 너무 감정적이었다. 나스닥에 온 지 얼마 되지 않았을 때 전임자들이 메이도프 형제와 어처구니없이 공동 진행 계획을 위해 계약해 놓은 아무

성과 없이 표류했던 계약 건을 해결하려고 노력하는 과정에서 메이도 프 형제와 또 다른 어려운 협상을 해야만 했다. 일부 언론매체의 보도 내용과는 달리 버나드는 나스닥의 회장이었던 적이 없었으며, 내가 나스닥에 오기 전에 그는 훨씬 더 형식적인 직위였던 자문위원회 회장이었다. 그러나 그것만으로도 그가 주식시장과 연관이 있었다는 것을 알 수 있다. 나는 우리가 지불해야 한다고 생각한 것보다 더 많은 금액을 지불하고 마지못해 계약을 종결했으나 나스닥이 그 형제와 거래를 끝냈다는 사실에 안도했다.

그러나 폰지 사기에 관한 뉴스를 들었을 때, 나 또한 다른 사람들과 마찬가지로 충격을 받았다. 내가 아는 사람들 중에 폰지 사기로 피해를 입은 사람은 없었지만 며칠 동안 그 뉴스는 내 머릿속과 월스트리트의 모든 대화를 점령했다. 메이도프의 사기 대상은 기업 실사에 노출될 확률이 높은 업계의 전문 종사자들이 아니었다.

충격이 가시고 난 후, 업계의 모든 이들은 갑자기 메이도프 전문가라도 된 양 이야기했다.

"그 사람들 뭔가 꿍꿍이가 있다는 걸 알아봤다니까."

"그들은 항상 믿음이 안 갔어."

"그들이 하는 사업이 뭔가 확실히 구린 것 같았어."

그럼에도 완벽한 과거의 지식들을 가지고 자칭 전문가라고 하는 이 사람들의 코앞에서 메이도프 폰지 사기는 전 지역에서 수백억 달러를 사취하면서 10년이 넘도록 계속된 것이었다.

바람직한 시장과 성공적인 경제, 그리고 건강한 사회가 높은 신뢰를 기반으로 건설되는 것이라면 메이도프 스캔들은 완전히 정반대의 상황을 야기했다. 그것은 금융 거래를 가능하게 해주는 서로에 대한 신뢰와 시장에서의 신뢰를 저하시킨 사건이었다. 더 큰 금융 위기가 궁극적으로 메이도프의 실패의 원인이 된 것을 보면서 시장이 추상적 개념이 아니라, 실수할 수 있으며 민감하고 지속적으로 개선되어야 하는 역동적인 시스템이라는 것에 감사했다. 시장은 귀중한 자본을 할당하고 그것의 자유로운 흐름을 촉진해 전체 경제가 더 잘 작동하도록 하기 위해 존재한다. 생태계 내에서 물의 흐름처럼 자본의 순환 기능은 자본주의 시스템을 건강하게 유지하는 데 있어 그 무엇도 대신할 수 없는 역할을 한다. 그 순환 과정에 문제가 생기면 역사상 최대 규모의 금융 위기에서 그러했던 것처럼 우리 경제는 고갈되고 그 피해는 우리 모두에게 돌아온다.

우리는 대공황의 자녀들이다. 우리는 항상 변화하고 있다는 말은 과장이 아니다. 한 세대의 월스트리트 은행가와 경영진은 수십 년 동안의 상대적 안정감 속에 잠들어 있었다. 이런 규모의 금융 위기를 겪은 것은 수십 년 만이었다. 그렇게 오랜 시간 뒤에 드디어 닥친 위기는 맹렬히 찾아왔다. 2008년 전에 우리는 리스크 모델들과 재난 시나리오를 가지고 있었다. 하지만 솔직히 말하자면 대부분 이론적인 수준에 머물러 있었다. 어떤 문제가 발생할 수 있는지에 대한 우리의 리스크 모델들은 파도 속에 잠겨 버렸다. 존재하는 위협은 실제였고 우리 모두는 그것을 느꼈다. 그것은 우리 모두가 끝까지 지켜내야 할 깨달음이다.

대공황은 우리를 바꾸어 놓았다. 이제 리스크에 대한 나의 인식은

2008년 이전의 인식과는 매우 달라졌다. 그리고 월스트리트에서도 매일 그런 변화를 목격한다. 어떤 일이 일어날 수 있는지에 대한 인식과 관심, 우려의 정도가 금융 위기 이전과는 완전히 달라졌다. 사람들은 미온적인 반응을 보이는 경향이 줄어들었다. 나는 우리의 금융체계에 마치 위험이 제거되어 있는 것처럼 행동하지 않는다. 금융은 모든 다른 사업들과 마찬가지로 필연적으로 위험을 수반한다. 그것이 자본주의적 수고의 일부이다. 지난 10년 동안 인간성을 평가하는 보상체계가 그렇게 진화하지는 않았다. 그럼에도 뭔가가 바뀐 것만은 확실했다. 우리 모두는 2008년에 우리의 집단적 심연을 들여다보았다. 누구라도 그 어둡고 깊은 구멍을 제대로 들여다보고 그 앞에서 되돌아온 사람이라면 그 광경을 잊지 못했다.

| 리더의 **경영분석**-2008년 금융 위기 사태의 2가지 교훈

● **미래가 항상 과거와 똑같을 것이라는 보장은 없다**
  무슨 일이 일어날 것인지에 대해 이전에 일어난 일을 바라보던 시각으로만 예상하려는 덫에 걸리지 않도록 주의하라.

● **신뢰는 깨지기 쉽다**
  비즈니스는 경쟁으로 더욱 활발해지지만 신뢰와 협력에 의존하고 있기도 하다. 신뢰와 협력이 무너지기 전까지는 그것을 너무도 쉽게 당연시한다.

CHAPTER 10

또다시 달아난 기회

나스닥, NYSE 유로넥스트 입찰 취소
〈뉴욕 타임즈〉, 2011년 5월 16일

조지아 주의 지루한 중소도시 오거스타에 전용기가 자주 오가는 지역 공항이 있는 데는 그럴만한 이유가 있다. 인근에 위치한 오거스타 내셔널 골프 클럽이 세계에서 가장 유명한 골프 코스이기 때문이다. 이곳에서는 해마다 마스터스 골프 대회가 열린다. 유명한 목련길을 따라 운전해 가다 보면 고요한 침묵이 내려앉으며 미국 남북전쟁 전의 남부를 여행하고 있는 것 같은 기분 좋은 상상에 빠지게 된다. 스포츠를 좋아하는 사람들에게 오거스타 골프장은 상상을 뛰어넘을 정도로 거의 종교에 가까운 영향력을 지니고 있다. 초대받은 사람들만 갈 수 있는 이 전통 있는 클럽에는 손님이든 회원이든 어겨서는 안 되는 규칙과 습관이 있다. 이를테면 반바지는 입을 수 없다. 사인을 요청하는 것도 금지되어 있다. 그리고 아마 회원 등급이 높은 업계의 거물들에게 가장 어려운 사항일 것 같지만, 이 말끔하게 정돈되어 있는 골프 코스에서는 휴대폰의 사용이 금지되어 있다.

나는 이 골프 클럽의 회원이 아니었지만 오래된 회원에게 초대받아 2011년 봄에 하루 골프를 치기 위해 오거스타에 갔다. 나는 마침내 이 신성한 골프장에 발을 들여놓았건만 내가 다른 곳에 있기를 바라게 될 줄은 상상도 하지 못했다. 화창한 날씨의 오후였고 나는 그 유명한 골프 코스에서 처신을 잘 하려고 최선을 다하고 있었다. 그런데 페어웨이의 좌측 그린에서 150야드 떨어져 있었을 때 나는 듣고 싶지 않은 소리에 놀라 가슴이 철렁했다. 골프 가방 주머니에서 휴대폰이 울리고 있었던 것이다.

나는 재빨리 주변을 흘깃 둘러보았다. 다행히 근처에는 아무도 없었다. 나는 금지되어 있는 휴대폰을 사용할 의도는 없었지만 딜레마에 빠졌다. 업무상 가장 중요한 사안이 법무부에서 계류 중이었고 법무 자문위원은 내게 이 부분을 확실히 했었다. 그들이 전화하면 나는 그 전화를 받아야만 했다. 죄인이 된 것 같은 기분으로 그날 아침 휴대폰을 손에 들고 어찌해야 할지 모른 채 숙소 방에 서 있었다. 무음으로 해놓을까? 아니면 진동? 나는 후자를 선택했고 휴대폰을 가방 안에 넣었다. 나는 '휴대폰을 절대 받지 않으리라' 다짐하며 휴대폰을 가방 깊숙이 밀어 넣고 지퍼를 잠갔다. 적어도 그들이 전화한 사실은 알 수 있을 것이고 그러면 경기를 빨리 끝내고 전화를 해주면 되었다. 가방 속에 휴대폰을 가지고 가는 것 자체가 규칙 위반이었지만 나는 달리 방도가 없었다. 그리고 이제 그 전화기가 나를 위협하고 있었다.

몰래 나는 가방을 살짝 열고 휴대폰 화면에 나와 있는 발신자의 이름을 봤다. 에드 나이트였다. 전화는 음성 메시지로 연결되었으나 즉시 그는 다시 전화했다. 그리고 또다시 전화했다. 세 번째로 전화기가 울렸을 때 나는 전화기를 무음 모드로 전환하고 지퍼를 닫아버렸다. 혼란스러운 상태로 8개 홀을 더 돌았다. 골프를 치는 사람이라면 전설적인 아멘 코너(역자 주: 오거스타 골프 코스의 11, 12, 13번 홀 구간을 일컫는 애칭으로, 숲을 시계 방향으로 끼고 도는 이 구간은 공략하기가 너무 어려워 '아멘' 하는 탄식이 절로 나온다고 하여 붙여진 이름이다.)를 돌아보는 것을 꿈꾸지만 내 마음은 콩밭에 가 있었다. 나는 마지막 홀에서 위엄 있게 경기에 집중하려고 노력했지만 머릿속에는 오로지 방으로 돌아가 에드에게 전화해야 한다는 생각밖에는 없었다.

내가 전화했을 때 에드의 목소리는 평상시와 마찬가지로 차분하게 가라앉아 있었으나 여기 있는 내게 전화한 것으로 봐서 급한 소식이 있음을 짐작할 수 있었다.

"로버트, 신경 쓰이게 해드려 죄송해요."

그가 이렇게 말했다.

"합병 건과 관련해서 알려드릴 소식이 있어요."

"자료 검토를 그렇게나 빨리 했다고 하나? 어떻게 그럴 수가 있지?"

"저도 잘 모르겠지만 법무부 직원이 제게 전화를 줬습니다"라고 그는 말했다.

"로버트, 믿기 힘드시겠지만……."

주의를 끄는 '판매 중' 표지판 ─────────────●

그 운명적인 전화 통화의 발단은 몇 달 전 있었던 놀라운 공식 발표였다. CNN은 2011년 2월 15일 "뉴욕 증권 거래소와 도이체 뵈르제 합병 합의"라는제목으로 뉴욕 증권 거래소와 프랑크푸르트 소재의 유럽 최대 거래소 사이의 합병을 발표했다. 이 합병 거래는 도이체 뵈르제 주주들이 뉴욕 증권 거래소에 95억3천만 달러를 지불하고 새로운 합병 기업의 지분 60%를 소유하는 조건으로 최대의 글로벌 거래소를 만들자는 제안이었다. 뉴욕 증권 거래소의 CEO는 합병 후에도 그의 자리를 유지하는 것으로 결정되었지만 본사는 유럽에 있을 것이고 도이체 뵈르제의 이사진들로 이사회의 대다수가 꾸려질 예정이었다.

2000년대 중반 나스닥과 뉴욕 증권 거래소 모두 다 유럽에서 협력 사업자를 물색하기 시작했다. 나스닥은 북유럽의 OMX를 인수하고 뉴욕 증권 거래소는 유럽에 기반을 둔 거래소 그룹인 유로넥스트를 인수했다. 하지만 나스닥과 뉴욕 증권 거래소 모두 독립성을 중시했다. 만약 합병에 성공한다면 글로벌 주식시장의 지형을 바꾸겠다는 포부로 뉴욕 증권 거래소가 독일 거래소 조직으로 뛰어든다는 뉴스를 보기 전까지는 최소한 그렇게 보였다.

나스닥의 입장에서는 그것이 시사하는 메시지는 분명했다. 뉴욕 증권 거래소가 시장에 나와 있다. 그리고 가격은 그 뉴스 기사 내용에 명시되어 있었다. 뉴욕 증권 거래소는 그들이 생각하는 회사의 가치와 그들이 경영권을 포기할 수 있는 가격을 공표한 것이었다. 우리 경영진과 나는 기회만 되면 우리의 경쟁자를 인수할 궁리를 했지만 그 논의는 그렇게 오래 가지 못했다. 하지만 그 비전이 언젠가 현실화될 것이라면 지금이 바로 그 순간이었다. 사실상 뉴욕 증권 거래소의 이사회는 그들의 고대 그리스 건축 양식의 거대한 기둥에 가격과 함께 '판매 중'이라는 표지판을 내건 것이나 마찬가지였고, 우리는 이 중대한 기회를 놓치고 싶지 않았다. 그들은 더 좋은 제안이 들어온다면 그것을 심각하게 고려해야 할 신탁 책임을 지고 있었다.

바로 길 아래편에 위치해 있는 우리의 경쟁자는 여전히 최고의 주식 거래소였고 거래량과 상장사들의 가치 면에서 세계 최대의 주식 거래소였다. 그러나 그들이 안고 있는 문제들은 결코 작지 않았고 경영진의 결단력 있는 조치가 없이는 그 문제들은 쉽게 사라지지 않을 것이었다. 그리고 내가 아는 한 경영진의 조치는 조만간 일어날 일이 아니었다. 2004년에서 2007년 사이에 CEO였던 존 테인은 뉴욕 증권 거래소를 미래형 전자 거래소의 세계로 끌고 나오려고 얼마간의 시도를 했다. 하지만 실제 적용은 형편없었고 진정한 변화를 실현할 만큼 그가 오랜 기간 경영자 자리에 있지도 못했다. 그의 후임인 던컨 니에데라우어(Duncan Niederauer)는 골드만삭스 출신으로, 기술 중심의 거래소로 전환하는 것에 관해 옳은 말을 여러 번 했다. 하지만 그는 뉴욕 증권 거래소와 같은 조직을 경영해본 경험이 없는 인물이어서 나는 그가 경영을 익히면서 잘 해나갈 수 있을지 확신이 서질 않았다. 전국시장제도가 도입된 이후 뉴욕 증권 거래소가 주식 거래량에 있어 훨씬 감소한 약 26%의 시장 점유율을 보이면서 주식 거래 시장이 파편화되었다. 그에 더해 뉴욕 증권 거래소는 전통적인 방식을 고수하는 모든 거래소들을 괴롭혔던 많은 문제들을 여전히 안고 있었다.

뉴욕 증권 거래소는 훌륭한 주식 거래소 프랜차이즈라는 미국의 유명 브랜드와 비효율적인 운영방식이 독특하게 섞여 있었다. 말하자면 글로벌 주식 거래소 사회에서 개혁을 받아들이려 하지 않는 마지막 대형 거래소였다. 따라서 군살을 빼고 매우 수익성 높은 탁월한 사업으로 탈바꿈시키고 싶어 하는 효율적인 CEO에게는 매력적인 대상이었다.

도이체 뵈르제와 합병하게 되면 그 합병 기업은 니에데라우어가 이끄는 세계 최대의 주식 거래소가 될 것이었다. 그렇지만 도이체 뵈르제가 이사회를 지배할 것이라는 상황을 감안했을 때 나는 그 체제가 얼마나 오래갈지 의문이었다. 어쨌든 그것에 대해서는 깊이 알고 싶은 마음이 없었다. 우리는 즉시 머리를 맞대고 이 두 합병 당사자 사이에 끼어들어 더 나은 제안을 제시할 방도를 협의했다.

이 제안은 초대받지 않은 입찰이 될 것이고 그럴 경우 항상 힘겨운 제안일 확률이 높았다. 이 제안 또한 대중의 이목을 집중시킬 것이고 언론과 투자자들은 내 일거수 일투족에 촉각을 곤두세우고, 금융 전문가들은 우리의 전략적 움직임을 날마다 예리하게 주시할 것이다. 성공할 가능성은 높지 않았다. 나는 시간 소모적이고 힘든 과정이었던 런던 증권 거래소와의 합병 시도로 한 번 혼이 난 전력이 있었다. 두 번째 시도에서는 더 경계해야 할까? 우리 팀과 고민한 끝에 나는 드디어 '한계점까지 용기를 쥐어짜내어'(《맥베스》에 등장하는 표현을 변용한 것임) 도전해보기로 결정했다.

그러나 파트너가 필요했다. 우리는 NYSE 유로넥스트를 현금으로 매입할 만큼의 규모가 아니었다. 더욱이 유로넥스트에는 나스닥의 비즈니스 모델과는 완전히 맞지 않는 중요한 자산들이 있었다. 그래서 나는 대형 파생금융상품 거래소인 시카고 상품 거래소의 CEO 크레이그 도노휴(Craig Donohue)에게 공동 입찰을 협의할 것을 요청했다. 숙고 끝에 그는 입찰 참여를 고사했다. 나는 인터컨티넨탈 익스체인지(Intercontinental Exchange)의 CEO 제프리 스프레처(Jeffrey Sprecher)에게도 접근했다. 나는 스프레처가 인터컨티넨탈 익스체인지에서 매우 혁신적이고 경영 효율적인 문화를 만들었다는 사실을 익히 알고 있었고 그런 면에서 이 인수 건과 관련해 나스닥의 완벽한 파트너가 될 수 있을 것이라고 판단했다. 몇 가지 측면에서 그들의 기업문화는 나스닥의 기업문화와 매우 흡사해 보였다.

스프레처는 즉각 관심을 보였다. 그와 나는 다양한 자산들을 어떻게 배분할 수 있을 것인지를 논의했다. 우리는 NYSE 유로넥스트에 관한 내부 문건을 구할 수는 없었지만 공개 기업이었기 때문에 입수 가능한 기업 정보는 신뢰할 수 있었다. 그럼에도 우리는 회의실에서 장시간 의논하고 협상하고 언쟁하면서 수많은 날들을 보냈다. 자산을 어떻게 배분할 것인가? 각 기업이 각 자산에 대해 얼마큼의 비용을 지불할 것인가? 그것은 복잡한 협상이었고 합리적인 입찰을 하는 데 있어 핵심적인 부분이었다.

그렇게 논의를 이어가던 몇 주 동안 나는 그에게 내가 생각하는 NYSE 유로넥스트의 자산과 인터컨티넨탈 익스체인지의 가치, 그리고 합병된 나스닥-뉴욕 증권 거래소에서 얻을 수 있는 잠재적 비용 절감과 시너지 효과에 대해 자세히 설명했다. 그들의 운영비용에서 엄청난 부분을 절감하는 것도 가능해 보였다. 우리는 결국 인터컨티넨탈 익스체인지가 런던 국제 금융 선물 및 옵션 거래소로 대표되는 유로넥스트의 파생금융상품 사업을 인수하는 데 합의했다.

여러 가지 면에서 런던 국제 금융 선물 및 옵션 거래소는 성장하는 시장에 높은 수익을 안겨주는 사업으로서 유로넥스트의 보물이었다. 오래 전 2000년대 초반에 런던 국제 금융 선물 및 옵션 거래소는 독립적인 기업으로 스스로 경매에 나와 있었던 적이 있었다. 모든 이들은 런던 증권 거래소가 런던 국제 금융 선물 및 옵션 거래소를 인수할 것이라 점쳤지만(런던 증권 거래소의 CEO) 클라라 퍼스(Clara Furse)는 그 기회를 그냥 흘려보내고 파리에 기반을 둔 유로넥스트가 들어와 런던의 가장 노른자위 금융 자산 중 하나를 훔쳐가도록 놔두었다. 이제 런던 국제 금융 선물 및 옵션 거래소는 다시 시장에 나와 있었고 인터컨티넨탈 익스체인지에게는 파생금융상품 거래소의 집합체로서 인수해야 할 안성맞춤의 자산이었다.

그래서 나스닥과 인터컨티넨탈 익스체인지의 NYSE 유로넥스트 인수 제안에서 나스닥은 더 수익률이 낮은 부문, 즉 어떤 면에서는 더 열등한 사업들을 인수하려고 하고 있는 것이었다. 다시 말해서 나스닥은 뉴욕 증권 거래소와 유로넥스트의 전체 주식 거래소를 겨냥하고 있었던 것이다. 인터컨티넨탈 익스체인지는 그들에게 가장 잘 맞는 수익률이 높은 유럽의 파생금융상품 거래소를 인수할 것이다. 거대한 뉴욕 증권 거래소 주식 프랜차이즈를 '열등하다'고 표현한 것이 이상하게 들릴 것이다. 하지만 런던 국제 금융 선물 및 옵션 거래소의 수익률에 비교하면 그것은 사실이었다. 그러나 수익률이 어떻든 간에 주식 거래소는 나스닥의 주된 사업이었고 그것을 어떻게 운영해야 하는지에 대해서는 잘 조율된 기계처럼 통달하고 있었다.

2011년 4월 1일, 나스닥(당시 나스닥-OMX)과 인터컨티넨탈 익스체인지는 NYSE 유로넥스트에 대해 대안 입찰을 했다. 우리가 제시한 안은 주 당 42.5달러로 110억3천만 달러의 거래였고 이는 도이체 뵈르제가 제시한 것보다 19% 높은 수준이었다. 우리는 이것이 뉴욕 증권 거래소 이사회에서 진지하게 검토해봐야 할 제안이라고 생각했다. 다른 제안보다 훨씬 더 좋은 조건을 그들이 어떻게 거절할 수 있겠는가? 우리는 기자회견에서 우리의 제안을 발표했다.

"우리의 제안이 확실히 우월하다는 점을 감안했을 때 우리는 NYSE 유로넥스트의 이사회가 귀사의 직원들과 고객들에게도 득이 된다는 점과 함께 이 기회가 얼마나 좋은 기회인지를 인식하시기를 희망합니다."

이 발언은 분명 맞지만 이 계약이 성사되는 데에는 한 가지 중요한 장애물이 있었다. 바로 법무부였다. 나스닥-뉴욕 증권 거래소 합병은 업계 경쟁 구도를 크게 변화시키며 국가 전체의 거래 환경을 완전히 바꿔놓을 것이므로 이 인수 계약에 대해서는 독점 금지법 위반 조사가 철저히 이루어질 것으로 보였다. 나스닥의 최고경영자로 일한 지난 8년간 나는 정계의 생리에 대해 많은 것을 배웠다.

나는 독점 금지에 관한 분쟁에서는 시장을 어떻게 정의하느냐에 따라 이길 수도 있고 질 수도 있다는 사실을 잘 알고 있었다. 전국 시장의 관점에서 봤을 때 나스닥과 뉴욕 증권 거래소의 결합은 경쟁자가 없는 독점이 될 수 있다. 국제시장에서 우리는 선두주자가 될 테지만 경쟁자들이 없이는 선두주자가 될 수 없다. 그러한 관점에서 우리는 두 개의 훌륭한 국내 주식 상장 프랜차이즈를 하나의 세계 최대의 거래소로 만들 수 있는 가능성을 타진하기 위해 있는 힘껏 최선의 노력을 다해야 했다. 뉴욕을 위해서 이것이 최선이지 않을까? 실제로 미국 전체를 위해서도 이게 가장 낫지 않을까?

법무부와의 줄다리기

오바마 행정부는 친기업적인 정부가 아니었다. 우리의 44대 대통령은 금융 산업이 붕괴하고 많은 이들로부터 금융 산업이 경제를 파탄냈다는 평가를 받았던 시기에 취임했다. 월가 시위(Occupy Wall Street)가 일어나기 몇 달 전이었지만 대중의 감정은 월스트리트와 연관이 있는 어떤 기업에 대해서도 호의적이지 않았다. 우리는 우리의 합병 제안을 다소 회의적으로 바라보는 시각도 있을 것이라 예상했다. 하지만 속으로는 이 문제는 월스트리트에 관한 문제도, 선과 악의 문제도 아니라고 생각했다. 실제로 금융 위기를 야기한 다양한 문제들을 냉정하게 살펴보면 거래소와는 거의 상관이 없었다.

여기 우리가 볼 때 아무도 따라올 수 없는 세계 최고의 주식 거래소를 건설할 기회가 우리 앞에 있었다. '글로벌 시장에서의 강력한 경쟁자'가 되겠다는 것이 우리가 법무부에 우리의 생각을 설득해 낸 요지였다. 정치적 측면에서의 강조점은 약간 달랐다. 그 측면에서 우리는 이 합병 계약이 미국 산업계의 보물 중 하나인 뉴욕 증권 거래소의 국가 소유권을 그대로 유지하게 해줄 것이라는 점을 강조했다. 요지는 도이체 뵈르제의 합병 제안에 미사여구가 나와 있어도 착각하지 말라는 것이었다. 이것은 독일 기업이 뉴욕 증권 거래소를 인수하는 것이었다. 홍보부에서 아무리 그들이 원하는 대로 돌려서 표현한다 해도 그것이 있는 그대로의 진실이었다.

국제화된 업계에서는 이와 같은 문제가 중요해 보이지 않을 것이다. 이미 미국과 유럽의 금융업계는 깊이 얽혀 있었다. 그렇기는 하지만 나는 워싱턴 정계의 주변을 맴돌았던 사람으로서 그러한 소유권의 문제가 정치인들에게는 중요하게 인식되는 문제라는 것을 잘 알고 있었다. 〈월스트리트 저널〉에 인용된 바에 따르면 인수 제안에 대해 들은 척 슈머 상원의원은 니에데라우어에게 이렇게 물었다고 한다.

"왜 이 일을 하십니까? 뉴욕은 안중에도 없으십니까?"

당시 부실 자산 구제 프로그램(troubled asset relief program) 의회 감독 위원회의 위원장을 맡고 있었던 테드 카우프만(Ted Kaufman)은 뉴욕 증권 거래소와 도이체 뵈르제의 합병을 '미국이 쇠퇴의 길로 접어드는 이정표'라고 선언하면서 뉴욕 증권 거래소를 독일 기업에게 빼앗기게 될 우려가 있음을 재차 강조했다. 굳이 지나친 미사여구를 사용하지 않더라도 나스닥-뉴욕 증권 거래소의 합병은 그 우려에 대한 강력한 답변이었고 우리는 워싱턴과 뉴욕에서 그 논리를 펼치는 데 시간을 쏟았다.

흥미로운 사실은, 미국의 두 주식 프랜차이즈 기업이 합병하는 것(그리고 독일 기업의 인수 시도에 대해 퇴짜를 놓는 것)에 대한 애국주의적 호소에 공감을 표시한 한 인물이 도널드 트럼프였다는 것이다. 그는 〈월스트리트 저널〉에 나온 우리의 입찰 소식을 알리는 기사에 "잘한다, 로버트, 파이팅!"이라는 메시지를 휘갈겨 적어 내게 보내왔다.

4월 중반에 우리는 HSR(Hart-Scott-Rodino Antitrust Improvements Act 하트 스콧 로디노 반독점 증진법) 자료로 알려져 있는 문건들을 한 차례 법무부에 제출했다. 몇 주 후 '2차 요구' 문건들을 제출했고 그것은 훨씬 더 방대한 자료였다. 이것은 법무부에서 반경쟁 독점 우려를 낳을 수 있는 인수합병 건을 조사하는 발견 절차였다. 혹은, 나는 그것을 '모든 항문 검사를 끝내기 위한 항문 검사'라고 불렀다. 두 번째 요청을 충족시키기 위해서는 엄청난 분량의 작업이 필요했고 우리는 결국 합병 제안 및 기업 통합과 관련해 사무실을 가득 채울 만큼의 엄청난 양의 문서들을 제출하게 되었다. 우리는 법무부의 모든 요구에 최선을 다해 협조했다.

워싱턴에서는 독점 금지법(Antitrust law) 분야가 큰 사업이고 우리는 이 법적 절차가 한창 진행 중일 때 독점 금지법과 관련된 업무를 처리할 계약 변호인들을 거의 100명 가까이 선임했었던 것 같다. 그들 중 다수는 이전에 법무부에서 일했던 변호사들로, 법무부는 그들이 정부 기관과 개인 변호사 활동을 오가는 통로 역할을 했다. 실제로 우리가 합병 논의를 했던 시기에 오바마 정부의 반독점국 국장으로 지명되었던 크리스틴 바니(Christine Varney)가 그 좋은 예였다. 이 책을 쓰고 있는 현재 그녀는 대형 로펌에서 독점금지 소송 책임자로 일하며 대기업들이 독점금지법 관련 조사를 받을 때 도움을 주고 있다. 2011년 그녀는 나스닥-뉴욕 증권 거래소 합병의 운명을 결정지을 주요 인물이었다. 사실상 그녀의 지위에는 특별한 권위가 있었다. 그와는 대조적으로 증권 거래 위원회의 회장은 다섯 명의 위원들을 대변하는 목소리인 것이고, 연방준비제도 이사회의 회장 역시 연방 공개 시장 위원회의 12명을 대변하는 목소리라 볼 수 있다. 반독점국 국장은 다른 어떤 기관들보다 그 직책에 집중되어 있는 더 많은 권력을 가지고 있다.

법무부의 요구에 따르는 동안 우리는 또한 뉴욕 증권 거래소 주주들에게 그 절차를 마칠 때까지 기다려 달라고 양해를 구해야 했다. 사실 나스닥 인터컨티넨탈이 제시한 가격이 10억 달러 이상 차이 나는 훨씬 더 나은 조건인데도 뉴욕 증권 거래소는 여전히 도이체 뵈르제와의 합병을 진행시키려 하고 있었다. 우리의 발표가 있고 난 뒤 몇 주 후, 뉴욕 증권 거래소는 갑자기 도이체 뵈르제와의 거래를 통해 1억 달러를 추가로 절감할 수 있는 부분을 찾아냈다고 발표했다. 분명히 뉴욕 증권 거래소 경영진은 우리의 제안과 비교했을 때 보잘것없어 보이지 않으면서도 자신들이 더 선호하는 상대와 거래하고 싶어 발빠르게 움직이고 있었던 것이다.

독점에 대한 우려는 우리가 대의를 추구하는 데 별다른 영향을 미치지 못했지만, 사실은 경쟁 입찰자 역시 자신들의 규제와 관련된 어려움을 겪고 있었다. 도이체 뵈르제의 입찰은 대미 외국인투자위원회(Committee on Foreign Investment in the United States)와 브뤼셀 규제당국의 허가를 받아야 했다. 우리의 제안에는 주주들의 거래 승인이 난 것을 법무부에서 승인하지 않는다 해도 3억5천 달러를 현금으로 지급하겠다는 회유 조건이 포함되어 있었다. 한편 뉴욕 증권 거래소의 일부 주주들은 도이체 뵈르제가 뉴욕 증권 거래소를 저평가한 것이 마음에 들지 않아 이사회와 경영진에게 나스닥과 거래 조건을 협의하라고 요구하고 있었다. 더 많은 지지를 얻어보려는 노력의 일환으로 5월 11일 우리는 뉴욕 증권 거래소 주주들에게 우리의 제안을 고려해 줄 것과 더 부족한 조건의 거래에 합의하지 말 것을 당부하는 공개 서한을 보냈다. 그 서한의 제목은 '뭘 그렇게 서두르시나요?'였다.

"왜 NYSE 유로넥스트의 주주들은 모든 사실을 모르는 채 위험성 높고 저평가된 합병 계약을 승인하도록 강요받고 있나요?"

우리는 물었다.

"왜 이사회는 주주들에게 서둘러 투표하도록 하나요? 그리고 왜 그들은 나스닥-OMX와 인터컨티넨탈 익스체인지를 만나서 확실히 인수 가격 면에서 우월한 대안을 검토하기를 거절하는 걸까요?"

그 서한은 이어서 나스닥과의 합병이 가지는 이점을 재차 강조하면서 나스닥 인터컨티넨탈 익스체인지가 훨씬 더 높은 가격을 제시한 이유를 보여주기도 했다. 그리고 주주들에게 다음과 같이 직접적으로 호소함으로써 끝을 맺고 있었다.

"NYSE 유로넥스트 이사회는 그들에게 주어진 다른 안을 고려할 용의도 없이 판단을 서둘렀습니다. 여러분들은 NYSE 유로넥스트의 궁극적인 주인으로서 현명한 결정을 내리기 위해 필요한 모든 정보를 이사회가 제공하지 않은 채 분명히 나스닥보다 안 좋은 조건을 제시한 도이체 뵈르제와의 거래를 성사시키려 주주들을 몰아붙이는 것을 그냥 놔두지 마십시오. 이사회에 나스닥과의 합병 논의를 요구하시고 그와 동시에 그들에게 "뭘 그렇게 서두르시나요?"라고 물으십시오."

법무부를 설득할 논지를 준비하면서 우리가 가장 크게 관심을 둔 것은 상장 사업이었다. 우리의 첫 번째 계획은 주식 상장 시장이 국제화되어가고 있음을 입증해 보여주는 것이었다. 점점 더 많은 수의 중국과 이스라엘의 기업들이 미국에 상장하고 있고 아시아의 수많은 공개 기업들이 홍콩 또는 싱가폴에 상장하고 있으며 몇몇 유럽과 아프리카 기업들이 런던에 상장하고 있는 상황이므로 우리는 이 주장이 설득력 있는 발언이 되기를 바랐다.

어려운 부분은 거의 모든 국내 기업들이 여전히 나스닥과 뉴욕 증권 거래소에 상장하고 있다는 사실이 우리의 합병 제안을 효과적인 국내 독점으로 보이도록 만든다는 점이었다. 그래서 그에 대한 지원책으로 우리는 몇 가지 '구제책'을 준비했다. 이를테면, 국내 대형 거래소 중 하나인 BATS의 CEO 조 래터맨(Joe Ratterman)에게 전화를 걸어 우리가 나스닥-뉴욕 증권 거래소 합병 이후 경쟁력 있는 상장 시장을 유지할 수 있는 방안에 대해 예비 논의를 했다. BATS는 뉴욕 증권 거래소에서 선택된 수천 개의 상장사를 넘겨받는 데 관심이 있을까? 우리는 기본적으로 상장 사업에서 '믿을 만한 경쟁자'를 만들어야 할 필요가 있었고, BATS가 그 유일한 후보였다. 변호인의 조언에 따라 우리는 이 구제책을 뒷주머니에 넣어두고 법무부로부터 답변이 오면 그것을 사용할 준비를 하고 있었다.

우리가 마침내 반독점국에 2차 요구 자료를 제출했을 때 우리는 그들이 방대한 자료를 검토하느라 오랜 시간이 걸릴 것이라 예상했다. 어쨌든 우리는 그들의 면전에 문서의 홍수를 퍼부었다. 우리는 공식적으로 그리고 뉴욕 증권 거래소 주주들에게 합병의 장점을 지속적으로 호소하는 동시에 답변을 기다리며 각오를 다졌다.

그러던 중 나는 잠깐 휴식을 취하기로 했다. 확실히 2차 자료는 검토하는 데 한 달 이상이 걸릴 수 있었다. 우연한 기회에 나는 오거스타에 초대를 받게 되었다. 특별한 기회였고 그 기회가 완벽한 시점에 찾아온 것이었다. 아니 나 스스로 그렇게 생각했다. 5월 10일 화요일 나는 너무 간절히 필요했던 휴가를 내고 조지아 주로 향했다. 나는 합병 건과 관련된 일들을 내 머릿속에서 지우고 지난 세기 동안 최고의 골퍼들이 재능을 겨룬 본거지로 유명한 골프 코스의 분위기에 흠뻑 젖어보려고 노력했다. 10번 홀에서 두 번째 샷을 칠 때까지는 그랬지만 휴대폰이 울림과 동시에 오거스타에서의 기분 좋은 막간의 휴식은 법무부 덕분에 산통이 깨져 버렸다.

법무부가 합병을 막기 위해 재판을 청구할 것이라고 에드가 내게 알려주었다. 그리고 월요일 그 내용을 발표할 예정이라고 했다.

"뭐라구?"

뒤통수를 한 대 얻어맞은 느낌이었다.

"어떻게 그들이 우리의 제안을 고려했겠나? 우리가 그들에게 보낸 자료의 10분의 1도 검토하기 힘들었을 것이네. 가능한 구제책도 아직 논의하지 않은 상태일 테고."

나는 격분했지만 목소리를 낮추려고 노력했다.

에드는 "아마 이미 이렇게 계획되어 있었던 것임이 분명해 보입니다"라고 말했다.

"그들의 입장은 이미 정해져 있었어요. 우리가 자료를 제출하기를 그냥 기다리고 있었던 거죠. 금요일에 우리가 가서 이 건과 관련해 의견을 개진할 수 있는 시간이 1시간 주어진다고 합니다."

"바니는 이걸 기자회견을 할 구실로 활용하고 있는 것이 분명해. 기자회견을 하면 반독점국이 대중의 주목을 받을 좋은 기회가 될 수 있으니까 말이지. 내가 보기엔 그렇게 보이네."

어쩌면 내 생각이 잘못된 것인지도 모르지만 다른 결론을 이끌어내는 것이 불가능했다.

구제책을 제시할 방법에 대해 세심하게 전략을 세웠지만 이제 우리에게 남은 것은 한 가지 길밖에 없었다. 우리가 가진 모든 것을 한꺼번에 터뜨리는 것이었다. 나는 그 후 며칠 동안 BATS의 래터맨과 더 깊은 대화를 나누었다. 금요일이 오자 우리는 법무부 관계자를 만났다. 우리는 우리가 제출한 자료에 중요한 정보들이 담겨 있었으며 적어도 법무부에서 시간을 들여 검토할 가치가 있었다고 주장했다. 아울러 BATS를 상장 사업의 경쟁사로 올리는 계획을 설명했다.

반응은 다소 호의적이었다. 그렇다고 바뀐 것은 없었다. 그들은 여전히 합병을 막기 위해 재판 청구를 발표할 예정이었다. 나중에 그들은 우리를 만나 주었지만, 기자회견을 하는 것은 바꿀 수 없는 기정사실처럼 보였다.

반독점법 재판에서 법무부를 이기는 것은 가능한 일이었다. 우리는 선가드에서 비슷한 경험을 한 적이 있었지만 그것은 특별한 상황이었고 절차도 신속하게 진행됐었다. 더욱이 그 경우는 이 상황처럼 언론의 집중 조명을 받을 일이 없었다. 법무부와의 싸움은 1년 혹은 그 이상 걸릴 수 있는 일이며, 이와 같이 대규모 거래와 관련해 언제까지나 계류 중인 상황에 놓이는 것은 힘든 일이다. 회사 전체가 불확실한 상태에 놓이게 되며 그것은 결코 좋은 일이 아니다. 게다가 패소하게 되면 부정적인 인식만 강화될 뿐이다. 기본적으로 나는 그런 위험을 감수하고 싶지 않았다.

2011년 5월 16일, 법무부는 기자회견을 가졌고 우리는 정말 마지못해 뉴욕 증권 거래소와의 합병 시도를 포기한다고 발표했다. 우리는 합병 성사를 위해 소송을 제기하지 않기로 했다. 하지만 아직 끝난 것은 아니었다. 일단 우리가 기자회견을 끝마쳤으므로 법무부와의 더 깊은 대화가 유익할 것이라는 한 가닥의 희망은 아직 남아 있었다. 우리는 공식적으로 입찰을 취하했지만 비공식적으로는 여전히 바니와 그녀의 팀과 함께 새로운 밀실 회의를 계획하고 있었다. 그들은 들어줄 용의가 있었다. 아마도 적당한 해결책으로 합병 거래를 구제할 수 있을는지도 몰랐다.

일련의 깊은 논의 끝에 래터맨과 나는 대략적인 합의에 도달했다. 합병 계약이 성사된 후 1000여 개의 뉴욕 증권 거래소 상장을 BATS에 매각하기로 했다. 우리가 그 계획을 법무부에 설명하자 그들은 수긍하는 것처럼 보였다. 그러나 논의 중 우리는 난제에 부딪히고 말았다. 그들은 우리가 뉴욕 증권 거래소의 상장만을 팔 수는 없다고 말했다. 나스닥의 상장도 일부 포함되어야 한다는 것이었다. 그러자 갑자기 전체 구상이 어그러지는 느낌을 받았다.

더구나 법무부에서는 BATS 상장 제안이 실행 가능성이 있는 것인지 확인하기 위해 '현장 검사'를 진행해야 한다고 말했다. 이는 상장사들에게 그것에 대해 어떻게 생각하는지 직접적으로 물어보겠다는 의미가 아니겠는가! 그 부분이 우리가 넘을 수 없는 한계선이었다. 법무부의 반독점국 변호사가 스티브 발머(Steve Ballmer)에게 전화해 이렇게 말하는 것을 상상해보라.

"안녕하세요, 스티브. 법무부입니다. 나스닥의 이 멍청한 로버트 그리필드가 나스닥이 마이크로소프트의 상장을 BATS 거래소에 팔아도 괜찮은지 궁금해하는데요. 그렇게 될 거란 뜻으로 드리는 말씀은 아닙니다. 그렇게 되진 않을 거예요. 하지만 그냥 이론적인 가능성으로 생각해 본다면 이것에 대해 어떻게 생각하시나요?"

50여 개의 충성스러운 우리의 오랜 고객사들과 이런 대화를 반복할 거라고 생각하자 화가 치밀어 올랐다. 그것은 절대로 용납할 수 없는 일이었다. 우리가 소유해 본 적이 없는 뉴욕 증권 거래소의 1000개의 상장사들을 포기하는 것은 가능했지만 나스닥의 충실한 고객들을 사지로 내모는 일은 있을 수 없는 일이었다. 그것은 받아들일 수 없는 구제 방법이었다.

우리의 노력은 이렇게 해서 끝이 났다. 나는 기세가 꺾였다. 런던 증권 거래소와의 합병 시도에서는 적어도 인수 철회를 한 것이 우리의 결정이었다. 이 경우는 우리 자신을 위해 내려진 결정이었다. 하지만 결과는 똑같았다. 나는 다시 한 번 통합된 글로벌 상장 거래소 프랜차이즈에 대한 비전을 실현하기 위해 시도했지만 실패했다. 가질 수 없는 대상에 한 번 더 눈독을 들이다가 좌절이라는 대가를 치렀다.

속 쓰린 뒷이야기

나스닥과 인터컨티넨탈 익스체인지가 물러나고 뉴욕 증권 거래소는 도이체 뵈르제와 자유롭게 계약을 체결할 수 있었다. 그러나 그것은 예상보다 더 어려웠다. 유럽 규제당국이 특히 유럽에서 합병 기업의 규모에 주목하고 있었던 것이다. 나스닥을 포함한 많은 시장 참여자들은 그 계약을 반대한다는 의견을 유럽 규제당국에 전달했다. 합병 기업은 반독점 논란과 더불어 북유럽의 훨씬 더 소규모의 파생금융상품 청산소와의 경쟁 우려를 불러일으키며 유럽의 파생금융상품 청산업계에서 90%의 시장을 점유하게 될 것으로 예상되었다. 검토 절차는 여름을 지나 가을로 접어들 때까지 길게 이어졌고 2012년 초반까지 합병 가능성은 점차 사그라드는 것처럼 보였다. 2월이 되자 합병 가능성은 완전히 사라졌다. 인수합병의 시각에서 보면 1년 동안 다툼만 많았고 결국은 아무것도 건진 게 없었다.

글쎄, 건진 게 아무것도 없진 않았다. 우리의 '거의 합병 근처에 갔었던 시도'가 끝난 뒤 실제로 일어난 사건은 인수합병이었다. 하지만 여기에 나스닥은 포함되지 않았다. 2012년 12월 20일 우리의 이전 파트너인 인터컨티넨탈 익스체인지는 NYSE 유로넥스트를 인수하는 계획을 발표했고, 입찰은 성공적이었다. 뉴욕 증권 거래소는 220년의 역사 동안 처음으로 더 이상 독립 조직이 아니었다. 비즈니스 세계에서 오랫동안 리더십이 실패할 경우 나타날 수 있는 결과였다. 그 주체가 뉴욕 증권 거래소여도 결과는 마찬가지였다. 인터컨티넨탈 익스체인지는 주식 거래소가 아니었기 때문에 나스닥에게 해당되었던 독점 규제에 대한 문제가 그들에게는 전혀 해당되지 않았던 것이다. 규제의 관점에서 봤을 때 순조로운 인수 계약이 될 수밖에 없었다. 내가 봤을 때는 뉴욕 증권 거래소의 경영진과 이사회가 뉴욕 증권 거래소의 진정한 가치를 알아보지 못했다고 생각한다. 그들은 주주들에게 자신들의 책무를 제대로 이행하지 못했다.

인정하건대 길 아래에 위치한 원리버티 플라자의 내 사무실에서 그들의 합병을 바라보는 일은 괴로운 일이었다. 그것은 인터컨티넨탈 익스체인지에게는 환상적인 거래였다. 합병을 발표하는 보도자료에서 스프레처는 '2년 동안 우리는 합병을 통해 얻게 될 어마어마한 시너지 효과를 깨달았다'라고 언급했다. 나는 자연스럽게 '누가 그 시너지를 그에게 깨닫도록 했단 말인가?'라고 혼자 속으로 생각할 수밖에 없었다. 인터컨티넨탈 익스체인지의 인수가 승인된 이후 스프레처는 칼과 메스를 들고 운영에 나서서 NYSE 유로넥스트를 말끔히 청소했다. 그는 줄이고 간소화하여 마침내는 10억 달러의 절반 이상에 해당하는 비용을 운영비에서 절감하기에 이르렀다. 내 경영자로서의 역정에서 가장 아쉬운 일 중 하나가 바로 뉴욕 증권 거래소와의 합병을 내 손으로 이루어 그곳을 개혁할 수 없었던 것이었다. 스프레처가 해낸 일에 대해서는 진심으로 경의를 표하는 바이다. 그 일을 이루어내는 데 일조하지 못한 것이 못내 아쉬울 따름이다.

한 시대의 종언

이 모든 긴박한 일들을 겪는 와중에 나스닥과 나는 또 하나의 힘든 상실로 고통받았다. 그 기간 중에 나는 우연히 아데나가 공식적으로 근무하면서 거주했던 메릴랜드 주의 록빌 사무소를 방문하게 되었다. 실제로는 그녀는 여기저기 출장을 많이 다녔고 뉴욕에서 굉장히 많은 시간을 보냈다.

어느 날 오후, 나는 안부 차 아데나의 사무실에 들렀다. 그녀는 나를 사무실 안으로 안내했고 내가 문을 닫자 어두운 표정을 지었다.

"앉으세요. 드릴 말씀이 있습니다."

무슨 이유에선지 나는 금방 그녀가 무슨 말을 할 것인지 알아차렸다.

"로버트, 생각해 봤는데요."

그녀는 이야기를 꺼내기 시작했다.

"제가 나스닥을 떠날 때가 된 것 같아요. 가족들과 함께 워싱턴에서 시간을 더 보내고 싶어요. 그리고 새로운 일에 도전할 적당한 시기인 것 같기도 하구요. 워싱턴 DC에 있는 칼라일 그룹에서 최고재무책임자(CFO)로 함께 일하자는 제안을 받았어요. 칼라일은 곧 기업 공개를 할 예정이고 그 과정을 제가 이끌 수 있을 것 같아요."

아데나는 평생 직장 생활을 나스닥에서만 해왔다. 어쩔 때는 그녀가 거래소에서 태어나고 자란 것이 아닐까 싶을 정도였다. 아마도 그녀의 혈관에는 나스닥의 피가 흐르고 있는 것 같았다. 수년 동안 나는 그녀가 뛰어난 경영진으로 성숙하는 것을 지켜봤고 그녀의 지원과 조언, 남다른 직업윤리에 의지해왔다. 그녀는 사업의 여러 측면, 특히나 우리가 지난 몇 년 동안 진행한 많은 인수 작업 과정(과 인수 시도)에서 큰 도움이 된 파트너였다. 나는 아데나가 없는 나스닥을 상상하고 싶지 않았다.

나는 그날 내가 가장 총애하는 후배의 맞은편에 앉아 그녀에게 이렇게 말했다.

"이보게, 나는 자네가 떠나는 걸 원치 않네. 하지만 이해는 해. 여기에서 가족들과 함께 있으면서 아이들이 아직 집에 있을 나이에 더 많은 시간을 함께 보내면 좋겠지. 칼라일에서 새로운 도전을 하는 건 좋아 보이네. 하지만 기업 공개를 돕는 게 만만한 일은 아닐 거야."

칼라일 그룹은 워싱턴 DC 소재의 세계에서 가장 큰 대체투자자산운용사 중 하나이다. 이 기업은 독불장군 유형의 관리자들이 많으며 그들 중 다수는 자신이 운용하는 펀드와 포트폴리오를 거의 봉건시대의 자기 지배 영역처럼 여겼다. 그 고양이들을 좋은 몸매를 유지시켜 기업 공개로 이끌고 가는 것은 아데나의 재능에 잘 맞는 일이었다. 그녀는 또한 공동창립자인 데이비드 루벤스타인(David Rubenstein), 윌리엄 콘웨이(William Conway), 댄 다니엘로(Dan D'Aniello)와 직접적으로 함께 일할 수 있을 것이고 그것은 아주 좋은 기회였다. 하지만 나는 칼라일이 일

> "CEO는 어쩔 수 없이 좋은 사람들을 잃어야 한다.
> 스스로 그 상처를 다스리며 다시 일어서서 나아가야 하는 것이다."

단 상장되고 나면 일의 역학관계가 갑자기 바뀌게 될 것이라는 점 또한 알고 있었다. 실제로 칼라일과 같은 기업에서 최고재무책임자로 일하는 것은 그렇게 스스로에게 자극이 되는 일은 아니었다. 칼라일은 펀드의 집합소로, 대부분의 운영과 실질적인 사업 결정이 자회사에서 이루어진다. 아데나는 모든 일에 관여하는 것을 좋아하는 운영 책임자였다. 장기적인 시각으로 봤을 때 기본적으로 운영을 하지 않는 기업인 칼라일에서 일하는 것을 그녀가 진정으로 행복해할까?

아데나를 잃는 것은 힘든 일이었다. 하지만 그것은 CEO로서 감당해야 할 몫이기도 했다. 어쩔 수 없이 좋은 사람들을 잃어야 한다. 스스로 그 상처를 다스리며 다시 일어서서 나아가야 하는 것이다. 어느 누가 반드시 꼭 있어야 한다는 법은 없다. 나스닥은 몇 년 전 크리스 콘캐논과도 결별했다. 그는 버투 파이낸셜의 최고운영책임자(COO)로 갔다. 이제 아데나도 떠나는 것이다. 나는 그녀가 얼마나 많은 일을 해냈으며 얼마나 많은 빈틈을 메웠는지 잘 알고 있었다. 언젠가 아데나의 직속 직원 중 한 명이 내게 이렇게 말한 적이 있었다.

"저는 이 일을 빨리 끝마쳐야 됩니다. 그렇지 않으면 아데나가 이 일을 마무리해버릴 겁니다!"

나는 나스닥에서 그녀의 상당한 영향력이 사라지는 것이 못내 아쉽기만 했다.

그래도 아데나에게는 나스닥 밖으로 나가 다른 무대에서 그녀의 날개를 펼쳐 보는 것도 좋을 것이라 생각했고 그녀가 가는 길에 나의 축복이 함께한다는 사실을 그녀가 알아주길 바랐다. 하지만 개인적인 생각이었지만 나는 '그녀는 돌아올 것이다. 친정으로 다시 오게 될 것이다'라고 생각했다. 그 당시에는 아무도 미래를 알지 못했다. 하지만 나는 아데나가 언젠가 어디에서든 훌륭한 CEO 후보가 되리라 생각했다. 그리고 그것이 아마 나스닥이 될지도 모른다고 생각했다.

| 리더의 경영분석-훌륭한 경영리더로 가는 3법칙

- **●공개 기업은 항상 시장에 나와 있는 것이나 마찬가지이다**
  만약 공개 기업이 비효율적으로 운영되고 있다면 머지않아 누군가 그것을 알아차리고 그들이 더 운영을 잘 하겠다고 나설 것이다.

- **●몇 번의 실패는 큰 꿈을 이루기 위해 치러야 하는 대가이다**
  비즈니스에서는 삶에서와 마찬가지로 높이 올라가려고 도전할 때 실망을 경험하기 마련이다.

- **●사람들이 기분 좋게 떠나게 하라**
  당신이 훌륭한 리더들을 키워낸다면 그들 중 일부는 새로운 삶을 찾아 떠나게 될 확률이 높다. 그것은 실패가 아니다. 오히려 다른 이들이 인재를 훌륭히 키워낸 당신의 성공을 알아봤다는 신호이다. 축복해 주고 지지해 주라. 언제 다시 만나게 될지 모르는 법이다.

CHAPTER 11

페이스북 기업 공개 소동

페이스북 기업 공개: 도대체 무슨 일이야?
〈CNN 머니〉, 2012년 5월 23일

한 장의 사진이 이 장면을 포착했다. 나스닥 CEO 로버트 그리필드가 우리 시대 최고의 정보통신기술의 우상인 인물 옆에 서서 주먹을 허공에 치켜들어 올리며 왁자지껄한 분위기 속에서 축하하고 있었다. 이 사진은 나를 공격하기 위해 뒤에 다시 등장하겠지만 2012년 5월 18일 아침 동이 트자마자 짧게나마 나는 완전한 성공의 영광을 누렸다. 그것은 10여 년 동안의 나스닥의 끈질긴 노력에 대한 성취를 축하하는 자리였다. 주식 거래소에게는 가장 중요한 순간 중 하나임에는 틀림없었다. 역사상 가장 최대 규모의 기업 공개 중 하나를 성사시킨 것이었다. 그 주인공은 바로 페이스북이었다.

그날 아침 나는 실리콘밸리의 심장 깊숙이 자리한, 한때 컴퓨터업계를 장악했던 썬 마이크로시스템즈 전 사옥의 아주 깨끗한 푸른 잔디

위에 서 있었다. 정보통신업계의 정신적 진앙지에서의 시간은 빨리 흐른다. 그리고 지금은 실리콘밸리의 훌륭한 차세대 기업이 이 건물들을 점령하고 있다. 젊음과 생동감, 궁극의 네트워크 효과로 무장한 조직이었고 거의 10억의 사람들을 연결해주는 가상의 공간이었다. 사업적으로 무한대의 가능성을 지닌 것처럼 보였고 브루스 아우스트(Bruce Aust)는 회사 내에서 관계를 형성하고 개발하는 데 끊임없이 시간을 쏟아붓고 있었다. 몇 달 전 그는 내게 반가운 소식을 가지고 전화했다. 그리고 마침내 우리는 기업 공개를 이루어냈다.

"당신이 아니었다면 아무도 이 일을 이루어내지 못했을 겁니다."

축하 샴페인을 마시며 나는 그에게 말했다. 그날은 기쁜 날이었다. 페이스북은 단순히 나스닥의 상장사 명단에 올라 있는 이름들 중 하나가 아니라 그보다 훨씬 더 많은 것을 의미했다. 우리 조직의 브랜드에 대한 엄청난 지지였으며 뉴욕 증권 거래소가 필사적으로 원했던 상장사였다.

그날 아침 페이스북 본사에 도착하자마자 브루스와 나는 잠깐 동안 마크 저커버그(Mark Zuckerberg)를 만났다. 페이스북의 젊은 선지자를 만나 대화한 것은 그것이 처음이었다. 그는 품위 있고 따뜻했으며 호감을 주는 사람이었다. 저커버그는 그의 트레이드마크인 후드티를 입고 페이스북의 최고운영책임자인 셰릴 샌드버그(Sheryl Sandberg)와 함께 나타났다. 그녀는 곧 베스트셀러 《린 인(Lean In)》을 출간해 미국에서 가장 유명한 최고운영책임자가 된다. 몇 분 동안의 짧은 대화를 마친 후 우리는 야외로 나가 축하연에 참여했다.

페이스북의 주식은 몇 시간 동안 실제로 거래되지는 않았지만 오늘이 직원들의 승리의 순간인 것만은 확실했다. 그들이 이 자리에 오르기까지 지나온 남다른 여정을 인정받을 기회인 것이다. 페이스북은 드디어 상장되었고 모두가 그것을 기념하기 위해 뭔가 행동을 보여주기를 원했다. 특히 페이스북 직원들이 그랬다. 많은 이들이 상징적으로 해커톤이라는 공동 컴퓨터 프로그래밍 이벤트에 참여하며 밤을 꼬박 지새웠고, 수백 명이 축하연을 즐기기 위해 '원 해커 웨이(One Hacker Way)'라는 어울리는 이름을 가진 곳에 모였다.

"지난 8년 동안 여기 모이신 모든 분들께서 세계 역사상 가장 큰 커뮤니티를 건설하셨습니다."

저커버그는 군중들을 향해 연설했다.

"여러분들이 하시는 일이 앞으로 어떤 세계를 열어갈지 저도 정말 기대가 됩니다!"

태평양 시간으로 오전 6시 30분 개장을 알리는 카운트다운이 시작되자 군중들의 환호성이 터져 나왔다.

5, 4, 3, 2, 1, 개장벨이 울리고 군중들은 환호했다. 우리들의 모습은 위성을 통해 전 세계로 생중계되었다. 저커버그와 샌드버그, 그리고 그들의 팀 직원들은 웃으며 서로 포옹했고 나는 허공에 주먹을 치켜든 채 그들 옆에 서 있었다. 그 후 몇 주 동안 나는 이 축하 장면을 담은 사진을 뜻밖에도 아주 상세하게 다시 볼 기회를 가지게 되었다.

개장벨의 흥분이 가신 후, 나는 작별 인사를 하고 재빨리 차에 올라타 동해안으로 향하는 비행기를 타기 위해 공항으로 향했다.

아침 태양이 팔로알토의 언덕 위에서 안개를 헤치고 떠오르는 모습을 바라보며 나는 나스닥에서 일하는 동안 이 순간을 맛보게 해준 이 획기적인 사건에 대해 생각했다.

빠르게 변화하는 금융업계에서 재정 상태가 불안하고 존재감이 줄어들던 하락세 기업의 CEO로서의 여정을 시작한 지도 어느덧 10년이 다 돼가고 있었다. 2003년 나스닥은 허약하고 집중력이 떨어지고 관료주의적이며 규제와 관련된 어려움을 겪고 있었고 기술적으로는 시대의 흐름에 훨씬 뒤처져 있었다. 2012년 나스닥은 강한 기업으로 더욱 성장하고 있으며 국제적이고 매우 수익성 높고 첨단 기술을 선도하는 기업으로 바뀌어 있었다. 시장은 변화하고 있었고 나스닥에 상장한 기술 기업들의 역량은 기존에 시장을 장악하고 있었던 업계의 오래된 거대 기업들과 경쟁하기 시작했다. 뉴욕 증권 거래소의 제너럴 일렉트릭(General Electric), 엑손(Exxon), 월마트(Walmart)와 같은 기업들은 시장 점유율에서 나스닥 굴지의 기업들인 애플(Apple), 구글(Google), 아마존(Amazon), 마이크로소프트(Microsoft)에게 앞자리를 내주기 시작했다. 우리는 성장 모멘텀을 확보했다. 전문성도 갖췄다. 국제적인 근거지도 가지고 있었다. 세계적으로 성장하고 있는 소프트웨어 및 서비스 프랜차이즈와 점점 더 강력해져 가는 거래소를 갖추고 있었다. 우리는 세계적으로 유명한 브랜드 중 하나였다. 그리고 이제 우리는 페이스북도 가졌다.

차 안에서 전화기가 울리며 나를 이 몽상에서 깨웠다. 최고정보책임자인 애나 유잉(Anna Ewing)이었다.

"로버트, 문제가 생겼습니다."

그녀의 목소리에서 심각함이 묻어났다. '오, 이런, 지금은 안 돼' 나는 속으로 생각했다.

"무슨 일인가요?"

나는 물었다.

"페이스북 건이에요"라고 그녀는 답했다.

"시스템이 제대로 작동이 안 되고 있어요."

그리고 그것이 모든 일이 틀어지는 시발이 되었다.

시스템 오작동 분석

거래일 중 가장 중요한 시간대는 개장과 폐장 시간대이다. 매일 오전 9시 30분 주식 주문 대장에 나오는 모든 매수자와 매도자는 모두 가상 경매장으로 불려온다. 기관 중개인과 소매 투자자, 뮤츄얼 펀드 매니저, 연금 펀드 상담사, 헤지 펀드 실력자, 단타 매매자들의 모든 주문들이 가상공간에서 서로 뒤섞이고 난 후 마술 같은 일이 벌어진다. 실제 주가가 결정되는 것이다. 우리는 오늘날 주식시장에서 가격 예시를 당연하게 받아들이지만 그것은 주식시장이 수행하는 가장 중요한 기능이다.

2003년 내가 나스닥에 왔을 때 개장과 폐장 경매 시스템은 한심하리만큼 형편없었고 우리의 거래 처리 서비스의 위상과는 커다란 격차를 보여주었다. 9시 30분이 되면 개장벨이 울리고 거래량이 많던 적던 첫번째 거래가 그날의 시가(opening price)를 결정한다. 하지만 그 가격은 시장에서 매수 및 매도를 할 때 신뢰할 수 있는 가격이 아니었다. 충분한 가격 예시가 이루어진 것이 아니었기 때문이다. 폐장 때도 마찬가지였다. 우리는 업계에서 일명 '클로징 크로스(closing cross)'라고 부르는 것이 없었다. 클로징 크로스는(경매에서처럼) 모든 교차되는 주문이 고려되어 알고리즘이 최종가를 결정하는 것을 말한다.

2003년 우리의 주요 고객들 중 일부가 형편없는 방식으로 산출되어 나오는 시가와 종가를 기준으로 그들의 지수를 표시해야만 하는 것에 불만을 표시하기도 했다. 스탠다드앤푸어스(Standard & Poor's)는 우리에게 연락해 그들이 아메리카 증권 거래소(American Stock Exchange)의 경매 방식을 채택할 예정이고 나스닥 상장주들에 대해서도 그렇게 할 예정이라고 말했다. 곧바로 이 문제는 시급한 사안, 솔직히 말하면 당황스러운 사안이 되고 말았다. 나는 아데나에게 이 문제의 해결책을 찾을 것을 지시했다. 내가 CEO가 된 후 처음으로 그녀에게 내린 시험 과제였다. 나스닥의 수석 경제학자인 프랭크 해서웨이(Frank Hatheway)를 위시로 한 소팀을 꾸려 그녀는 이 문제에 착수해 나스닥의 개장 및 폐장 경매 시스템을 성공적으로 다시 구축했다. 나스닥의 거래 처리 시장은 눈에 띄게 향상되었고 고객들은 안심하게 되었다.

2005년 아이넷 인수 후, 고객들은 기업 공개를 위한 기존의 개장 시 초가 결정방식을 개장 및 폐장 시의 경매와 같은 방식으로 재개발해줄 것을 요청하기 시작했다. 우리는 이 새로운 주식공모 절차의 세부 설계 구조 개발을 위해 그들의 피드백에 주의를 기울였다. 그보다 더 좋은 방법이 어디 있었겠는가? 한 고객의 불만은 분명했다. 기존에 사용했던 개장 및 폐장 경매 시스템에서 우리는 최종 경매가 시작되기 2분 전부터 새로운 주문과 기존의 주문 취소 처리를 막는 가상 '게이트'를 개발했다. 고객들은 우리에게 점점 빠르게 돌아가는 주식시장에서 2분이란 너무 막막한 시간이라고 호소하며 그 시간을 몇 초로 줄여줄 것을 요구했다.

그러던 중 우리 기술팀에서 더 좋은 생각을 해냈다. 그들은 이렇게 생각했다. 기존의 주문과 취소를 모두 계산에 넣고 필요한 경우 경매 과정이 진행되는 동안 진행된 추가 주문이나 취소도 포함해서 재계산하는 경매 시스템이 있다면 게이트가 아예 없어도 되지 않을까?

그래서 그들은 게이트가 없는 기업 공개 경매 시스템을 개발했다. 만약 어떤 한 사람이 경매가 종료되기 몇 초 전에 거래 취소를 보낸다면 그 주문 하나만으로도 전체 가격 계산이 다시 이루어진다는 것이다! 거래 처리 속도와 전산 처리 마력이 증가한 것을 감안하면 매매 거래는 점점 더 빠른 속도로 이루어지고 있었고 그것은 마치 자연 진화의 결과처럼 보였다. 게이트가 없는 경매는 사람들이 게이트가 없다는 사실을 거의 모르게 도입되었다. 개발팀의 직원들 몇 명만 알고 있을 뿐이었다.

게이트가 없는 경매 시스템은 전형적인 오버엔지니어링의 실례였다. 하지만 그렇다 하더라도 개념적으로 아주 훌륭한 아이디어였다. 비행을 하는 도중 급유하는 것처럼 기술적으로는 까다롭지만 그것을 실현 가능하게 할 수만 있다면 훌륭한 것이었다.

그리고 게이트가 없는 경매 시스템은 문제없이 잘 작동되는 것처럼 보였다. 우리는 그 경매 시스템을 오작동 없이 이미 450여 차례 실행시켰다. 사실 게이트가 없는 경매를 100년쯤 더 실행시켜도 한 건의 문제도 발생하지 않을 수도 있었다. 하지만 페이스북의 기업 공개라는 초유의 상황 속에서 여러 요소들 - 소매 고객들의 대대적인 관심, 기업 공개 사상 초유의 거래량, 개장 직전에 가격을 우려하는 사람들, 밀려드는 갑작스러운 취소 - 이 한꺼번에 겹치게 되자 문제가 발생한 것이었다.

첫 번째 경매는 완벽히 잘 이루어졌으나 실행 중 여러 건의 취소가 발생했다. 프로그래밍의 논리에 따라 '다시 실행하세요'라는 메시지가 떴다. 최초로 발생한 취소 건들은 처리가 되었지만 다시 실행하자 더 많은 취소 건들이 몰려들어왔다. 그래서 경매 프로그램을 또다시 실행했다. 더 빨리 뛰었는데도 계속 제자리를 맴돌고 있었던 〈이상한 나라의 앨리스〉에 나오는 붉은 여왕처럼 프로그램은 처리 완료에까지 도달하지를 못했다. 취소는 계속해서 들어왔고 프로그램은 실행과 재실행을 반복하기만 했고 처리 완료는 되지 못했다.

당시 우리는 주식 공모 프로그램 코드에 무슨 문제가 발생했는지 정확하게 파악하지 못하고 있었다. 나중에서야 그것이 명확해졌다. 하지만 20분이라는 중요한 시간 동안 이 주식 공모 건은 시가를 산출해내지 못했다. 우리는 이 지연 사태를 발표하는 성명을 냈다. 그리고 페이스북 주식 공모 진행을 코드가 더 간단한 제2 매칭 프로그램으로 옮겼다. 그 프로그램을 이용해 드디어 성공적으로 주식 공모를 개시하게 되었다. 페이스북 주식 공모 개시를 위해 우리는 오전 11시 11분에 우리 시스템에 들어와 있는 주문 대장을 이용했다. 오전 11시 30분, 그 주문 대장을 기반으로 페이스북 주식의 정상적인 거래가 시작되었다. 그리고 정오까지 2억 주가 넘게 거래되었다.

이 문제는 우리가 월스트리트의 대형 기관들에 대해 정보 격차를 만들었기 때문에 벌어진 일이었다. 최초에 시도한 경매 프로그램에서 시작된 주식 공모에 대해 나스닥은 오후 1시 50분이 되어서야 주문 확인 알림을 받을 수 있었다. 경매 프로그램에 문제가 발생한 상황이었으므로 고객들에게 취소 요청이 처리되지 않았음을 알리는 '처리 중 취소 불가'라는 메시지도 전달되었다. 이것은 페이스북 주식을 거래하는 투자은행들과 다른 기관들이(그 중대한 20분 동안 이루어진) 그들의 주문과 취소에 대해 거의 두 시간 동안 확인 알림을 받을 수 없었다는 것을 의미했다. 그 때문에 그들은 자신들이 리스크에 노출된 사실을 전혀 모르고 있었다. 그들의 주문은 처리가 된 것일까? 그들의 취소는 어떤가? 그들은 페이스북 주식을 보유하게 된 것일까? 많은 이들은 그 막간의 시간 동안 아무것도 모른 채 대기하고 있었던 것이다.

기술에서(그리고 삶에서) 흔히 그렇듯이 특정한 기술적 문제는 작고 간단해서 신속하게 수습할 수 있지만 그 후에 따르는 피해의 여파는 중대하고 오래 갈 수 있다. 그 여파는 월스트리트의 상호 연결되어 있는 거래 시스템의 거미줄과 같은 망을 타고 퍼져 나가 페이스북 주식 공모에 대해 안 좋은 인식을 전염시켜 거래 활동에 영향을 미치게 된다. 시간이 지남에 따라 나스닥에 대한 실망감은 커져 갔다. 거래장이 거의 끝나갈 때까지 페이스북은 여전히 정상적으로 거래되고 있었지만 취소 처리가 이루어지지 않은 수백 명의 화가 난 고객들은 개장 초기 혼란스러웠던 시간에 야기된 혼돈으로 수백만 달러를 잃었다고 불평하고 있었다.

만약 페이스북 주식이 그날 올랐다면 그 고객들은 자신들이 아직 그 주식을 보유하고 있다는 사실에 아주 흥분했을 것이다. 하지만 페이스북은 상장 첫날, 그리고 이후 며칠 동안 주가가 하락했고 혼란스러웠던 장 초반에 취소할 수 없었던 투자자들은 돈을 잃었다(단기적으로). 물론 페이스북 주식을 개장 때 사려고 했으나 주문이 처리되지 않았던 고객들은 돈을 잃는 사태를 면할 수 있었다. 그리고 그 이후 페이스북 주식을 더 낮은 가격에 살 수 있게 되었다. 앞으로 페이스북 주식이 역사상 유례없는 급등을 보일 것임을 고려하면 나는 그들이 페이스북 주식을 샀기를 바랄 뿐이다.

골드만삭스는 그날 영리한 행동을 보여주었다. 그들은 우리 시스템에 뭔가 문제가 있다고 판단되자 나스닥과의 시스템 연결을 차단했다. 그래서 우리의 문제가 그들에게 끼친 영향은 미미했다.

반면 UBS, 나이트 캐피탈(Knight Capital)과 같은 다른 고객사들은 나스닥이 취소 확인 알림을 보내기도 전에 자신들의 고객들이 한 취소 요청을 확인해 주어서 문제가 발생했다. 보통 때 같았다면 취소 확인 알림이 형식적인 절차로 보였겠지만 이 상황에서는 그렇지 않았다. 매수 주문이나 취소 요청이 거래소에 도착하게 되면, 그것은 말하자면 확인 알림이 실제로 전달될 때까지 아직 처리 중인 라이브 거래로 간주된다.

시스템이 복구되자 우리는 그때서야 주문 확인 알림과 함께 '처리 중 취소 불가' 알림을 보냈다. 그때 취소 처리가 안 된 고객들은 여전히 페이스북 주식을 보유하고 있는 것이었다. 하지만 일부 경우는 기관들이 이미 자신들의 소매 고객들에게 임의로 취소 확인을 해준 상태였다.

부정적인 결과는 그날 즉각 나타났다. 월스트리트의 기관들은 해명과 보상을 요구했고 모든 금융 담당 기자들에게 나스닥에 대해 불평을 늘어놓기 시작했다. 언론사들은 답변을 요구하고 있었다. 우리의 경쟁사들은 우리를 저격하고 있었다. 수년간 패배를 맛본 뉴욕 증권 거래소는 이 일로 잠시나마 이득을 누릴 기회를 놓치지 않았다. 페이스북은 이 사태로 당연히 심기가 불편해져 있었다. 내가 동부에 도착했을 즈음 나스닥은 포위당한 상태였다.

고객의 마음을 되돌려라 ————————————————●

"실수는 하기 마련이죠. 이런 상황은 곤란하지만 이해는 합니다."

기업 공개 후 몇 주 뒤 다시 만났을 때 이렇게 너그럽게 말해 준 셰릴 샌드버그에게 감사할 따름이었다. 나는 그녀를 만나기 위해 비행기를 타고 캘리포니아로 갔고 기업 공개에서 벌어진 오류로 피해를 입은 모든 이들에게 사과하기 위해 할 수 있는 모든 일을 하려고 했다. 페이스북이 그 첫 번째 대상이었다. 샌드버그는 직접적으로 이야기했지만 놀랍도록 품위 있었다. 분명히 그들은 기업 공개 때 오류가 발생한 것이 달갑지 않았지만 그녀는 그들에게 득이 되는 방향으로 이해하려고 노력했다.

"앞으로 우리가 어떻게 하는지가 더 중요한 거지요. 그날 하루가 다가 아니니까요."

그들이 우리 거래소를 선택했을 때 뛰어난 기술력에 대한 나스닥의 명성을 믿고 있었던 만큼 그 사건은 페이스북 경영진에게도 아주 불미스러운 일로 인식되었을 것임이 분명했다. 그들은 뒤통수를 맞은 기분이었을 테지만 나스닥과의 인연을 고수했다. 나는 시간이 지나면서 우리가 그 중요한 관계에 입힌 피해를 보상해 줄 수 있게 되기를 바랐다.

시급히 관계를 복구해야 할 또 다른 대상은 월스트리트에 있는 우리 고객사들이었다. 그들은 페이스북 주식 공모 지연과 주문 처리 오류로 직접적인 피해를 입은 투자은행과 상장 주간사, 그리고 기타 기관들이었다. 그 소동 속에서 실제로 얼마만큼의 비용 손실이 발생했을까? 수천만 달러에서부터 수억 달러에 이르기까지 다양한 수치들이 제시되었다. 우리는 비용 손실에 대한 모든 책임을 지기로 결심했다. 하지만 그들이 얼마의 손실을 봤다고 주장하는 말만 듣고 보상할 수는 없는 노릇이었다. 우리는 청구를 접수받아 법적 보상 금액을 결정하는 합리적이고도 타당한 절차를 만들 필요가 있었다. 에릭 놀(Eric Noll)은 크리스 콘캐논의 후임으로 거래 처리 부문 부사장을 맡고 있는 뛰어난 인재로, 보상 금액을 산정하는 절차를 만들기 위해 머리를 짜냈다. 증권거래 위원회 또한 자체 조사를 진행 중이었고 우리가 어떤 안이라도 내놓기를 기다리고 있는 상황이었다.

실제로 우리가 져야 할 법적 책임은 어느 정도일까? 논란의 여지는 있지만 '아주 적다'였다. 규정집에는 거래 손실에 대한 우리의 법적 책

> "우리가 브랜드 이미지에 큰 손상을 입히고 모든 협력사들과 고객들을
> 화나게 만들어 놓고 적법성을 따지는 게 우리에게 무슨 이득이 된단 말인가?"

임은 아주 제한적이라고 분명히 언급하고 있는 조항이 있었다. 하지만 우리가 브랜드 이미지에 큰 손상을 입히고 모든 협력사들과 고객들을 화나게 만들어 놓고 적법성을 따지는 게 우리에게 무슨 이득이 된단 말인가?

이사회와 논의한 끝에 우리는 이 상황에서 만큼은 정책을 바꾸기로 결정했다. 이것은 민감한 결정이었다. 우리는 페이스북과 상관없는 거짓 청구가 폭주하는 것을 허용하고 내내 후회할 선례를 남기고 싶지 않았다. 그러나 페이스북 주식 공모와 관련된 피해에 관해서 만큼은 특별히 타당한 배상 청구에 한해서 모두 수용하기로 결정했다.

증권 거래 위원회는 우리가 배상 청구를 가능한 객관적인 태도로 심사하고 모든 고객들을 동등하게 대우해야 한다는 점을 매우 강조했다. 그들은 우리가 일부 고객들에게만 앞으로의 청탁이나 사업 계약에 대한 대가로 특별 보상을 제공하는 것을 금하고자 했다. 따라서 우리는 이 과정에서 고객들과의 상담이 허락되지 않았다.

에릭이 해당 상황을 분석하면 우리가 그에 따른 안을 제시했다. 이 대부분의 과정은 외부와의 접촉이 차단된 상태에서 이루어졌다. 월스트리트는 이를 혹평했다. 많은 이들이 이것은 법적 책임을 다하는 태도가 아니라고 지적했다. 그래서 에드 나이트가 증권 거래 위원회를 다시

찾아가 우리가 피해를 입은 고객들을 직접 만나서 처리할 수 있어야만 한다고 그들을 설득했다. 마침내 증권 거래 위원회가 한 발 물러서 주었고 우리는 접근 방식을 바꿀 수 있었다.

그 후 몇 주에 걸쳐 나는 시타델(Citadel)의 전설적인 창립자이자 CEO인 켄 그리핀(Ken Griffin)에게 이 문제를 상담하게 되었다. 그는 거래에 있어 업계에서 가장 철저한 CEO 중 한 사람으로 정평이 나 있었다. 그리고 이런 문제가 있을 때 그의 분석적 마인드는 우리가 타당한 방식을 개발해내어 고객들의 '승인'을 받아내는 데 매우 유용할 것 같았다. 여러 번 이야기를 나누면서 그는 나스닥의 계획에 대해 의견을 주었다. 그리고 우리가 피해를 입은 고객들을 납득시키는 것을 도와주었다.

어려운 토론 끝에 우리는 최종 합의에 도달했다. 정해져 있는 특정한 시간 동안 보유 주식을 매도하려고 했거나 혹은 매수 주문을 한 후 이어서 취소 요청을 했다면, 우리는 그 주문 요청들이 그 당시 확인 처리가 된 것으로 간주하고 이어서 발생한 주가 하락의 결과로 잃게 된 모든 돈을 보상해 주기로 결정했다. 다시 말하면, 우리 시스템이 오작동했던 짧은 시간 동안 시스템이 완벽하게 작동했던 것으로 가정하고 보상금을 산정해 고객들에게 보상하겠다는 것이었다.

우리는 무한한 시장의 수용력이 당시 발생한 모든 매도와 취소를 흡수할 수 있다는 가정을 이 합의의 전제로 받아들였다. 나스닥은 추정되는 책임 비용을 계산하여 예상되는 청구 건을 처리할 수 있는 비용을 따로 준비했다. 증권 거래 위원회는 이것을 승인했고, 금융 산업 규제 당국(Financial Industry Regulatory Authority)과 그곳의 CEO 리처드 케첨

(Richard Ketchum)은 이 보상 절차를 감사하는 일에 기꺼이 응해 주었다.

페이스북 기업 공개와 관련한 마지막 임무로, 나는 그리핀에게 최종 단계를 제시했다. 모든 협상이 마무리되었고 월스트리트의 거의 모든 주요 고객들이 우리가 제시한 조건을 받아들였다. 수백만 달러의 손실을 감내해야 하는 길고 지치는 과정이었고 그런 협상에는 약간의 감정적인 어려움도 있기 마련이다. 대부분의 경우 나는 동료, 경쟁자, 또는 친구들과 테이블을 사이에 두고 마주보고 협상해야 했다.

내가 최종 세부사항에 관한 설명까지 모두 마치자 그리핀은 전화선 저편에서 잠깐 동안 침묵했다.

"켄, 모두 괜찮다고 생각하시나요?"라고 내가 묻자 그는 이렇게 답했다.

"네, 모두 좋은 것 같아요. 당신이 이 일에 이렇게 신경써주어 감사드립니다."

그리고는 또다시 말을 끊더니 아주 천천히 그리고 신중히 덧붙였다.

"우리는 잘 해내고 있어요, 로버트."

그것은 말 이상의 그 무엇이었다. 그만의 표현 방식이었다. 그 말에는 우리의 상담을 이제 마무리 지어도 되겠다는 의미가 담겨 있었다. 나는 그의 최종 승인을 받아들였다. 우리는 동료이자 고객, 그리고 어떤 경우에는 경쟁자의 관계로 다시 돌아갈 수도 있다. 나는 이 급박했던 시기에 그리핀이 보여준 공정하고도 냉정한 판단을 항상 기억할 것이다.

　페이스북의 기업 공개가 있고 난 다음 주 페이스북 개장벨 행사 때 내가 저커버그 옆에서 주먹을 들어올리는 사진이 유감스럽게도 비즈니스 채널에서 끊임없이 반복 재생되었다. 전 세계 시청자들이 보는 앞에서 추락하는 순간이었다. 나는 대중의 시선을 받는 것에 익숙해졌고(특히 런던 증권 거래소와 뉴욕 증권 거래소 인수 입찰 시기에) 짧은 기간이나마 언론의 집중 조명을 받은 경험도 있었다. 하지만 이건 악의적인 관심이었다. 언론의 관심에서 벗어나기 힘들었던 몇 주간 큰 피해를 입었다. 한 매체의 사진 설명에는 이렇게 나와 있었다.

　"로버트 그리필드: 거래소 먹통 될 때 주먹 쥐고 환호성."

　페이스북 기업 공개가 있었던 주 토요일은 내 딸 케이티의 18번째 생일이었다. 딸에게는 특별한 날이었고 가족들과 친구들이 함께 우리집 잔디밭에서 생일 파티를 했으므로 아름다운 늦봄의 배경이 내 마음속에서 소용돌이치던 먹구름 떼와 대비를 이루었던 것이 기억난다. CEO의 삶은 힘겹지만 보통은 이런 중요한 가족 행사에 동참하지 못할 정도는 아니었다. 하지만 이 날은 일을 그저 일로만 분리해 두는 것이 불가능했다. 줄리아는 내 곁에 있어 주었고, 그것은 딸아이가 성년으로 접어드는 순간에도 떨쳐버릴 수 없었던 우울함 속에서 위안이 되었다.

　나스닥에서 근무하는 몇 년 동안 나는 금융계에서 자연스럽게 대중적 인지도를 높여왔다. 나는 CNBC와 블룸버그와 같은 경제 채널의 고정 출연자였다. 가끔은 더 일반적인 종합 프로그램이나 인쇄매체에 등장하기도 했다. 그럼에도 나는 사람들이 알아보는 대중적 인물과는 거

> "CEO로서의 나의 성향은 일어난 문제 속으로 뛰어들어가 문제를 파악하고 해결하며 집중력을 흩트리는 다른 모든 요소들은 차단하곤 한다."

리가 멀었다. 나는 글로벌 브랜드의 대표 얼굴로서 나의 역할을 다하려고 노력했지만 스포트라이트를 받고 싶지는 않았다.

그러나 지금 나는 언론의 분노 한가운데 놓여 있는 악명 높은 CEO가 되어 있었다. 업계 동료들은 나의 지도력을 의심했다. 전문가들은 내가 자리에서 물러날 것을 요구했다. 나는 〈뉴욕 포스트〉의 '이 주의 패배자'라는 칼럼에 나왔다. 거기 등장했다는 것은 악명이 높다는 확실한 증거였다. 그것도 결국에는 지나가겠지만 나스닥의 브랜드 이미지에는 가능한 타격을 주지 않고 폭풍 속을 무사히 헤치고 나오는 것이 중요했다.

CEO로서의 나의 성향은 일어난 문제 속으로 뛰어들어가 문제를 파악하고 해결하며 집중력을 흩트리는 다른 모든 요소들은 차단하곤 한다. 하지만 전적으로 그렇게 할 수는 없었다. 사실 우리는 한 번에 수십 가지 일들을 해야만 했다. 특히 언론사들을 관리하고 어떤 사건이 발생했을 때 대외 홍보의 부정적 효과를 가능한 최소화하도록 관리하는 등의 일도 포함된다. 상황이 더 복잡했던 이유는 내 주변의 팀에 변동이 있었기 때문이었다. 이를테면 우리는 이런 상황에서는 역할이 더 중요하다 할 수 있는 홍보팀의 새로운 전무를 찾고 있었다. 제레미 스쿨(Jeremy Skule)이 곧 그 자리에 와서 훌륭히 역할을 해낼 테지만 이때는 그가 오기 수 개월 전이었다.

홍보팀과 협의한 끝에 나는 TV 인터뷰를 하기로 결정했다. 우리는 마리아 바티로모(Maria Bartiromo)를 선택했고 그녀는 당시에 CNBC에서 방송을 하고 있었다. 비즈니스 채널에 자주 등장하는 인기 있는 방송인으로 그녀는 균형 잡힌 인터뷰를 진행하는 것으로 알려져 있었다. 그녀는 그저 "옳거니!" 하면서 꼬투리 잡을 거리만을 찾는 방송인이 아니었다. 우리는 그녀가 페이스북 기업 공개 소동과 관련해 우리가 속시원하게 해명하고 우리의 대응 노력을 설명함으로써 고객들의 마음을 다시 돌릴 수 있는 토론의 장을 마련해주길 희망했다.

인터뷰는 마켓사이트에서 진행됐다. 바티로모와 나는 서로 아는 사이였고, 그래서 함께 자리에 앉자 친근함과 우정까지 느껴졌다. 하지만 그런 분위기는 카메라가 돌아가기 시작하자 재빨리 바뀌었다.

"당신은 어디에 있었나요, 로버트? 누가 책임자였죠?"

그녀는 시작하자마자 나에게 어려운 질문을 날렸다. 쉬운 인터뷰가 아니었다. 그녀는 나스닥의 답변이 너무 적었고 너무 늦었음을 암시했다. 뉴욕 증권 거래소의 대외 홍보를 예로 들며, 우리의 접근 방식의 문제점들을 나열했고 뉴욕 증권 거래소였다면 더 잘 대응했을 것이라고 말했다.

하지만 그녀는 공정한 질문도 던졌고 내가 답변할 기회도 줬다. 그것이 우리가 기대할 수 있는 전부였다. 그 인터뷰는 내 평생에 내가 업계에서 아는 모든 사람들, 친구들, 동료, 경쟁자 모두가 나스닥이 어떻게 답변하는지, 그리고 내가 그 순간을 어떻게 모면하는지 보기 위

해 시청하고 있었던 단 하나의 인터뷰였다. 솔직하고 성의 있게 답변
하고 회사를 변호하면서도 방어적이지 않게, 우리의 실수에 대해 사과
하면서도 법적 책임에 대한 범위는 확실히 선을 그으며, 솔직 담백하
면서도 책임지는 자세를 보이고, 미래 지향적인 동시에 반성하고 공감
하는 태도를 보이는 것이 중요했다. 아, 그리고 일상 대화에서도 그렇
듯이 언론 보도 상황이나 법적 책임을 더 복잡하게 만들 수도 있는 말
은 삼가야 했다.

그녀의 마지막 질문은 가장 어려운 질문 중 하나였다.

"이 일로 누군가의 자리가 위태로운 상황인가요? 누가 잘릴 수도 있
나요?"

그녀는 잠시 말을 멈추었다가 다시 질문했다.

"당신의 자리가 위태로운가요, 로버트?"

"그건 제가 답변할 문제가 아닙니다"라고 나는 대답했다.

"하지만 지금까지의 제 실적이 그에 대한 답변이라고 생각합니다. 저
희에게 좋은 시기가 아니었습니다. 상황이 아주 안 좋은 시기였죠. 하
지만 저희는 이 일을 계기로 더 나은 기업으로 거듭날 것입니다."

솔직히 말해서 나는 내 자리가 위태롭다고 느끼지는 않았다. 나를 항
상 지지해주는 이사회가 있었고, 그 상황에 대해 아무도 좋게 보지 않

앉을 때 그들은 나를 포함해 누군가에게 모든 책임을 전가하려고 하지 않았다. 에드 나이트는 그 어려운 시기에 내게 좋은 조언을 해 주었다.

"모든 부담을 스스로 짊어지십시오"라고 그는 충언했다.

"그렇게 하면 이사회를 포함해 다른 모든 이들의 부담을 덜어주게 됩니다. 그러면 이사회 스스로 대중 앞에서 부끄러움이나 책임을 느끼게 될 거예요. 그렇지 않고 그들이 직접적인 압박을 느끼게 되면 결국 CEO가 곤란한 상황에 빠지게 되고 맙니다."

그래서 나는 이 사태와 관련해 대표 인물로 나서서 모든 비난을 받으려고 노력했다. 전략적으로든, 조직적으로든, 그리고 가장 중요하게는 윤리적으로 그렇게 하는 것이 옳아 보였다. 조만간 언론은 다른 쪽으로 관심을 돌리게 될 것이고 페이스북 기업 공개는 헤드라인에서 점차 사라지게 될 것이다. 그리고 나는 다시 내 본분으로 돌아가 이 사태의 결과로 드러나게 된 내부의 문제들을 해결하는 데 나의 모든 시간을 쏟을 수 있게 될 것이다.

행운 부적

그 사태가 벌어지고 몇 주 후, 월요일 아침 사무실에 앉아 있는데 내 비서가 아데나 프리드만이 나를 만나기 위해 이 건물에 와 있다고 알려왔다. 칼라일의 최고재무책임자로서 아데나는 요즘 워싱턴 DC에서 대부분의 시간을 보냈지만 우리는 그녀가 뉴욕에 오면 가끔 만나곤 했다. 그래도 이 방문은 예상치 못한 갑작스러운 방문이었다.

아데나는 사무실로 들어오며 동정어린 다정한 표정을 지어 보였다.

"그냥 인사드리고 싶어 들렀습니다. 지난 몇 주 동안 회사 분위기가 어땠을지 짐작이 가네요."

아데나는 자신의 지지를 표시하고 싶어서 온 것이었다. 어쨌든 그녀는 나스닥에서 거의 20년간 일했고 내 밑에서 거의 10년간 일했다. 칼라일에서 조차 그녀는 나스닥이 대중적 망신을 당하는 상황을 견디기 힘들었던 것이다. 몇 주 동안의 비상 사태 수습과 과중한 업무, 끝없이 홍보 전략을 짜거나 언론에 나온 예언자들과 전문가들의 뭇매를 맞는 등의 일을 겪고 난 뒤, 해결할 문제나 사욕 없는 다정한 얼굴을 볼 수 있다는 것이 좋았다. 잠깐 동안 서로의 생활 이야기에 집중하다 보니 페이스북 사태와 관련된 소동은 잠시 잊을 수 있었다. 몇 분 이야기를 나눈 후, 아데나는 자리에서 일어났다.

"가기 전에 드릴 것이 있어요."

그녀는 주머니에 손을 넣더니 자그마한 네잎클로버를 끄집어냈다.

"주말에 아들의 리틀리그 야구 경기에 갔다가 발견한 거예요. 지니고 계시면 좋겠다는 생각이 들었어요."

그녀는 네잎클로버를 책상 위에 내려놓고는 문 쪽으로 걸어가 돌아보고 이렇게 말했다.

"모든 일에 행운을 빌게요."

나는 그녀의 따뜻한 배려에 놀라고 감동받았다. 세계에서 가장 큰 사모펀드 그룹의 능력 있는 최고재무책임자인 아데나가 주말에 아들이 야구 경기하는 모습을 보기 위해 몇 시간 동안이나 앉아 있는 모습이 눈에 선했다. 나는 그녀의 타고난 재능 중 하나가 패턴 인식이라는 것을 알고 있었다. 보나마나 한편으로는 야구 경기를 보면서도 다른 한편으로는 그녀의 모든 지능이 어느 여름날 공원에서의 다른 소일거리를 찾고 있었을 것이다. 클로버들이 모여 있는 곳에서 다른 클로버를 찾는 것보다 더 좋은 소일거리가 어디 있었겠는가? 그리고 나를 위한 행운의 부적으로 네잎클로버 하나를 챙겨올 생각을 하다니 얼마나 사려 깊은가.

나의 전 임원들 중 다수와 그렇듯이 아데나와 나는 나스닥에서 함께 일하면서 그녀가 퇴사한 뒤로도 계속 이어질 유대감을 형성했다. 사실 나스닥에서 나와 함께 일한 팀들에게는 일반적인 일이다. 심지어 요즘에도 나는 나스닥 임원진으로 함께 일했던 오랜 동료들과 정기적으로 만난다. 사람들은 비즈니스의 경쟁 구도에 대해 자주 언급하는데 물론 그것도 비즈니스의 일부분이다. 하지만 내 경험에 비추어 봤을 때 기억에 남고 오래 가는 것은 협력적 유대감이다. 나는 나스닥 대격변의 시기를 함께 지나온 사람들의 경우 특히 더 돈독한 유대감이 형성되었다고 생각한다.

비록 나스닥을 떠났지만 아데나는 여전히 나스닥이 총애하는 딸이었고 나는 언젠가 그녀에게 다시 나스닥에 합류할 것을 제안할 때가 오길 바랐다. 하지만 아직은 그럴 시기도 장소도 아니었다. 지금은 이미 떠난 사람과 그 사람의 앞날에 대해 고민할 때가 아니었다. 내게 당면한 문제는 '출발자 명단에 누군가를 추가해야 할까?'라는 고민이었다.

"한 번 옳은 접근방식이었다고 해서
그것이 다음번에도 옳은 접근방식이 되리라는 법은 없다."

책임 떠안기

그렇다면 페이스북 사태의 책임은 정말 누구에게 있었던 것일까? 나는 나스닥 기술팀에 형성되어 있었던 문화가 우리가 페이스북 기업 공개 때 겪은 문제에 대해 상당 부분의 책임이 있다고 판단했다. 사실 나의 탁월한 개발팀은 타협하지 않고 너무 완벽만을 추구하려다 기본적인 일도 그르치게 될 수 있다는 생각에서 완벽을 선의의 적이라고 상정한 바 있었다. 그렇다고 어느 한 사람이 모든 책임을 지고 나가야 한다는 의미는 아니었다. 만약 어떤 불법 행위나 경쟁력 떨어지는 업무 수행이 연관된 행위였다면 결정이 쉬웠겠지만 누구도 나스닥에 해를 입히려고 일하러 온 사람은 없었고 기업 공개 때의 문제점은 경쟁력 부족을 탓할 수 없는 종류의 것이었다.

나는 페이스북의 기업 공개 사태를 통해 다시 한 번 중요한 교훈을 얻게 되었다. 한 번 옳은 접근방식이었다고 해서 그것이 다음번에도 옳은 접근방식이 되리라는 법은 없다는 것이다. 나스닥 개발팀은 전자 주식 거래 시스템들이 전쟁을 벌이던 초창기에 구성되어 거의 스타트업처럼 가볍고 빠르게 운영되었다. 인스티넷 인수 후 나의 특별 승인으로 그들은 나스닥의 기존 IT팀의 문화와는 다르게 대부분 별개로 운영되었다. 나스닥 IT팀의 기존 문화는 코드에 수정이 발생할 때마다

세 개의 부서에서 결재를 받은 품의서를 3부씩 남겨두어야 하는 구시대적 관리 방식이었다. 그 시대에는 그렇게 요구했었다. 반면 요즘은 효율성을 중시하는 시대이고, 우리는 한때 나스닥에서 너무나 일반적으로 여겨졌던 관례들을 물리쳤다. 하지만 비즈니스 환경은 계속 변화하고 있었다. 생존 위협은 크게 줄었고 전자 주식 거래를 기반으로 한 증권업계의 근본적인 구조조정은 거의 완성된 상태였다. 그에 따라 나스닥 거래 처리 사업 부문에서는 또다시 속도보다는 안정성이 우위를 차지하게 된 것이다.

하지만 기관들은 마치 유기적 조직체와 같이 위기가 충격이 되어 그 시스템을 새로운 방향으로 이끌지 않는 한 어떤 타성에 사로잡혀 새로운 것을 투입하지 않고 주로 이미 자리를 잡은 궤도를 따르려고 하는 경향이 있다. 2003년 내가 처음 나스닥에 왔을 때가 전체 회사의 궤도를 바꿀 수 있었던 충격이었다. 그보다는 조금 약했지만 페이스북 사태도 또 하나의 충격이었다.

나는 기술팀 친화적인 문화를 만드는 것을 지원했고 개발자의 손에 많은 신뢰를 줘어주었다. 그것을 후회하지는 않는다. 나스닥은 기술팀 덕분에 아주 수익성이 좋아졌고 전환기에 시장 선두를 지켜낼 수 있었다. 하지만 이제는 비즈니스 순환 주기의 다른 지점에 와 있었다. 우리는 더 이상 기술적으로 뒤처질까 봐 위협을 받는 입장이 아닌 반면 오히려 대외 홍보와 관련된 문제들이 우리를 위협하고 있었다. 기술 발전에 대한 압박은 이제 다른 방향을 가리키고 있었고, 그것은 더 보수적인 접근방식을 요구했다. 내 철학이 반영된 '개발자를 무조건 믿는

> "우리는 컴퓨터와 소프트웨어가 절대로 완벽할 수 없는
> 세상에서조차 완벽해야만 했다."

다'는 문화는 페이스북 기업 공개에서 결정적으로 힘에 부치는 전쟁을 치렀다. 우리는 다시 진화해야 했다. 그것도 시급하게.

당시 우리가 조직적으로 어떤 어려움에 직면해 있었는지 나는 확실히 알고 있었다. 그 후 몇 달 동안 살얼음판을 걷는 기분이었다. 우리는 페이스북 폭풍을 잘 헤쳐 나왔는지도 모른다. 하지만 세간의 이목을 끄는 또 다른 문제가 터져 사태를 더 악화시킬 수도 있는 일이었다. 무슨 수를 써서라도 그것만큼은 막아야 했다.

우리는 우리 거래소만 걱정하면 되는 것이 아니었다. 우리가 소프트웨어를 공급하는 90여 개의 거래소들이 전 세계에 걸쳐 있었다! 우리는 항상 프로그램 코드를 업데이트하고 있었다. 우리 선의의 기술팀이 감추고 있는 생각지도 못했던 문제가 도사리고 있는 것은 아닌가? 더구나 우리 고객들 중 일부는 그들의 시스템을 아무렇게나 다뤘다. 하지만 뭔가 문제가 생길 경우 누가 비난을 받을지는 너무나 뻔한 일이었다. 특히 이런 시기에는 말이다. 지난 세월 우리가 보여준 선의의 저장고가 얼마큼 차 있었던 상관없이 페이스북 사태로 저장고가 고갈된 것이다. 우리는 컴퓨터와 소프트웨어가 절대로 완벽할 수 없는 세상에서조차 완벽해야만 했다.

나는 기술팀에게 사내 '자진 신고 기간'을 제시했다. 최근에 일어난

사태와 관련해 우리 시스템에서 문제의 원인이 됐을 것으로 보이는 코드 오류를 인지하고 있는 사람이 있다면 반드시 즉각 알려 달라고 발표했다. 나는 그 코드 오류의 잠재적 문제도 완벽하게 모두 공개해 주길 당부했다. 그렇게 자진 신고할 경우 면죄부를 줄 것도 약속했다.

그럼에도 누군가가 페이스북 사태에 대해 책임을 져야 하는가? 기술팀에서 큰 실수가 난 것이라 가정하고 생각해 보면, 한 사람의 자연인이 그 그룹을 책임지고 있었다. 그러나 누군가가 책임을 져야 하는가의 문제를 고민해 봤을 때 나는 그것이 기술 경쟁력이 부족해서 벌어진 잘못이 아니라 궁극적으로 조직문화에 문제가 있었다는 사실을 깨달았다. 그리고 내가 자주 말해온 것처럼 문화는 조직의 가장 윗선에서 나온다. 기술팀 책임자에게 책임이 없다는 것이 아니라 나에게도 책임이 있다는 뜻이고 그것이 요지이다.

어쨌든 나는 이번 실패를 허용해준 문화를 장려했었다. 그 불편한 진실을 모른 척하는 것은 솔직하지 못한 것 같았다. 나는 우리 기술팀과 기술팀의 문화를 바꾸어야 할 필요가 있다는 사실을 알고 있었지만 우리의 피는 더 이상 흘리지 않고 새로운 피를 수혈받을 수 있을 것이라 생각했다. 그래서 언론의 집중 포화가 사그라지자, 나는 페이스북 사태 이후 팀 개편을 주도할 새로운 책임자를 물색하기 시작했다.

좋은 해결책을 찾기 위해서는 기존의 틀에서 벗어난 사고를 할 필요가 있었다. 그래서 IBM에 우리의 IT 상황을 시스템 전반적으로 검사해 줄 것을 요청했다. 외부자의 시각은 중요했다. 우리는 보통 자문을 구하는 경우가 별로 없었다. 자문위원을 고용해 지금이 몇 시인지 물어

보면 그들은 당신의 시계를 보고 답을 해줄 거라는 낡은 농담을 나는 가슴에 새기고 있었다. 그러나 이 경우에는 자문위원이 확실히 필요했다. 제3자의 입증이 필요했기 때문이다. IBM은 준비가 철저했다. 그들은 우리가 모든 일을 어떻게 했는지 분석하고 그것을 향상시키기 위한 제안을 담은 종합 보고서를 우리에게 제시했다. 우리는 그들이 할 말을 거의 대부분 알고 있었지만 그럼에도 그것은 유용했고 우리가 발전해 나가는 데 도움이 되었다.

나는 경영진과도 시스템의 신뢰성에 대해 깊이 있게 고민하는 시간을 가졌다. 우리는 100%의 신뢰성을 기대하는 비즈니스 환경에서 살고 있었다. 하지만 소프트웨어 시스템은 결코 그럴 수가 없었다. 몇 주마다 한 번씩 우리는 회사의 주 시스템에 큰 문제가 발생하는 것을 목격한다. 따라서 확연히 불완전한 기술의 세계에서 어떻게 완벽에 대한 기대에 부응하겠는가? 평가 과정의 일부로 나스닥팀은 절대적으로 높은 신뢰성을 유지하는 다른 업계를 연구했다. 그래서 시스템 신뢰도가 사활이 걸린 문제로 작용하는 통신업계와 항공업계의 관행 중 유용한 부분을 채택했다.

수년 동안 우리의 시스템은 99.99%에 육박하는 높은 신뢰성을 달성했다. 매우 인상적인 결과로 들리며 사실이 그렇다. 99.99%는 괜찮은 성적이긴 하지만 99.999%에 도달하게 하려면 시스템이 너무 통제되어 혁신을 꾀하거나 경쟁하는 것이 거의 불가능해진다. 나는 IT 시스템에 대해 더 보수적인 접근법을 수용할 준비가 되어 있긴 했지만 그것에도 여전히 일장일단이 있다는 점도 알고 있었다.

> "성공적으로 성장하기 위해서는
> 여전히 혁신하여 시장을 선도해야 했다."

미래의 IT팀이 모든 것을 너무 지나치게 통제하는 방향으로 간다면 나스닥의 기술 혁신은 그 자리에 멈춰 서게 될 것이다. 지난 10년 동안은 기술 혁신에 대한 위협을 느끼지 않아도 되었고 그것이 급박하게 걱정해야 할 사항도 아니었다. 하지만 향후에 문제가 될 소지는 있었다. 오히려 우리는 덜해지기는 커녕 더욱 더 기술 중심의 기업이 되어가고 있었다. 예전의 기술팀에게 중요했던 속도와 민첩성은 이제 그만큼 중요시 되지 않을지도 몰랐다. 하지만 성공적으로 성장하기 위해서는 여전히 혁신하여 시장을 선도해야 했다.

2012년 말 즈음 IT팀에 새롭게 발탁할 인물이 2명의 후보자로 좁혀졌다. 한 명은 유럽 은행 출신이었다. 그는 준비된 전문가로, 엄격하게 격식을 차리는 보수적인 성격을 지니고 있었다. 그는 의사가 우리의 상태를 진찰하고 시급하게 처방을 내린 그 약 자체였다. 그러나 채용 여부를 두고 고심했을 때 그가 우리에게 전문성을 가져다주기는 하겠지만 더 장기적인 미래상도 고려해야 한다는 점이 우려되었다. 나는 과거에 성공했던 전략을 현재에도 통할 것이라 믿고 사용하는 함정에 빠지고 싶지 않았다. 페이스북 사태가 발생한 지 몇 개월이 지난 후였고 우리는 그 여파에서 조금씩 벗어나고 있었다. 나는 그 사람을 채용할 경우 한 가지 문제는 해결하더라도 향후 또 다른 문제가 생겨날 것이 걱정되었다. 더 보수적인 권위와 혁신적인 정신을 동시에 들여올 수는 없는 걸까? 나는 무용수의 우아함과 군인의 절도를 다 겸비하고 이 두 가지 사이를 오갈 수 있는 인물을 찾아야만 했다.

그렇다면 두 번째 인물인 브래드 피터슨(Brad Peterson)에 대해 알아보자. 그는 찰스 슈왑의 최고정보책임자였고 그 전에는 이베이에서 일했으므로 금융계와 실리콘밸리 모두에서 일해 본 경험이 있었다. 나는 브래드가 청바지를 입고 면접에 나타난 것을 보고 그가 격식을 따지는 성격이 아닐 것 같다는 의심이 들었다. 그는 토요일이라서 청바지를 입은 것이라고 방어했고 나는 압박 질문을 던졌다.

"이 일에 왜 관심이 있는 거지요?"

"저는 이 일에 그렇게 관심이 많지 않습니다"라고 그는 직설적으로 답했다.

"그래도 여기에 와 있지 않소."

나는 약간 미심쩍어하며 잠시 후에 이렇게 말했다.

나중에 알게 된 바로는 그는 진지하게 고민해볼 시간을 가지지 못한 채 막판에 면접을 수락하게 된 것이었다. 시작은 어색했지만 계속 면접이 진행되면서 나는 서부 해안의 분위기를 풍기는 이 밝고 재미있는 기술 전문가가 좋아지기 시작했다. 어느 순간 그는 내게 직접적으로 물었다.

"페이스북 기업 공개에서 무엇이 문제였다고 생각하시는지요?"

나는 "이렇게 말하면 별로 안 좋아하겠지만, 우리 기술 개발팀이 너무 많은 권한을 가지고 있었기 때문에 당신이 여기에 온다면 그걸 바꿔주셔야 합니다"라고 답했다.

브래드는 내 답변에 당황하는 기색이었다. 우리는 기술, 비즈니스, 금융, 그리고 나스닥의 역사에 대해 두어 시간 동안 이야기를 나누었다. 그는 창조적인 사고가이자 우리를 괴롭히는 문제를 해결하는 것뿐만 아니라 차세대 기술 플랫폼을 만들어 나갈 수 있는 인물이라는 느낌이 들었다. 대화가 끝나갈 무렵 나는 나스닥이 드디어 차기 최고정보책임자를 찾아냈음을 알 수 있었다.

장기적 여파

2년 후, 브래드와 나는 홍콩의 한 회의실에서 알리바바의 공동 창립자이자 부회장인 조 차이(Joe Tsai)와 함께 임박한 알리바바의 기업 공개에 대해 논의하고 있었다. 알리바바는 중국에서 가장 최대 규모의 기업 공개였고 페이스북 이후 가장 상장 유치를 원했던 기업이었다. 아이넷 시절부터 오랜 협상 친구인 글렌 허친스(Glenn Hutchins)가 나스닥 이사회에 있었고 차이와 친분이 있었으므로 그도 회의에 동석했다. 인베스터 AB의 전 사장이자 나스닥 이사회의 현 회장인 뵈르예 에크홀름(Borje Ekholm)도 함께 자리했다. 차이는 한때 에크홀름 밑에서 일한 적이 있으며 나중에 그를 알리바바 이사회의 이사진으로 앉히게 된다. 다시 말해서 우리와 알리바바는 여러 면에서 인연이 깊었다. 보통 때 같았으면 이 올스타팀이 우리가 상장을 따낼 거라는 내 자신감을 상승시켜 주었을 것이다. 하지만 페이스북 사태 이후 대규모 기업 공개를 따내는 일과 관련해서는 아무것도 당연한 일은 없었다.

그날 알리바바와의 미팅에서 브래드가 나스닥의 급진적으로 간소화된 새로운 기업 공개 절차를 우리에게 보여주었을 때(그 절차는 이제 프로그램 코드로 60행 정도밖에 되지 않았다), 나는 페이스북 사태의 원인이 된 내부적인 기술 문제는 우리가 이미 해결했다는 걸 알 수 있었다. 우리 기술팀의 기술적, 문화적 변화가 많은 측면에서 조직을 향상시키고 있다는 것을 확신할 수 있었다. 하지만 그게 다가 아니었다. 우리는 또한 업계 평판과 페이스북 사태가 있기 이전의 탄력을 회복하기 위해 열심히 노력했다. 감사하게도, 산업계는 기억력이 그리 좋지 못했다. 그리고 기업 공개를 고려 중인 대부분의 새로운 기술 기업들은 페이스북 기업 공개 때 일어난 일에 대해 그다지 개의치 않았다. 2013년과 2014년에 우리는 많은 신규 상장을 따냈고 페이스북 사태와 관련한 대부분의 잡음은 금세 수그러들었다.

그러나 한 가지 문제는 남아 있었다. 은행가들은 기술 개발자들보다 기억력이 좋고, 유감스럽게도 그들의 의견은 알리바바와 같은 대형 기업 공개가 결정될 때 더 중요하게 작용했다. 홍콩에서 그토록 노력했음에도 우리는 알리바바의 신규 상장을 따내지 못했다. 조 차이 혹은 잭 마(Jack Ma) 때문이 아니었다. 은행과 상장 주간사들의 압박 때문이었다. 그들 중 다수는 알리바바와 같은 대형 고객들에게 '단지 안전성을 위해' 뉴욕 증권 거래소를 강력히 추천하고 있었다.

우리 팀은 알리바바의 신규 상장을 놓친 원인을 분석했고 기업 공개 절차의 기술 외적인 측면을 근본적으로 개편했다. 그것이 그날 아침 페이스북 사태에서 시작된 여정의 마지막 단계였다. 우리는 은행들과 대화하고 우리가 서비스의 일환으로 무엇을 해주기를 원하는지 물어보면서 고객 서비스의 시각에서 문제를 접근했다. 그리고 우리 자신을 거래소라고 인식하는 것에서 기술 기업으로 인식하는 것으로의 사고의 전환이 일어났다. 거래소는 그들의 시스템 내에서 거래하는 회원 기관들을 보유하고 있으며 저비용 운영에 주로 관심이 많다. 기술 기업들은 제품과 소프트웨어 서비스를 가지고 있으며 고객 경험이 아주 중요하다. 우리는 기업 공개 절차를 후자의 경우에 속하는 일로 간주하기 시작했다. 나는 심지어 기업 공개에 대한 책임 소재를 거래 처리 사업 부문에서 기업 고객 그룹(상장 사업 부문)으로 이동시켰고 그것은 중요한 변화였다.

현재 나스닥의 기업 공개 절차는 2012년과 같은 자동화된 경매방식이 아니다. 나스닥 기업 공개 경매인은 직접 접촉하고 선별하는 고객 중심의 과정 속에서 모든 것을 조심스럽게 감독한다. 그렇게 함으로써 더 나은 절차와 더 우수한 상품, 훨씬 향상된 고객 경험을 제공하게 되었다. 시간이 지남에 따라 우리는 새로운 절차에 대해 아주 많은 칭찬을 받았고 내 임기가 끝날 무렵에는 실추되었던 나스닥의 명예가 거의 회복되었다고 말해도 과장이 아니라고 생각한다. 위기 상황에서는 언론과 기싸움을 벌이고 대외적으로 선제공격을 해 나가야 한다. 그러나 궁극적으로 가장 훌륭한 자세는 제품과 서비스 혁신으로 응답하는 것이다. 즉, 자신의 잘못을 방어만 하기 보다는 고객들과 대화하고 제품과 서비스를 향상시키는 것이 중요하다.

거북이를 닮으라 ————————————————●

나는 거북이를 아주 좋아한다. 실제로 애완용으로 수십 마리를 기르고 있다. 거북이는 꾸준하다. 딱딱한 껍데기를 가진 한결같이 변함없는 생명체이다. 그들은 공룡시대 때부터 존재했고 생존하는 법을 알고 있다. 그렇다. 비즈니스에서는 가끔 속도가 중요하다. 그러나 명확하고 일관적인 방향성이 없는 속도는 아무 의미 없는 빠른 동작일 뿐이다. 어떤 경우에는, 특히 위기의 순간에는 천천히 그리고 신중하게 움직일 필요가 있고 자신의 둔감함에 의지해야한다. 거북이는 그것을 할 줄 안다.

페이스북 사태는 내 커리어에 있어서 가장 힘들었던 순간 중 하나였다. 하지만 우리는 공포에 사로잡히지 않았다. 우리는 우리의 기본적인 비즈니스 모델을 의심하지 않았다. 나는 나의 지도력을 의심하지 않았다. 그리고 우리는 수년간 나스닥이 이룬 놀라운 발전을 의심하지 않았다. 하지만 개선해야 할 중요한 문제가 없는 것처럼 가장하지도 않았다.

내가 가장 좋아하는 미식 축구 감독 중 한 명인 빌 파셀스(Bill Parcells)가 자주 말했듯이 "당신의 기록이 바로 당신이다." 페이스북 사태가 발생하기 전 나스닥의 기록은 아주 훌륭했다. 페이스북 사태의 오명이 우리를 규정해버리지는 못했지만, 여전히 우리 기록의 일부로 남게 되었고 회사를 더 나은 방향으로 이끄는 촉진제가 되었다.

경쟁이 치열한 환경에서는 어느 누구도 완벽한 기록을 가지지 못한다. 심지어 세계 최정상에 우뚝 선 순간에도 너무 오랫동안 스스로를 대견해하지는 말라. 그것이 오만함과 잘못된 만족감을 낳을 수 있다. 당신이 성공의 기쁨에 젖어 있는 동안 당신의 경쟁자들은 당신의 자리를 빼앗을 궁리를 하고 있다. 그리고 항상 좌절을 받아들이고 다음 단계로 나아갈 준비를 하고 있어야 한다. 결코 달갑지 않은 일이지만 손실을 받아들이고 그에 잘 대응하는 능력도 아주 중요한 지도자의 기술이다. 그리고 내가 바르티로모와의 인터뷰에서 말했던 것처럼 우리는 그 결과 더 나은 기업으로 거듭났다.

페이스북은 CEO로서 나의 삶에 '이전'과 '이후'를 명확하게 구분지어 주었다. 거북이처럼 우리는 머리를 수그린 채 열심히 일하면서 천천히 신중히 발전을 도모했다. 우리는 2012년 봄날의 모든 고통과 스트레스가 우리를 규정해버리도록 그냥 놔두지 않았다. 오히려 그것을 강한 발전동기로 삼았다.

| 리더의 경영분석-성공하는 리더의 4가지 자세

● **비난을 감당하라**
  때때로 리더는 대중 앞에 대표로 나서서 실수에 대한 비난을 감당해야 한다.

● **승리에 흡족해하거나 패배에 집착하지 마라**
  당신이 성공의 기쁨에 젖어 있거나 상처를 위로하고 있는 동안 당신의 경쟁자들은 당신의 자리를 빼앗을 궁리를 하고 있다.

● **이번에 성공한 접근 방식이라도 다음 번에도 반드시 성공한다는 법은 없다**
  한번 성공적이었던 전략이 나중에는 골칫거리로 작용할 수도 있다.

● **위기에 대한 최선의 대응은 혁신이다**
  당신의 실수를 방어하는 데 너무 많은 시간을 들이지 마라. 고객들과의 직접적인 대화를 통해 제품과 서비스를 개선하라.

CHAPTER 12

혁신을 제도화하기

◆

나스닥, 블록체인 기술을 활용한 증권 거래 첫 시도
〈텔레그래프〉, 2015년 12월 31일

당신은 매일 아침 변화와 성장, 혁신을 추구할 준비를 하고 새로운 마음가짐으로 잠에서 깨어나는가? 어떤 회사나 업계에서 일하고 있는지는 중요치 않다. 이것은 경영자에게는 항상 계속 진행 중인 도전이다. 내가 나스닥 건물 현관을 들어설 때마다 자주 되뇌는 주문이 있다.

"일단 경쟁력을 갖추고 나면 안일함에 맞서 싸워야 한다."

역설적이게도 어려운 시기에 이 주문을 실천하기가 더 쉬워질 수 있다. 경쟁자들이 바로 코앞에서 지켜보고 있는 상황이라면 변화가 시급하다는 사실을 어렵지 않게 절감할 수 있기 때문이다. 사업이 시장 원리에 의해 생존의 위협을 받고 있을 때 발전동기는 자연스럽게 따라온다. 발전의 당위성은 시장 생태계 내에서 일어나는 이른바 도태 압력에 의해 실현된다. 하지만 일단 업계에서 상당한 수준까지 경쟁력을 획득하고 나면 회사 내부의 문화적 역학이 바뀌게 된다. 성공은 분명히 멋진 일이지만 그것은 훌륭한 경영자가 제대로 인식해야 할 새로운 업계의 현실과 함께 찾아온다. 일관성과 변화, 조직의 안정성과 지속적인 발전, 효율성과 혁신이 조화를 이루는 지점을 찾아내는 것이 항상 기업의 경영자들이 추구해야 할 중요한 목표이다.

나스닥에서 나의 목표는 우리가 날마다 조금씩 항상 재정비되는 것이었다. 건강한 조직문화 속에서는 변화가 필수적인 요소라고 나는 믿는다. 분명히 기업의 순환 주기 속에서 더 큰 결정적 변화가 필요한 시기가 있다. 내가 나스닥에 처음 왔을 때가 바로 그 시기 중 하나였다. 그러나 변화는 위기의 순간과 시장 압력이 커지는 시기를 위해 미뤄 두어서는 안 된다. 사실 대규모 구조조정을 겪고 있는 기업들에 대한 기사를 읽을 때면 나는 그것이 십중팔구 실패한 리더십의 결과일 것이라는 생각이 든다. 단 한 번의 극적인 조직 개편은 경영진이 그동안 기업이 조금씩 지속적으로 발전할 수 있도록 항상 정비하지 않았기 때문에 그 일을 이제 한꺼번에 실행해서 벌충해야 하는 상황을 인정하는 것이다. 대규모 조직 개편은 불가피하게 이차적인 피해를 야기하는 힘의 과잉 행사이다. 메스를 조심스럽게 사용하면 조직에 큰 충격을 주지 않고 훨씬 더 효과적으로 일을 처리할 수 있는 반면 조직 개편은 커다란 망치를 휘두르는 것과도 같다. 실제로 아주 잘 기능하는 조직들은 목적의식을 가지고 적극적으로 더 영리하고 더 효율적이고 더 나은 모든 방법들을 살핀다. 그들은 경쟁자들에게도 주의를 기울이고 미래를 고민하고 혁신의 새로운 길을 모색하면서 끊임없이 성공 경험을 쌓아간다.

이것은 새 천년을 맞이한 지 10년을 넘어서는 시점에서 나스닥이 닮아 있길 바랐던 나의 조직상이었다. 그 당시까지 업계 전반의 전자시장으로의 이동 경향, 기업 내부문화의 변화, 증권 거래 위원회 규정 변경, 잇따른 인수합병, 그리고 대공황이 결합된 시장의 자연스러운 환경 변화 때문에 우리는 항상 긴장을 늦추지 못했다. 하지만 이제는 더 순조로운 기류로 접어들고 있었다. 경기는 아직 회복 중에 있었지만 금융 위기는 몇 해 전에 지나갔고 시장은 전반적으로 건강하며 또 그러한 방향으로 가고 있는 추세였다. 나스닥은 바로 직전의 경기 순환 주기 동안 훌륭한 전략적 결정을 내린 것에 대한 수혜를 입기 시작했고 경기가 좋아지자 우리는 순풍이 불어옴을 느끼기 시작했다.

모든 일이 다 쉬웠다는 뜻은 아니다. 주변 상황의 압력은 계속 있었다. 사실 어떤 면에서는 금융 위기와 그에 따른 경제적 어려움이 그 이전 10년간 나스닥이 이룬 성공을 일시적으로 가려버렸다. 그때까지 해왔던 투자와 OMX 인수를 포함해 우리가 성사시킨 전략적 인수합병들에 힘입어 우리는 충분히 경제적 순풍을 탈 수 있는 상황이었다. 경기 침체가 모든 이들의 전망을 암울하게 만드는 시기에는 누가 전략적으로 유리한 입장에 놓여 있는지 판단하기 어려울 수 있다. 하지만 전반적으로 경기가 되살아나기 시작하면서 나스닥의 기초 역량이 드러나기 시작했다.

물론 그 시기에는 주식시장의 폭락, 허리케인 샌디, 신규 인수합병, 시장 변화 등과 같은 극적인 사건들이 많았다. 각각의 사건은 우리 팀 모두가 단결해서 대응해야 할 도전을 안겨 주었다. 하지만 그 사건들이 사업 기회가 확대되고 수익이 증가하면서 제대로 작동하고 있는 시장과 성공적인 주식 거래 프랜차이즈의 기본 궤도를 바꿔놓지는 못했다. 분기가 거듭될수록 수익은 증가했고 이윤 폭도 커졌으며 주가도 상승했다. 조금씩 기업 공개 시장도 침체에서 벗어나고 있었다. 우리는 신규 상장을 계속해서 따냈다. 오래된 기술 프랜차이즈들이 나스닥으로 터전을 옮기도록 설득하는 한편 신생 기술 기업들의 상장도 유치했다.

우리 팀은 성숙해져가는 동시에 번창하고 있었다. 2013년까지 나스닥은 새 최고기업 커뮤니케이션책임자와 최고정보책임자를 영입했고, 우리의 젊은 경영진은 탁월한 경영자로 성장하고 있었다. OMX팀의 대다수는 나스닥의 문화에 적응하는 것에 그치지 않고 그 문화를 열성적으로 받아들이고 강화했다. 그들의 능력은 나스닥의 인재풀을 크게 확장시켰다.

이때가 생명공학 기술 기업들과 그들의 주식 공모에 수십억 달러가 몰렸던 때였다. 어떤 경우는 주요 시험을 통과하고 규제 기관의 승인을 받고 시장에 출시되는 데 수 년이 걸리는 유망 의약품 출시를 위한 자금을 조달하기 위한 것이었다. 그렇게 장기 계획이 필요한 경우 공개 시장의 역할이 중요해진다. 즉, 획기적인 의학 연구 결과물(과 사업 계획)이 시장에 출시되기 전에 충분히 준비 시간을 가질 수 있도록 신뢰를 가지고 오랜 시험 기간을 제공하는 것이 공개 시장의 역할이다. 암 치료제를 개발하겠다는 기념비적 시도를 위해 면역 요법 스타트업 기업들이 투자자와 자본을 모집하는 것을 바라보며 나스닥이 그들을 도울 수 있었다는 것이 특히 자랑스러웠다.

기술 프랜차이즈 만들기

기업가로서 예전의 나는 반복적인 수익 창출이 가능한 소프트웨어 사업을 좋아하곤 했다. ASC에서 우리가 만든 것이 바로 그것이었고 나는 진심으로 그것이 가장 훌륭한 사업 모델 중 하나라고 생각한다. 나스닥에서 나는 거래 처리 사업 외에도 소프트웨어 및 서비스 프랜차이즈 구축 사업을 했다. 이 사업은 OMX 인수와 그들의 거래소 기술 사업 덕분에 가능해진 것이었다. 신흥시장이 강세를 보임에 따라 시장 거래소를 강력하게 만들어줄 고객 맞춤형 솔루션에 대한 전 세계적인 요구가 증가하고 있었다. 시간이 흐르면서 우리는 우리 사업의 기본적인 주문 매칭 기술을 확장해서 아주 새로운 기능을 구축했다.

2010년 주식시장 폭락과 그 후 논란이 된 쟁점들은 우리에게 전자 주식 거래 시장이라는 새로운 세계에 대해 많은 것을 가르쳐 주었다. 시장이 더 자동화되어 감에 따라 잠재적인 위험을 방지하기 위해 대규모 주문 매칭 엔진에 입력되는 내역을 거래 프로그램의 프론트엔드와 백엔드 모두에서 검토하는 것이 더 중요해졌다. 그렇게 신중한 분석이 없을 시에는 어떤 문제가 발생할 수 있는지 나이트 캐피털의 사례가 단적으로 보여준 바 있다. 나이트 캐피털은 거래 프로그램 오류로 수억 달러의 피해를 입고 2012년 후반에 겟코(Getco)에 인수되었다.

그러한 처참한 실패에 대한 실제적 두려움은 우리가 새로운 도구에 더 많은 관심을 기울이고 그것을 더욱 견고하게 만드는 자극제가 되었다. 우리는 새로운 감시 기술을 개발함으로써 거래소 상장과 관련해 한 단계 강화된 보안을 제공하며 시장의 범위를 확장했다. 우리는 기계 학습과 인공지능, 빅데이터를 나스닥 상품군에 통합시키기 위한 개발 작업에 착수했다. 전자 거래 시장은 줄어들지 않을 것이다. 오히려 그 반대였다. 그러나 전자 거래 시장이 몇 년 동안 운영되어 오면서 그것의 위험성과 단점이 드러났으므로 나는 나스닥이 그 위험성과 단점을 보완할 최상의 보안과 보호 조치를 제공하게 되기를 바랐다. 2013년 나스닥의 거래소 기술 사업은 세계 50개국에서 70여 개 이상의 거래소, 청산소, 증권예탁원과 거래하고 있었다. 이 사업은 거의 2억 달러의 수익을 창출했으며 빠르게 성장하고 있었다.

일관적이며 반복적인 수익 창출은 사업에 있어 항상 가장 중요한 요소이다. 그리고 그것은 일회성 매출의 기복이나 단품 거래로부터 타격을 받지 않도록 기업을 보호해 준다. 물론 상장 기업으로서 매 분기마다 기업의 재무 상태를 공개해야 한다. 그런 의미에서 상장 기업을 경영한다는 것은 여러 분기가 꼬리를 물고 이어지는 끝없는 분기들의 행진과도 같다. 오늘날 많은 이들은 그런 짧은 보고 기간 때문에 기업들이 장기적인 전략적 사고는 등한시한 채 단기 수익을 높이는 데에만 집중하게 되는 상황을 우려한다. 상장 기업의 경영자로서 분기별 보고라

"일시적인 등락이 아니라
전반적인 경향에 신경 쓰라."

는 주식시장 특유의 리듬에 빨리 적응해야 하는 것은 당연하다. 하지만 내 경우는 분기별 보고가 내 집중력을 흩트리지는 않았다. 사실 분기마다 끊임없이 수익 보고를 해야 한다는 사실이 나를 더 장기적인 수익 추세에 집중하도록 만들어 주었다. 특정한 분기의 세부 사항에 신경 쓰기 보다는 우리가 향하고 있는 방향에 더욱 신경 쓰도록 만들어 준 것이다.

나는 내 팀에게 이렇게 말했다.

"일시적인 등락이 아니라 전반적인 경향에 신경 쓰라."

진짜 변화가 일어난 것을 확인하는 데에는 시간이 필요하다. 나는 항상 우리가 움직이고 있는 속도보다는 변화가 일어나고 있는지, 그리고 우리가 진정으로 전진하고 있는지에 대해 훨씬 더 많은 신경을 썼다. 변화는 신기루와 같을 때가 너무 많다. 무엇보다 중요한 것은 진짜 변화를 만들어내는 것이다. 시간이 지나면서 조직의 변화를 실제로 측정할 수 있게 될 때 비로소 진짜 변화가 일어나고 있다는 것을 알 수 있다. 이를테면 체중 감량을 하거나 빨리 달리기를 하거나 새로운 기술을 배우는 등 어떤 종류의 변화 과정이든 마찬가지이다. 아무리 작은 변화라 할지라도 측정 가능한 일관적인 결과가 나타날 때 모든 이들은 자신감을 가지게 된다. 그렇게 되면 일간 또는 월간, 분기별로 어떤 것이 얼마나 빠른 속도로 진행되고 있는지에 대해 그다지 걱정하지 않아도 된다.

나는 주어진 분기 내로 불가능한 뭔가를 해내라고 요구한 적이 없었다. 우리가 매출 목표를 달성해내기 위해 무리한 요구를 한다면 그것은 안 좋은 신호이다. 그러한 행동은 미래를 위태롭게 할 따름이다. 우리는 발전하고 있는가? 우리는 바람직한 방향으로 나아가고 있는가? 우리의 경쟁 우위는 시장 상황에 비해 강세를 보이며 나아지고 있는가? 우리는 고객의 요구에 부응하고 있는가? 이런 것들이 신경 써야 할 더 중요한 문제들이었다.

분기 매출 수치는 그 회사의 조직적 발전을 반영해야 한다. 시장에서는 매 분기마다 아주 큰 성공을 보여줘야 한다는 압박이 심하다. 그 결과 단기 주가는 올라가겠지만 훌륭한 CEO들은 그런 지는 게임에 걸려들지 않으려고 노력한다. 소프트웨어 및 서비스 사업과 반복적으로 발생하는 순환 매출은 나스닥이 더 안정적으로 운영되는 데 도움이 되었다.

거래소 기술 지원 사업 외에도 우리가 순환 매출을 위해 구축한 또 다른 신사업은 기업용 솔루션이었다. 신규 상장을 위해 필요한 보고 서류와 규정이 점차 복잡해짐에 따라 기업들이 규정에 맞춰 요구를 충족시킬 수 있도록 지원해 주는 신사업 기회가 생겨났다. 이 사업은 나스닥의 전문 사업 분야의 자연스러운 연장이었다. 우리는 기업들을 위한 투자자 관리 웹사이트를 구축해서 보도자료 배포 서비스를 제공하는 한편, 투자자 관리팀에서 활용할 수 있는 다양한 툴도 개발했다. 그리고 종이 없는 회의실 개발사인 디렉터스 데스크(Directors Desk)를 인수해 사용이 간편하고 보안이 안전한 애플리케이션과 함께 임원급 회의를 관리하는 소프트웨어도 제공했다. 미국과 유럽에서의 주식 거래소 운영은 여전히 우리의 주 소득원이었지만 나스닥은 조금씩 더 크고 품이 넓은 기업으로 변모하고 있었다.

재능 위원회

나스닥은 인수를 통해 확장했지만 내부적 발전과 혁신을 통해서도 성장하기도 했다. 나는 출근 첫날부터 높은 수준의 재정 규율을 도입했다. 나는 그것을 '무게를 달고 길이를 재고 수를 세는 조직문화'라고 불렀는데 경영진부터 말단 사원까지 나스닥의 모든 이들이 그러한 사고방식을 받아들이게 했다. 그러나 그 접근법이 성공적이더라도 비용을 절감하는 문화만을 추구해서는 안 되며, 장기적 혁신을 강조함으로써 균형을 맞춰야 한다는 것 또한 알고 있었다. 나스닥은 가볍고 효율적으로 운영되었다. 하지만 보통 기업 운영에 있어 효율성과 혁신은 사이좋게 한 지붕 아래에 놓여 있기 어렵다. 기껏해야 먼 사촌 정도이고 최악의 경우에는 서로 미워하는 라이벌이 될 수도 있다. 어떻게 하면 그 둘을 한 지붕 아래에서 편안함을 느끼도록 할 수 있을까? 실제로 우리는 운영상의 효율성을 타협하지 않으면서도 혁신적 태도를 조직의 기준으로 삼을 수 있는 방법을 찾아야 했다.

이를 이루어내기 위해 나는 존 챔버스의 전략 수첩에서 일부분을 차용해 와 보통은 운영 예산에 포함되어 있지 않은 혁신의 공간을 별도로 마련해 두기로 했다. 챔버스는 시스코에서 신사업 아이디어를 평가하기 위한 사내 사업 위원회를 개설했다. 나는 시스코의 방식에 대한 프레젠테이션을 끝까지 본 적이 있었는데 그 방식이 아주 마음에 들었다.

그래서 나는 나스닥에서도 우리 환경에 맞는 형태로 그와 비슷한 조직을 만들었다. 우리는 그것을 '재능 위원회'라고 이름 붙였고 그 조직은 기본적으로 벤처 투자 기업의 투자 위원회와 비슷한 기능을 했다.

직원들이 위원회에 흥미롭고 혁신적인 사업 계획을 제출하고 그 아이디어가 장래성 있는 것으로 판단되어 자금 지원 승인을 받게 되었을 때, 나스닥이 그 프로젝트에 투자하는 비용은 그것을 제안한 당사자가 소속되어 있는 부서의 예산에 포함되어 불리하게 작용하는 일이 없도록 했다. 그 대신 재능 위원회는 그 직원에게 해당 프로젝트에 대한 자주권을 포기하고 위원회가 그 프로젝트를 면밀히 추적할 수 있도록 스타트업처럼 그들의 감독 하에서 진행하는 것을 요구했다.

간단하게 들리겠지만 재정 규율을 엄격하게 지켜내고자 하는 대기업에게 이와 같은 운영방식은 재정 규율 엄수와는 반대되는 쪽 두뇌를 사용하려고 노력하는 것이나 마찬가지였다. 재능 위원회의 프로젝트에 대한 메트릭스(업무수행 결과 지표)는 일반적인 운영 메트릭스와는 완전히 달라야 했다. 그렇지 않으면 우리 조직문화의 재정 규율이 진행 초기의 프로젝트가 그것의 진정한 잠재력을 드러내기도 전에 그것들을 묵살해버릴 것이었다. 우리는 이 접근법이 장기적인 혁신을 위한 마중물이 되는 동시에 단기간의 재정 규율과 비용 관리에도 도움이 되는 방법을 제공해주길 바랐다.

일부 기업들은 참신한 사업을 육성하기 위해 완전히 분리된 연구 개발 조직을 만들기도 한다. 그것의 장점은 창의성이 재정 규율에 의해 말살되는 일을 막아줄 수 있다는 것이다. 하지만 내재된 문제점도 있다. 아주 혁신적인 연구 개발 조직을 성공적으로 만들었다고 해도 그 자체가 관료 조직화되어 나머지 사업 부문들로부터 고립되기 십상이다. 제록스의 유명한 연구 개발 부문인 제록스 PARC는 매우 창조적인 조직이었고(레이저 프린터와 그래픽 사용자 인터페이스와 같은) 세상을 바꿀 만한 수많은 아이디어들이 샘솟는 원천이었다. 그럼에도 그 아이디어들 중 대부분은 제록스에서 활용되지 못했다!

재능 위원회를 통해 나는 사업 단위들이 혁신적인 아이디어를 보호하고 육성하는 공간을 제공하는 동시에 그것을 조직 내부에 두어 적절한 규율과 감독 하에 있게 함으로써 두 가지 모두의 이점을 얻으려고 노력했다. 2012년 말까지 재능 위원회의 주관으로 육성된 신사업 아이디어는 1억3천4백만 달러의 매출을 창출해냈다. 그리고 매출액은 빠르게 증가하고 있다.

재능 위원회에서 탄생한 가장 흥미로운 프로젝트 중 하나는 나스닥 비상장주식 거래시장(Nasdaq Private Markets) 사업이었다. 나스닥 비상장주식 거래시장의 개발 과정은 실리콘밸리와 벤처 자본, 가상화폐, 그리고 나스닥이 한데 어우러져 어떻게 만족스러운 결과를 얻을 수 있게 되었는지에 관한 특별한 이야기이다.

블록체인과 유니콘의 부상 ────────────────────────●

금융 위기가 지나가고 경기가 회복되자 실리콘밸리가 선두에 나섰다. 2000년대 말까지 나스닥이 가장 선호하는 사업 부문은 어느 때보다도 번창하고 있었다. 또한 뛰어난 차세대 스타트업에 성장 자본(growth capital)을 투자하기 위해 물색 중인 벤처 투자자들의 돈 금고로도 돈이 쏟아져 들어가고 있었다. 정도와 규모 면에서 90년대 후반과 비슷한 양상의 호황이었지만 자금 지원 모델은 판이하게 달랐다. 인터넷시대 초반에 수백여 개의 신생 스타트업에게 공공 자금을 조달해 준 것은 나스닥 거래소였다. 그들 대다수는 자금 조달이 가능한 다른 대안이 거의 없었다. 벤처 투자사들이 아마도 5백만 달러에서 1천만 달러 범위 내에서 초기 투입 자본을 투자했지만 그 이상의 자본을 끌어 모으려면 공개 시장이 필요했다. 어떤 면에서 나스닥은 많은 자본이 필요할 때 가장 먼저 생각할 수 있는 의지할 대상이었다.

하지만 2000년대가 끝나갈 즈음에는 그 대상이 바뀌어버렸다. 수십억 달러가 벤처 투자자들에게로 흘러들어가고 있었으므로 젊은 기업들은 어느 정도 자리를 잡을 때까지 공개 시장의 문을 두드릴 필요가 없어졌다. 더구나 규정 변경과 상장사가 되기 위해 필요한 요구 조건 때문에 성장하는 기업들이 개인 기업으로 더 오래 남아 있는 편을 선호하게 된 것이다. 수억 달러의 가치를 지닌 기업으로 성장했음에도 스타트업들은 기업 공개를 미루고 추가 자본을 모집했다. 일부 기업들은 10억 달러를 훨씬 넘어서는 가치였다. 이른바 '유니콘'이라고 불리는 기업 가치가 10억 달러를 넘어서는 비상장 스타트업의 숫자는 매년 증가하고 있었다.

경우에 따라서는 이 스타트업들이 구글, 시스코, 마이크로소프트 등의 대형 기술 기업들에게 인수되기도 했다. 그들은 인수한 스타트업 기업들을 거의 연구개발팀을 대체하는 팀으로 활용했고, 일례로 시스코가 옛날에 벌써 상장하여 나스닥의 생태계에 합류할 수도 있었던 여러 기업들을 연속적으로 인수한 바 있었다. 이제는 구글, 애플, 마이크로 소프트, 그리고 기타 많은 대형 기술 기업들도 시스코와 같은 상황이다. 게다가 많은 기업들이 기술 생태계에 점점 더 자금 조달이 가능한 곳이 많아지도록 자체적으로 큰 벤처 투자 사업 부문을 구축했다.

우버(Uber), 리프트(Lyft), 스트라이프(Stripe), 에어비앤비(Airbnb)와 같이 자금 조성이 잘 되어 있는 비상장 청년 기업들이 여럿 출현하게 되면서 까다로운 문제가 생겨났다. 그 회사들의 직원들은 자연스럽게 그들의 부의 상당 부분을 상대적으로 비유동적인 스톡옵션으로 가지고 있었다. 기업 공개로 스톡옵션이 유동성을 지니게 될 때까지 몇 년 동안 그것들을 보유하고 있는 것도 하나의 방법이다. 그러나 이제는 그 기간도 점점 더 길어지고 있었다. 필연적으로 사람들은 집을 장만하거나 병원비를 지불하거나 자녀를 대학에 보내는 등의 이유로 돈을 써야 하는 일이 생긴다. 회사가 상장될 거라는 희망에 의지할 수 없다면 그들은 그 스톡옵션을 유동성 있는 자산으로 현금화할 다른 방법을 찾아야 했다.

처음에는 실리콘밸리에 있는 특정 법률 사무소들은 기업 공개 전에 비상장 기업의 주식 거래를 지원했다. 그러나 그에 대한 요구가 증가하자 새로운 '제2 거래시장'이나 '비상장 거래시장(스톡옵션의 거래를 돕는

> "혁신은 기득권 조직의
> 경계선에서 일어난다."

거래소)'도 증가했다. 신생 기업인 셰어스포스트(SharesPost)와 세컨드마켓(SecondMarket)은 이 요구에 부응하기 위해 설립된 기업들이다. 나스닥으로서는 조속한 대응책이 필요한 비상 상황이었다. 스타트업들의 옵션을 거래하기 위해 새로운 준 상장 거래시장이 생겨나고 있다면 우리는 왜 그 사업을 갑자기 나타난 기업들에게 양보해야 한단 말인가? 그 사업은 우리 본업의 연장선에 있는 일이었다. 그리고 얼마 지나지 않아 마침내 우리도 그 판에 뛰어들기로 결심했다.

2013년 재능 위원회의 자금을 이용해서 우리는 셰어스포스트와 공동으로 나스닥 비상장주식 거래시장을 개발해냈다. 비상장 성장 기업들의 주식 거래 활동에 질서와 효율성, 유동성을 가져다주기 위해 설계된 새로운 사업이었다. 이 사업은 샌프란시스코 만 남단의 수많은 젊은 기업들의 재능 있는 인재들과 네트워크를 형성하고 그것을 확고히 하는 중요한 수단이 되기도 했다. 몇 년 뒤 우리는 세컨드마켓을 인수해 나스닥의 브랜드를 중심으로 이 새로운 거래소를 통합했다.

혁신은 기득권 조직의 경계선에서 일어난다는 말을 자주 듣는다. 경계선에서는 관습적인 질서에 짓밟히지 않아 새로운 아이디어가 뿌리를 내릴 수 있기 때문이다. 금융 생태계 속에서 주목받는 구성원으로서 나스닥은 우리의 생태계 밖에서 앞으로 우리에게 지장을 주게 될지

> "블록체인은 강력하고 분권적이며 안전한 분산 원장 시스템이다.
> 나스닥과 같은 회사에게는 블록체인 기술이 본업과 잘 맞는다."

도 모르는 어떤 일이 일어나고 있는지 관심을 가질 필요가 있었다. 그리고 일단 우리가 그 기술이 무엇인지 알아냈다면 우리 내부로 그 기술을 가지고 들어올 방법을 강구해야 했다. 다시 말해서 우리가 보유한 기존의 기술 인프라를 지나치게 수정하지 않는 선에서 그 기술을 채택할 수 있는 방안을 찾아 그것을 수용하는 것이다.

이 정신으로 나스닥의 최고정보책임자인 브래드 피터슨은 가까운 미래에 위협이 될 만한 새로운 기술에 대해 몇 명의 경영진과 일련의 내부 토론을 시작했다. 2014년 5월에 있었던 한 자유 전략 회의 중 우리는 양자 컴퓨팅과 가상화폐라고 불리는 흥미로운 신기술에 대해 이야기를 나눴다. 가상화폐에는 비트코인이 포함되어 있었으며, 그때만 해도 그걸 들어본 사람은 거의 없었다.

이 독특하고도 새로운 금융 도구에 대해 상세히 알아볼수록 그것이 나스닥에 중요한 영향을 미치게 될 것이라면 어떤 영향을 미치게 될 것인지 정확히 이해하기 어려웠다. 직접적인 연관성이 없어 보였을 뿐이다. 하지만 어느 순간 우리는 비트코인의 핵심은 그것을 화폐로 사용하는 것이 아님을 깨달았다. 중요한 것은 비트코인을 활용하기 위해 사용되는 블록체인이라는 기술이었다. 블록체인은 많은 가상화폐들이 의존하고 있는 특별한 데이터베이스 기술이다.

블록체인은 강력하고 분권적이며 안전한 분산 원장 시스템(distributed ledger system)이다. 나스닥과 같은 회사에게는 블록체인 기술이 본업과 잘 맞는다. 어쨌든 우리는 거래 및 거래 처리의 전문가이고 블록체인은 디지털 거래 처리 방식을 크게 바꿔놓는 기술이다. 브래드와 나, 그리고 경영진 다수는 이 기술에 대해 오랜 시간 토론했다. 어떻게 작동하는지, 어떻게 활용이 되는 것인지, 그것이 어떻게 금융 시장을 변화시킬지, 그리고 나스닥이 어떻게 그 노력에 앞장설 것인지 등을 논의했다. 우리는 블록체인과 그것의 적용 잠재력에 관한 선구적 전문가가 되었다.

공개 시장의 거래 처리 기술이 잘 확립되어 있는 상태여서 이렇게 완전히 새로운 기술을 들여와 기존의 은행, 어음 교환소, 거래소의 네트워크와 즉시 통합하려는 시도를 한다는 것은 상상하기 힘든 일이었다. 하지만 우리가 지배하는 시장이면서도 기존의 기술에 대한 부담이 전혀 없는 시장에서 처음부터 다시 시작해보는 건 어떨까? 나스닥 비상장주식 거래시장은 이 흥미로운 신기술을 시험해볼 완벽한 기회의 장으로 보이기 시작했다.

2015년 우리는 거래 처리와 체결, 결제를 하고 돈을 10분 만에 이체할 수 있는 블록체인 기술을 이용해 나스닥 비상장주식 거래시장 서비스를 출시했다. 이 처리 시간은 다른 시장에서 걸리는 시간에 비하면 단 몇 분의 1에 해당하는 시간이었다. 만약 오늘 공개 주식시장에서 거래한다면 거래를 체결하고 완료하는 데 이틀이 걸린다. 블록체인 기술처럼 우리가 직면하고 있는 미래의 모습을 극적으로 보여준 예는 일찍이 없었다. 이 기술을 우리의 금융 시스템에 통합하려면 많은 수고가 필요할 테지만 나는 진정으로 그것에 엄청난 가능성이 존재한다고 믿는다. 블록체인은 아직 100만분의 1초 수준의 초고속 주식 거래의 세계를 보여주지는 못한다. 하지만 블록체인 기술의 저력은 가까운 미래에 적어도 거래 체결과 결제, 즉 거래의 마무리 단계에서 발휘될 것이라고 믿는다. 그것이 블록체인이 초기에 파급력을 가지게 될 것으로 보이는 부분이다. 나는 나스닥이 블록체인의 잠재성을 보여주는 기술 활용에 발빠르게 대처하고 있다는 사실에 매우 흥분되었다. 금융 시장의 기득권을 쥐고 있는 대표주자로서 나스닥은 새로운 기술을 받아들이고 그것의 타당성을 인정하고 업계에서 그것을 서서히 차용해나가는 발전 과정을 보여줄 필요가 있었다. 블록체인은 그 파급 효과의 규모는 아직 알려지지 않았지만 엄청난 발전 가능성을 지니고 있다.

플래시 보이스와 속도 추구 ●

나스닥에서의 내 퇴임이 가까워질 무렵 주식 거래소로서 안주하지 않기 위해 계속해서 노력해야 하며 새로운 형태의 비효율을 조심하고 새로운 혁신에 민감해야 한다는 사실을 우리에게 분명히 상기시켜주는 일들이 일어났다. 2014년에는 특별히 대중적인(그 내용이 과장된 감이 있긴 했지만) 경종이 울렸다. 베스트셀러 작가 마이클 루이스(Michael Lewis)는 그의 책에서 한 무리의 부도덕한 '초단타매매자들'이 매수자와 매도자 사이에서 100만분의 1초의 시간 차로 주식을 운용하고 있었으며 투자자들을 희생양으로 더 우월하게 빠른 속도로 차익을 남기고 있었다고 기술했다. 더욱이 그는 이 '플래시 보이들'의 활동이 기성 월스트리트의 대표주자들 때문에 가능해진 것이라고 주장했다.

초단타매매 현상을 이해하고 과장과 사실을 분리해서 바라보기 위해서는 금융 시장에서 속도를 추구하는 것은 새삼스러운 일이 아니라는 사실을 이해해야 한다. 가장 빠른 말에서 전신으로, 전신에서 다이얼식 전화기로, 다이얼식 전화기에서 빠른 버튼식 전화기로, 빠른 버튼식 전화기에서 위성방송으로, 위성방송에서 광섬유로, 광섬유에서 두 지점 간의 극초단파로, 극초단파에서 최단경로 알고리즘에 이르기까지 트레이더들은 정보 우위를 확보하여 경쟁자들을 앞지르기 위해 항상 기술을 활용했다. 로스차일드가에서 19세기 초 런던 금융 시장에서 수익을 얻기 위한 정보 우위를 위해 통신용 비둘기를 이용했다는 것은 잘 알려져 있는 일화다.

그리고 1990년대 중반에 내가 ASC에서 근무했던 당시에 내 사업부의 사업 중 하나는 새로운 무선 통신 장비를 판매하는 것이었다. 그 장비는 거래소 플로어에 서 있는 개인이 트레이딩 부스에 빨리 정보를 보낼 수 있게 해줌으로써 육상선수만큼 잘 뛰지 못하는 중개인들에게 의존하는 사람들보다 약간의 시간 우위를 가질 수 있게 해주었다.

후에 나는 운이 좋게도 높은 이상으로 의욕에 차 있고 컴퓨터 기술로 무장해 있는 아웃사이더 집단에 속해 있었다. 아웃사이더들은 트레이딩 플로어 기반의 구식 거래를 고수하는 월스트리트의 성을 공격하고 벽에 구멍을 내고 그곳을 원하는 대로 개조했다. 우리는 비효율을 근절하고 신속한 거래를 지향했으며 결국에는 2003년에 〈월스트리트 저널〉에서 단적으로 뉴욕 증권 거래소의 '독점'이라고 칭했던 상황을 무너뜨렸다. 〈월스트리트 저널〉은 뉴욕 증권 거래소가 더 빠른 전자 거래를 가능하게 해주는 새로운 기술 현실에 적응하는 데 실패했다고 기술했다.

내가 나스닥에 온 이후 몇 년 동안 월스트리트의 기반 시설은 미래의 전산화 경향으로 근본적으로 변했다. 내가 그 혁명에 동참한 동기는 높은 이상 보다는 효과적인 사업 운영이었다. 하지만 나는 30초의 시간 우위를 누리고 있는 플로어 기반의 중개인들이 고수하는 관행을 폐지하는 것이 국제시장에도 좋은 일을 하는 것이라는 〈월스트리트 저널〉의 시각에 당연히 동의하는 입장이었다. 우리는 그것을 100만분의 1초로 바꾸었고 예전의 마켓메이커가 주도하던 시스템에서 발생했던 알력 다툼과 비효율을 극적으로 줄였다.

여러 가지 면에서 우리는 내가 상상할 수 있었던 수준을 뛰어넘는 성공을 거두었다. 접근 용이성, 서비스 가격, 빨라진 속도, 주문 처리의 질, 상품의 다각화, 경쟁의 역학 구도, 비용의 투명성 등 여러 모로 현재의 거래소는 역사상 그 어느 때보다 훨씬 더 훌륭하게 기능하고 있다. 그러나 정복자들은 필연적으로 안주하게 된다. 그리고 오늘의 혁명가들은 내일의 기득권층이 되려고 하는 경향을 보이게 된다.

시장이 점점 전산화되어 감에 따라 1000분의 1초, 그리고 심지어 100만분의 1초까지 빠른 번개 같은 속도의 거래가 점차 강조되면서 빠른 속도에 대한 필요성은 가상 도메인으로 이동해갔다. 실제로 내가 나스닥에 온 초기에 시장의 진화는 시간 대비 가격 거래를 중심으로 이루어졌다.

간단히 설명하자면, 여러 개의 주문이 똑같은 가격으로 거래소에 들어온다면 어떤 주문을 먼저 처리할지 결정할 방법이 자연히 필요해진다. 그것을 결정할 가장 좋은 방법은 무엇일까? 공정한 방식이자 시장이 현재 작동하는 방식은 먼저 도착하는 주문에 우선권을 주는 것이다. 조금이라도 먼저 들어온 주문을 먼저 처리하는 방식이다. 그런 시스템에서는 속도가 중요해진다. 가격이 동일할 때는 시간이 가장 평등한 구분자가 된다.

그러한 시장의 현실 속에서 속도의 필요성이 대두되었다. 눈 깜짝할 사이에 주식을 사고파는 새로운 형태의 초단타매매가 생겨나고 두 개의 시장이나 거래소 사이에서 페니 단위나 그 이하로 계산되는 아주 미세한 가격 차이에서 이득을 취하게 되었다. 물리적인 트레이딩 플로어는 '가상 플로어'로 대체되었다. 가상 플로어에서 가장 좋은 가격을 제시하며 경쟁하는 여러 거래소들이 있었고 그들 사이의 가격 차이를 이용해 초고속 거래 운영이 이루어졌다.

뉴저지 주 시코커스에 위치한 우리 데이터센터 본부에는 이 가상 세계의 하드웨어가 들어서 있었고 우리는 이곳에서 새로운 형태의 사업을 개발하고 있었다.

그런데 우리는 데이터센터의 부동산을 팔기로 결정했다. 이 결정은 고객들에게 더욱 빠른 거래 처리 속도를 제공하기 위해서만은 아니었다. 신뢰성의 문제이기도 했다. 지속적으로 신뢰할 수 있는 서비스를 제공하기를 원한다면 고약한 방해 공작을 막아내고 비싼 대가를 치러야 하는 시스템 작동 정지 시간을 두지 말아야 했다. 나스닥 데이터센터에 컴퓨터를 두는 것이 수십 마일 떨어진 곳에서 데이터를 연결하는 것에 의존하는 것보다 훨씬 더 안전하다.

우리는 예측이 불가능한 광역 통신망 보다는 안전하고 보안 상태가 좋은 근거리 통신망을 제공했다. 이 통신망 서비스는 대형 은행, 투자 은행, 초단타매매자, 증권 중개인과 딜러, 신생 거래 집단 등 누구나 이용할 수 있었다. 사실 초단타매매자들은 고객들 중 소수일 뿐이었다. 그리고 중요한 것은 그들 중 속도 우위를 확보한 사람은 없었다는 점이었다. 일부 고객들은 그것을 시도했다. 그들은 우리에게 자신들의 컴퓨터가 매칭 엔진 서버에서 몇 피트 더 가까워질 수 없는지 문의했다. 마치 과거에 뉴욕 증권 거래소의 거래자들이 트레이딩 포스트에서 몇 피트 더 가까워지고 싶어 했던 것과 마찬가지의 상황이었다.

하지만 우리는 근거리 연결을 더 둔화시키는 특수 '전선'을 개발해 어떤 특정 기업 컴퓨터의 위치가 시간적 우위를 점할 수 없도록 했다. 이것은 아마존 웹 서비스나 마이크로소프트 애저(Azure)와도 같은 새로운 클라우드 기반의 사업이었다. 사실 많은 신규 거래 집단들은 이것이 초기 운영을 시작하기에 가장 빠르고 비용이 저렴한 방법이라는 사실을 알게 되었다. 나스닥에서 우리가 한 거의 모든 다른 일들과 마찬가지로 우리는 이 일 또한 증권 거래 위원회의 엄격한 감독 하에 진행했다.

2014년 봄 마이클 루이스의 《플래시 보이스》가 출간된 이후 경제 언론들은 즉각 열광하고 나섰다. 또 한 번 월스트리트는 공격의 대상이 되었다. 루이스는 사람들의 관심을 끄는 스토리텔링 능력을 타고났으며 눈이 멀거나 부패한 기득권에 대항하여 진실을 밝혀내기 위해 투쟁하는 아웃사이더 전사들의 활약을 그려내는 것을 좋아한다. 이 경우 초단타매매가 시장에 어떤 영향을 미치는지 이해하고 대체 거래소를 건설하고자 하는 소수의 개인들이 '아웃사이더 전사'의 역할을 맡은 셈이었다. 또, 주요 은행과 거래소, 투자 회사에서 근무하는 우리 모두가 '부패한 기득권'이었다.

루이스는 시장이 지난 수십 년간 그가 비판하고 있는 많은 사람들의 노력 덕분에 어떻게 진화하고 발전했는지에 대해서는 거의 언급하지 않았다. 시장을 개방하고 접근을 민주화하고 비용을 줄이고 더 효율적인 시장을 만들기 위해 지난 시대에 수많은 사람들이 쏟아부은 노력에 대해서는 칭찬하지 않았다. 루이스가 책 출판 전에 업계의 주요 인물들을 거의 인터뷰하지 않았다는 사실을 감안하면 동료들과 내가 그가 분석한 근거가 부족한 내용들에 대해 어떻게 느꼈을지 짐작할 수 있을 것이다.

《플래시 보이스》가 현대 금융 시장의 구조체계에 관해 장단점을 따지는 완전한 연구 보고서가 아니라는 점은 이해한다. 하지만 많은 이들이 그 책을 그렇게 받아들였다. 금융 위기가 발생한 이후에는 '주식 시장이 조작되었다'거나 '월스트리트가 부패했다'와 같은 과장된 발언들로 보통의 미국인들을 설득하기가 너무 쉬워졌다. 월스트리트를 손가락질하며 "탐욕의 괴물들!"이라고 선언하는 것이 요즘 시대의 코드와 맞는다는 것은 알고 있다. 금융 위기 이후의 세계에서는 그런 주장이 우리 사회가 품고 있는 자연스러운 의혹에 공감을 불러일으킨다.

물론 더 똑똑해지려고 하고 더 열심히 일하려고 하고 더 경쟁력을 키우려고 하는 의욕과 그렇게 함으로써 돈을 버는 것을 탐욕이라고 표현한 것이라면 월스트리트에서 그것을 찾기란 어렵지 않다. 하지만 증권 시장을 보호하고 분석하는 것에 관한 이야기라면 그들이 지적하는 문제가 주된 문제라고는 생각하지 않는다.

그보다 더 중요한 질문은 이것이다. 월스트리트의 구성원들은 증권 거래 위원회가 만든 규정을 따르고 있는가? 만일 그렇다면 그 규정과 규제들은 투자자들을 보호하기 위해 갱신되어야 하는가? 그리고 마지막으로 미국의 증권 거래소들은 세계의 대체 거래소들, 그리고 우리 역사 속의 금융 시장들과 비교해도 손색이 없을 정도로 바람직한 모습인가?

루이스는 《플래시 보이스》에서 대체적으로 나스닥에 대해서는 직접적인 언급을 많이 하지 않았다. 몇 년 전 해고당한 전 직원을 제외하고는 나스닥의 누구와도 인터뷰를 하지 않은 것을 감안하면 놀랄 일은 아니다. 그러나 그 전 직원은 너무나도 잘못된 주장을 했다. 나스닥 전체 매출의 3분의 2를 초단타매매가 이끌고 있다는 말을 한 것이다. 도대체 그 수치가 어디서 나온 것인지는 모르겠으나 그것은 확실히 잘못된 정보다. 또한, 루이스는 그 수치를 우리에게 확인한 적도 없었다. 사실 《플래시 보이스》가 출간된 후 많은 투자자들은 초단타매매가 다른 방식으로 규제를 받게 되면 나스닥 거래 처리 매출이 급락할 것을 걱정해 책에 그 수치가 나오는 것에 대한 우려의 목소리가 컸다. 우리는 그와 관련해 내부적으로 분석을 진행했고 초단타매매에서 나오는 매출은 10%를 훨씬 밑돈다는 사실을 확인했다.

아마도《플래시 보이스》에 나온 내용 중 가장 터무니없었던 부분은 루이스가 증권 거래 위원회의 역할을 규정한 부분이었다. 그의 책에서 증권 거래 위원회는 항상 못 본 척해주는 부재지주처럼 가벼운 존재로 등장한다. 나는 이러한 묘사가 부정확할 뿐만 아니라 오해를 불러일으킨다는 사실을 알게 되었다. 나는 증권 거래 위원회의 승인이 없이는 나스닥의 주문 매칭 컴퓨터의 코드 하나도 마음대로 고칠 수 없었다. 거래소로서 우리의 전체 사업 모델은 매우 세세하게 감독받고 있었다. 그리고 대부분의 감독은 공개 조사로 이루어졌다. 증권 거래 위원회에서 규정을 변경할 때는 빈틈없고 투명한 고생스러운 공개 절차를 거친다. 규정 변경안은 세심하게 만들어져 의견을 얻기 위해 공개된다. 소소한 규정 변경의 경우에는 보통 때와 동일한 수준의 공개 조사를 하지는 않을 것이다. 하지만 나스닥이 거래소와 관련해 작은 변경 사항이라도 있을 때는 증권 거래 위원회가 세밀히 검토하고 승인한다.

그렇다면 증권 거래 위원회는 완벽한가? 물론 아니다. 그러나 그들은 이빨 빠진 호랑이가 아니다. 그들은 규정이 제대로 준수되고 있는지 확인하고 필요할 때 규정을 갱신하기 위해 순찰하는 경찰이고 경기장의 심판이다.《플래시 보이스》에서 묘사한 세계에서는 증권 거래 위원회가 거의 결부되어 있지 않은 것처럼 보였다. 마치 악한 여우가 닭장을 뒤지는 것처럼 양측이 별개라는 그릇된 인식을 심어줄 수 있을 것 같았다. 하지만 그것은 사실이 아니다. 증권 거래 위원회는 증권업계를 통틀어 가장 권위 있는 존재이다. 그러나 루이스는 은행들과 거래소들을 악당으로 만드는 데 열중하느라 이 중요한 포인트를 놓치고 말았다.

그 책은 증권 거래 위원회를 무시했으나 증권 거래 위원회는 그 책을 무시하지 않았다. 증권 거래 위원회의 의장 메리 조 화이트(Mary Jo White)는 2014년에 하원 위원회에서 "증권 시장은 조작되지 않습니다"라고 선언했다. 《플래시 보이스》가 출간된 지 불과 얼마 되지 않았을 때였다.

"미국의 주식시장은 세계에서 가장 강력하고 신뢰성이 있습니다."

나는 그녀의 평가에 동의한다. 그렇다고 발전의 여지를 부정하는 것은 아니다. 화이트 의장 자신도 초단타매매 기업들과 그들의 관행에 대한 증권 거래 위원회의 감독을 강화하는 데 많은 노력을 기울였다.

화이트의 발언에 내 생각을 보태자면, 나는 현재의 시장이 역사상 그 어느 때보다도 더 강하고 견고하다고 생각한다. 《플래시 보이스》에서 펼치는 논지 뒤에는 아마도 월스트리트에 컴퓨터가 들어오기 전이 더 경제적 상황이 좋았다는 무언의 인식이 깔려 있었다. 하지만 나는 그러한 인식은 감상적인 견해에 불과하다고 생각한다.

지난 수십 년에 걸쳐 주식시장에서는 거의 대부분의 거래 처리 비용이 없어졌다. 한 연구 조사에 따르면 2010년에서 2015년 사이에 거액 거래에서의 제도직 비용이 20% 이상 하락했다. 루이스는 이와 같은 비용 하락 경향이 둔화되었다고 지적하지만 그것은 놀랄 일이 아니다. 남아 있는 일부 비용을 더 깎아내리는 것은 당연히 더 어려운 일이다. 거래에는 항상 얼마간의 마찰 비용이 있기 마련이다.

그런 사실을 알고 있기 때문에 나는 월스트리트의 과거를 낭만적으로 회상하지 않는다. 현재를 솔직하고 공정하게 바라보려고 노력하며 미래에 더 나은 방향으로 발전해 나가기를 바랄 뿐이다. 발전하는 과정에 어려움이 수반되는 것은 당연하다. 하지만 그것이 재앙이 임박했음을 의미하지는 않는다. 사람들은 《플래시 보이스》를 읽고 우리의 현재 시스템이 초단타매매의 부정행위로 붕괴 위기에 놓여 있으며 머지않아 시장이 심각하게 불안해질 것이라는 인상을 받게 된다. 저자가 주장하는 내용은 모두 사실이 아니며 그가 언급한 경고들은 실현되지 않았다. 《플래시 보이스》가 출간된 이후 시장은 어느 때보다도 더 회복 능력이 좋아졌다. 실제 사실로 입증된 현실은 이것이다. 실제 세계에서 발전이란 흑에서 백으로 이동하거나 나쁜 것에서 좋은 것으로, 혹은 부패한 것에서 완벽한 것으로 이동하는 것이 아니라 문제가 있는 하나의 체제에서 훨씬 더 나은 체제로 옮아가 오래된 문제들을 해결하는 동시에 보통은 새로운 문제들도 만들어내는 것이라고 본다.

칭찬할 만한 것은 《플래시 보이스》에 나오는 주인공들이 초단타매매 행위를 줄일 수 있는 거래소를 만드는 등의 대안을 제시하려고 노력했다는 점이다. 초단타매매를 저지하기 위해 그들이 개발한 '과속 방지턱'은 혁신적이었으나 이미 다른 이들이 모방하여 발전시켰다. 닷컴시대 때 오라클의 CEO 래리 엘리슨(Larry Ellison)이 한 말을 빌자면 나는 그들이 사업이 아니라 하나의 특수한 기능을 개발한 것이라고 생각한다. 어쨌든 시장이 증권 거래 위원회가 정한 규정에 따라 결정할 것이고 또 그렇게 해야 한다. 그리고 이상주의적인 신세대 젊은 기업가들

> "대대적인 조직 개편, 신기술 도입, 외국 기업 인수, 정계와의 접촉,
> 이 모든 것들이 흥미진진한 모험이었고 미지의 세계로의 큰 도약이었다."

은 또다시 혁신하고 시장을 발전시키고 더 나은 해결책을 모색하면서 기존의 엘리트 계층을 타도하기 위해 노력할 것이다. 그것이 바로 사업과 시장의 진화이자 삶의 진화이다.

익숙한 세계와 미지의 세계

나스닥에 온 초기에 나는 절벽에서 뛰어내리거나 어떤 경우에는 절벽에서 떨어지는 꿈, 또는 어떻게 땅에 착지할 것인지 혹은 땅에 무사히 착지할 수 있을지조차 모르는 채 허공으로 추락하는 꿈을 꾸곤 했다. 가끔은 대낮에도 그 이미지가 자연스럽게 떠오르기도 했다. 그 당시 내가 어떤 기분이었는지를 단적으로 보여주는 예였다.

나스닥의 CEO로 일하는 것은 모든 면에서 커다란 도약이었다. 대대적인 조직 개편, 신기술 도입, 외국 기업 인수, 정계와의 접촉, 이 모든 것들이 흥미진진한 모험이고 미지의 세계로의 큰 도약이었다. 하지만 10년의 세월이 흐르면서 그와 같은 흥분감은 서서히 줄어들었다. 일은 매력적이었고 나의 관심을 사로잡았다.

나는 나스닥의 성장과 성공에 진심으로 기뻐했다. 나는 커다란 문제에 매달려 그것을 해결하고 회사가 계속해서 성숙해가는 모습을 지켜

보는 만족감을 알게 되었다. 하지만 서서히 그때의 기본적인 흥분감과 모험심은 잦아들었다. 자신의 발밑에 땅이 보이지 않을 때 미지의 세계에 대한 흥분은 진실이다. 그러나 나는 이제 기본적으로 미래가 어떻게 전개될지 볼 수 있었다. 나는 그 지역에 익숙해져 있었다. 나는 우리 모두가 어떤 모습으로 살게 될지 알고 있었다.

어떤 면에서는 블록체인, 비상장 주식시장, 선물 시장 등 나스닥의 다음 10년의 성장을 이끌어갈 아이디어와 기술 발전을 추구하며 미래에 집중함으로써 새로운 도전에 대한 나의 요구를 충족시켰다. 나스닥의 사업이 상대적으로 안정적이었기 때문에 내가 조직 내에서 방치될 수도 있었던 분야를 한 단계 발전시킬 수 있는 여유가 있었던 셈이다. 그런 분야는 눈에 띄는 문제가 발생하지는 않았겠지만 내가 만족할 만한 성과를 보여주지는 못하고 있었다. 그 시절 내가 가슴에 새겼던 경구는 '무엇인가가 꼭 맞아떨어진다는 생각이 들지 않으면 잘못된 것이다'였다. 훌륭한 경영자는 항상 사람들과 절차, 그리고 기술을 향상시키기 위해 고민해야 한다.

이 모든 활동들은 나의 전면적인 관여와 전문성이 요구되었으나 초기의 새로움과 흥분이 사라짐에 따라 나는 나스닥을 퇴직한 이후의 나의 삶에 대해 고민하기 시작했다. 나스닥이 번창하는 것을 바라보는 것만으로도 그 자체가 보상이었지만 나스닥이 아주 안정적으로 잘 운영될수록 내가 나스닥을 떠날 때가 다가오고 있다는 생각이 더 많이 들었다. 최소한 내가 나스닥을 떠난 뒤 나의 자리를 누가 채울 것인지에 대해 진지하게 고민해야 할 때가 다가오고 있었다.

● **일단 경쟁력을 확보하고 나면 안일함에 맞서 싸워야 한다**

　기업이 시장의 원리 속에서 위협을 받고 있을 때 발전동기가 자연스럽게 생겨난다. 위협이 사라지고 나면 변화와 혁신을 도모할 새로운 방법을 찾아야 한다.

● **일시적인 등락에 신경 쓰지 말고 장기적인 추세에 신경 쓰라**

　커다란 변화는 시간이 걸린다. 올바른 방향으로 가고 있다면 얼마나 빨리 가고 있는지는 그다지 중요하지 않다.

● **혁신을 위한 안전한 공간을 마련하라**

　비용을 인식하는 문화 속에서는 혁신이 뿌리를 내리기가 힘들다. 문화와 예산, 조직체계 속에 새로운 아이디어가 싹터서 자랄 수 있는 혁신을 위한 별도의 안전한 공간을 반드시 마련하라.

CHAPTER 13

뒤돌아보지 마라

◆

나스닥, 차기 CEO로 아데나 프리드만 내정
〈로이터〉, 2016년 11월 14일

"당신의 커리어에서 가장 큰 성과는 무엇이라 생각하나요?"

2014년 워싱턴 DC에서 열린 증권 트레이더 협회 컨퍼런스의 금융 부문에서 샌들러 오닐앤파트너스(Sandler O'Neill and Partners)의 수석 분석 가인 리치 레페토(Rich Repetto)가 무대 위에서 내게 던진 질문이었다. 내가 무대에 오르기 바로 직전에 무대에 올랐던 뉴욕 증권 거래소 사장 토마스 팔리(Thomas Farley)가 받은 질문과 동일한 질문이었다. 팔리와 나는 둘 다 선가드에서 일한 경력이 있는 친구이자 동료였다. 그는 몇 분 동안 그의 커리어를 세심하게 반추했고 나는 그가 이루어낸 일들에 깊은 인상을 받았다. 하지만 내가 그 질문을 받았을 때는 다른 접근법을 취했다.

"제가 과거를 그런 식으로 반추하기 시작한다면 그때가 바로 이사회에서 새로운 CEO를 찾아야 할 때이죠."

나는 수백 명의 사람들이 지켜보는 가운데 놀란 질문자에게 이렇게 선언했다. 나는 실제로 그렇게 생각했다. 과거를 곱씹어 생각하고 있는 순간 그 사람은 미래에 집중하고 있지 않은 것이다. 어제 성공했다고 해서 내일의 성공도 보장되어 있는 것은 아니다. 과거를 더 많이 생각해야 하는 때가 올 것임이 분명하지만 내가 CEO로 일하는 동안은 아니다.

나스닥에서 나는 우리가 이룬 성과에 대해 생각하기 보다는 경영자로서 안주하지 않고 나스닥이 경쟁력 있고 혁신적인 기업으로서의 우위를 잃지 않는 방법을 생각하는 데 더 많은 시간을 할애했다. 나는 우리 팀에게 자기만족에 빠지지 말 것을 강조했고 나 자신에게도 그랬다. 스스로 경계하지 않는다면 개인적으로나 조직적으로 과거의 성공이 미래의 성공에 부담이 될 것이고 성공이 크면 클수록 그 부담도 커질 것이다.

2003년 나스닥을 침체에서 구해낸 것에 대해 자부심을 느끼지 않는다는 것은 아니다. 하지만 그것은 10년도 더 된 이야기이다. 나스닥은 다른 기업이 되어 있었고 나도 더 나이가 들었다. 금융 업계도 변화했다. 2003년의 로버트 그리필드가 2014년의 어려움에도 잘 대처하리라는 보장은 없었다. 그렇다. 나는 많은 경험을 얻었고 그것은 두말할 필요 없이 굉장한 혜택이었다.

나는 일상적인 경영 업무를 처리할 때 더 효율적으로 일했다. 나는 시장의 부침을 지켜봐왔다. 회사의 안팎도 샅샅이 파악하고 있었다. 업계의 대표 인물들과도 친분이 있었다. 내 지혜와 기술 수준은 해를 더해감에 따라 높아졌다. 그러나 공개 기업의 CEO로 소속되어 일하기 위해서는 지속적으로 현재와 미래에 적합한 사람이 되어야 한다. 계속해서, 해마다. 어쨌든 기회에 목말라 있는 경쟁력 있는 사람들은 아주 많이 있다. 매년 나는 경기에서 현재와 미래의 도전에 준비가 되어 있는 1등이 되기를 원했다.

나는 또한 나스닥의 성공을 당연하게 받아들이는 오류에 빠지고 싶지 않았다. 미리 정해져 있는 운명이란 없었다. 매일 새롭게 획득해 나가야 하는 것이었다. 우리가 과거에 행한 일의 탄력으로 현재까지 뭔가를 지속하고 있다고 해도 그것이 갑자기 멈춰 서지 말라는 법은 없었다. 우리가 자칫 뒤처질 수도 있는 위치에 놓여 있다는 것을 분간하기란 불가능했다.

나는 항상 성공과 실패는 얇은 동전의 양면과 같다고 생각했다. 정말로 성공과 실패 사이의 경계선은 우리가 상상하는 것보다 가느다란 선일지도 모른다. 어쩌면 우리는 아주 근소한 차이로 성공하고 있는지도 몰랐다. 적어도 나는 우리의 성과에 대해 그렇게 생각했다. 나는 우리가 특권이라도 가지고 있는 것처럼 생각하고 싶지 않았다. 마치 과거의 성과가 항상 성공적인 미래의 전주곡인 것처럼 여기고 싶지 않았다. 성공은 그냥 하늘에서 떨어지는 것이 아니다. 우리는 그것을 얻기 위해 열심히 일했다. 그리고 매일 우리는 그것을 반복해야만 했다. 만약 내가 그 감각을 잃어버린다면 자리에서 물러날 때가 되었다는 뜻일 것이다.

승계 작업 ──────────────────────────────●

과거에 대해서는 많이 생각하지 않는 반면 나는 미래에 대해 생각하는 시간이 많았고 특히나 내가 퇴임하고 난 이후의 미래에 대한 생각을 많이 했다. 좋은 승계 계획은 책임 있는 CEO에게는 필수적인 부분이다. 많은 경우 책임을 게을리 하기도 하지만 승계 작업은 모든 이사회가 가장 큰 권한을 가지고 지휘하는 일이다.

나는 나스닥에서의 내 자리를 물려줄 인물을 찾기 위해 더 믿을 만한 계획이 필요하다고 생각했다. 내 생각에 이 자리에 가장 적합한 인물은 아데나 프리드만이었다. 2003년에 그녀를 처음 승진시킨 이후, 나는 아데나가 재능 있는 젊은 임원에서 역량 있고 경험 많은 업계의 리더로 성장하는 모습을 지켜봤다. 그녀가 칼라일로 가고 난 뒤부터 내 마음속 한편에는 언젠가 그녀가 이상적인 나스닥의 차기 CEO가 될 것이라는 생각이 줄곧 자리 잡고 있었다. 그래서 2014년 초에 나는 그녀를 불러냈다. 우리는 비 내리는 밤에 맨해튼에 있는 한 레스토랑에서 만났다. 나는 내가 뭔가를 설득하는 입장이 아니라면 저녁 식사 자리를 가지지 않는다는 개인적인 원칙을 가지고 있었다. 아데나는 그런 나를 잘 알고 있었으므로 내가 뭔가 중요한 이야기를 꺼내려는 것임을 눈치 챘을 것이다.

나는 2~3년쯤 더 나스닥에 있을 계획이며 그 후에 내 뒤를 이을 인물로 그녀를 마음에 두고 있다고 설명했다. 나는 그녀에게 회사로 돌아오는 것을 고민해보라고 말하고 그녀가 돌아온다면 이사회의 지지를 이끌어낼 수 있도록 돕겠다고 말했다. 어떤 보장도 해줄 수 없었고 개인적으로나 공적인 약속을 할 수는 없었지만 나는 아데나가 내 후임으로 적합한 인물이라는 것을 이사회에 설득할 기회를 그녀에게 주기 위해 내 권한 내에서 최선을 다하겠노라고 확언했다.

아데나는 내 제안에 관심이 있어 보였고 나도 희망을 가질 수 있었다. 그러나 나는 그녀가 대규모의 복잡한 기업을 운영하는 부분에서 경영 경험을 더 쌓기를 바랐다. 칼라일은 여러 개의 운영 본부들이 모여 있는 형태여서 그녀가 그곳에서 재무 분야를 감독했다 하더라도 그것이 매출을 발생시키는 사업체 운영의 구석구석을 모두 경험한 것에 비할 수는 없었다. 그녀는 나스닥에서 최고재무책임자와 전략본부 부사장을 역임했고 데이터와 인덱싱 사업을 훌륭히 운영했다. 따라서 나는 그녀가 CEO로서의 역할을 할 수 있다고 확실히 자신했지만 그래도 스스로를 발전시킬 시간이 필요했다. 나는 그녀가 그렇게만 해준다면 이사회에 가장 강력한 지지자로 나서겠다고 말했다.

우리는 대화를 나누며 전략을 짰다. 식사를 모두 마칠 즈음 그녀가 이 제안을 거절할 수 없다는 확신이 생겼다. 그 후 몇 주 그리고 몇 달 동안 우리는 세부 계획을 짰고 그녀는 칼라일의 업무를 정리한 후 공식적으로 사임했다. 나는 칼라일의 CEO인 데이비드 루벤스타인에게 개인적으로 전화해 아데나가 나스닥으로 돌아오는 이유를 설명했다. 칼라일은 나스닥에 상장한 기업이었으므로 나는 그들에게 예우를 갖추고 싶었다. 나는 그에게 아데나가 원리버티 플라자로 돌아오는 이유를 내가 이해하는 선에서 말해주었다.

그는 기뻐하지는 않았지만 너그럽게 이해해 주었다. 그는 아데나를 잃을 수밖에 없는 상황을 받아들인 것 같아 보였다.

"아데나는 칼라일에서 아주 일을 잘 했어요. 그래서 보내는 건 아쉽지만, 저희가 몇 년 동안 그녀의 능력을 빌린 것으로 생각해야겠지요"라고 그는 수긍해 주었다.

2014년 5월 12일, 아데나가 나스닥으로 돌아오는 것이 공식화되었다. 가까이에서 지켜보는 사람들에게는 그녀가 유력한 차기 CEO 후보자임이 분명해 보였다. 한 신문은 "나스닥에 재합류한 아데나 프리드만 차기 CEO 유력 후보로 급부상"이라는 헤드라인으로 그녀의 행보를 보도했다. 그녀의 공식적인 새 직함은 글로벌 기업 및 정보기술 솔루션 부문 사장이었다. 나는 마그누스 뵈커(OMX의 전 CEO)가 회사를 떠난 이후로 '사장'이라는 직함을 사용하지 않았지만 지금이 그 직함을 다시 꺼내서 사용할 적당한 순간인 것 같았다. 그와 동시에 나는 한스-올레 요쿰센을 현재의 거래 처리 부문 부사장에서 공동 사장으로 승진시켰다. 그 역시 CEO 자리에 대한 열망이 있었을 테고 그는 당연히 자격 있는 좋은 후보자였다. 하지만 나는 그에게 회사에 인사이동이 생기게 된다면 아데나가 확실한 유력 CEO 후보라는 점을 확인시켰다.

2015년 초 아데나는 나스닥의 모든 사업 부문을 총괄 운영하는 최고운영책임자가 되었다. 나는 최고운영책임자를 둔 적이 없었다. 항상 매출이 발생하는 사업부들을 감독하는 것을 내 일의 일부로 간주했었다. 하지만 아데나에게 그 책임을 넘겨주는 것은 승계 작업의 일환이었다. 그런 방식으로 권력 승계를 진행함으로써 이사회에서 외부 인사 영입을 고려하지 않게 하는 동시에 아데나가 그녀의 경영자로서의 자격을 증명할 수 있게 하기 위함이었다. 이 무렵 매출이 발생하는 나스닥의 모든 부문들은 아데나에게 유리한 결과를 내주었다. 만약 아데나가 차기 CEO 후보라는 사실을 의심하는 사람이 있었다면 그때 그 의심은 말끔히 사라졌다. 월스트리트의 다른 대기업 출신의 출중한 능력을 자랑하는 서너 명의 인물이 나스닥 CEO 자리에 지원할 의사를 표시했지만 당시 내 생각은 다른 고려는 불필요하다는 것이었다.

다시 가족의 품으로

2016년 후반까지 나는 마침내 나스닥 CEO 자리에서 내려올 준비가 모두 되어 있었다. 나지막한 목소리가 내 귀에 이렇게 속삭이고 있었다.

"이제 떠날 때가 되었어."

이유가 뭐지? 사실 이유라고 할 것은 없었다. 2016년을 떠나야 할 적합한 시기로 만들어 준 여러 가지 요소들이 있었다. 나는 나스닥에서 거의 14년 동안 근무했고 그 시간은 국제시장에서는 대단히 긴 시간이었다. CEO가 그렇게 오래 자리를 지키는 경우는 드물다. 나는 이사회의 지지와 우리 팀의 지원, 그리고 일찍이 다른 CEO들이 달성하지 못한 실적을 올렸기 때문에 오랜 근무가 가능했다. 어느 분야에서나 경영자가 그 자리를 떠나기란 어렵다. 나는 너무 많은 CEO들이 자리에서 물러나는 데 어려움을 겪고 그 자리의 함정, 즉 권력, 지위, 인정, 특전, 세상의 관심, 지원 조직, 자신이 우주의 중심인 것 같은 느낌 등에 빠지

> "나는 앞을 바라보며 다음 모퉁이를 돌면 무엇이 있을지
> 볼 수 있다는 것에 항상 자부심을 느꼈다."

는 것을 보았다. 나는 그런 함정에 빠지고 싶지 않았다. 때가 되었다면 떠나는 것이다. 그렇지 않은 척 가장하는 것으로 얻을 수 있는 것은 아무것도 없다. 나는 앞을 바라보며 다음 모퉁이를 돌면 무엇이 있을지 볼 수 있다는 것에 항상 자부심을 느꼈다. 그래서 내가 일을 잘하고 그 일에 익숙해졌다고 해서 그것이 내가 여전히 그 일을 할 최고의 적임자임을 뜻하는 것은 아니었다. 내 마음은 작별인사를 해야 할 때임을 알고 있었다.

나스닥은 점점 더 규모가 커지고 성공 가도를 달려감에 따라 다른 기업이 되었다. 나는 나의 능력을 잘 알고 있었고 내가 나스닥의 CEO로서 능숙해지는 동안 회사가 성장하고 우리의 경영진이 더 경륜 있고 효과적인 팀으로 발전하게 되자 나는 어느 시점에 나를 나스닥의 생존에 있어 꼭 필요한 사람으로 만들어 주었던 자질들이 이제 더 이상 중요하지 않아졌다는 생각이 들었다.

나의 능력들이 나스닥이 절실히 필요로 하는 것과 기가 막히게 잘 맞아 떨어진다고 느껴졌던 때가 있었다. 나는 새로운 거래 기술이 모든 거래소들을 어려움에 빠뜨릴 때 나스닥이 중요한 시기를 무사히 지나올 수 있도록 길잡이 역할을 할 수 있었다. 어떤 면에서 우리는 그 힘든 터널을 빠져나와 더 번창하게 된 대기업의 첫 번째 사례였다.

오해하지는 마시라. 나는 2003년에 다른 사람이라면 그 일을 성공적으로 해낼 수 없었을 것이라고 가정할 만큼 오만하지는 않다. 하지만 내가 그 시기에 적임자였던 것 또한 사실이라고 생각한다.

나스닥이 성장해 새로운 성숙한 기업으로 거듭나자 나는 오히려 덜 필요한 사람처럼 느껴졌다. 내 경영진도 성장해 뛰어난 능력과 경험을 겸비한 영향력 있는 그룹이 되었다. 경영진 주간 회의 때마다 나는 그들의 독립성과 선견지명, 기량에 감복했다. 그들이 점점 나를 필요로 하지 않는다는 것이 분명해졌다.

내 성과에 대해 내가 스스로 평가할 때 사용하던 방식은 나스닥의 주주인 로버트와 CEO 로버트 사이의 마음속 대화였다. 나스닥 주주인 로버트는 CEO 로버트가 아직도 그 직무에 적합한지 더 이상 100% 확신하지 못했다. 내 마음속에서 주주 로버트는 이렇게 말하는 것 같았다.

"지금까지 훌륭히 잘 해냈어. 그래도 모든 일은 끝이 있는 거야. 아데 나에게 앞으로 나스닥을 이끌어갈 기회를 주도록 해."

가족들에 관한 걱정도 있었다. 내가 처음 나스닥에서 일을 시작했을 때 매일 밤 나는 줄리아와 세 아이들이 있는 나의 집으로 돌아왔고, 그들과 함께하는 시간은 항상 과중한 업무에서 잠시 해방되는 기분 좋은 시간이었다. CEO로서 부담을 짊어지고 있었지만 가족은 내 삶의 중심이었고, 줄리아와 나는 수많은 즐거운 시간들과 시련, 그리고 바비, 그레그, 케이티를 키우는 기쁨을 함께 경험했다.

힘든 일이 없었던 것은 아니었다. 나는 가족들을 위해 시간을 내려고 항상 노력했지만 공개 기업의 CEO로서 업무에서 완전히 해방되는 일은 없으며 집에 있을 때조차도 완전히 가정생활에 전념할 수 없는 경우가 대부분이었다. 그야말로 정신적으로는 주 7일 하루 24시간 근무체제였다. 나는 임원들에게 우리의 직종에서는 진정한 일과 생활의 균형이란 없다고 말하곤 했다. 오히려 그보다 더 적절한 접근법은 일과 생활을 통합시키려는 시도였다.

가정생활과 직장생활이 양쪽 다 건강하게 작동하는 관계를 만드는 것이다. 이럴 때 지원해 주는 가족의 존재는 아주 중요하다. 저녁식사 중 긴급한 전화가 왔을 때, 혹은 가족 모임 중 내가 온통 다른 곳에 마음을 빼앗기고 있을 때 그것을 감내해 준 내 가족에게 감사한다. 남자가 맡아야 했던 일상적인 책임들도 줄리아가 모두 떠맡을 수밖에 없었다. 그것은 우리가 한 선택이자 일에 전념하려면 불가피하게 포기해야 하는 부분이었다. 요즘 잘 자라준 우리 아이들을 기쁘고 자랑스러운 마음으로 바라보고 있노라면 나는 줄리아가 아이들의 발전에 커다란 역할을 해준 것에 다시 한 번 감사한다.

세 아이들이 모두 자라 대학에 입학하고 20대라는 인생의 새로운 단계로 접어들게 되자 아이들과 나 사이의 역학 관계는 자연스럽게 바뀌었다. 언제부터인가 내가 쉴 때 갑자기 아이들이 항상 그 자리에 없었다. 실제로 아이들과 시간을 함께 보내고 싶을 때면 내가 그들의 바쁜 스케줄에 맞춰야 했다! 상황이 역전된 것이다. 120억 달러 가치의 기업을 운영하며 전 세계로 출장을 다닐 때에는 어림도 없는 일이었다. 60세 생일이 다가오자 시간이 너무 빠르게 지나가고 있으며 자신의 삶이 몇 년이나 남아 있는지 누구도 장담하지 못한다는 사실이 어느 때 보

> "나는 내가 가진 것을 사회에 되돌려줄 시간도 필요했다.
> 그것은 교육과 기회였다."

다도 피부에 와 닿았다. 남은 시간 중 일부는 계속해서 우리 아이들의 삶과 미래의 손자들의 삶과 함께하는 데 쓰고 싶었다.

내가 출장을 가고 장시간 일하는 동안 줄리아는 아이들을 학교에 보내고 집에 혼자 남아 있었다는 것도 알고 있었다. 그녀는 오랜 세월 동안 내 일을 위해 많은 것을 희생했다. 이제는 내가 그녀의 곁에 있어 줘야 할 때였다. 줄리아가 잠에서 깨기도 전에 출근한 아침이 너무도 많았다. 더욱이 나의 부모님께서도 점점 늙어가고 계셨다. 부모님은 나를 위해 너무 많은 일들을 해주셨다. 이제는 부모님께서 여생을 살아가시는 동안 내가 그분들을 위해 뭔가를 해야 할 차례라는 생각이 들었다.

나는 내가 가진 것을 사회에 되돌려줄 시간도 필요했다. 40여 년간 아주 성공적인 커리어를 쌓아온 만큼 평생 쓰고도 남을 만큼의 돈을 벌었고 그중 일부는 다른 이들을 돕고 내가 중요하다고 생각하는 대의명분을 지원하는 데 써야 할 시간이 되었다. 나는 내가 열정을 가지고 있는 특정 분야에 집중적으로 기부하기로 결심했다. 그것은 교육과 기회였다. 경제적으로 안 좋은 환경에 놓여 있는 이들이라고 해서 상층부로 올라가려고 하는 아메리칸드림의 정신을 가질 수 없어서는 안 된다고 믿는다. 나는 나와 같이 형편이 안 좋은 집에서 자랐지만 재능 있고 발전을 갈망하는 이들에게 기회를 제공하는 데 내 부의 일부를 사용하기를 원했다. 나는 뉴욕 대학교 졸업생으로서 처음에 뉴욕 대학교 스턴 비즈니스 스쿨을 이 일을 할 수 있는 좋은 창구로 선택했다. 스턴 비즈니스 스쿨 학생들 중 30%가 저소득 계층 가정의 학생들로 연방 정부의 무상 장학금을 받고 있었다. 나는 내 기부금을 좋은 교육을 받을 만한 재능과 의욕은 가졌지만 꿈을 실현하는 데 필요한 주요 자원이 부족한 학생들에게 직접 전달할 수 있었다. 현재 우리 가족 재단은 재능 있고 발전 가능성은 많지만 어려운 환경에 놓여 있어 전혀 혜택을 못 받는 어린이들을 돕는 계획에 투자를 더 확대하고 있다. 우리는 기회의 사다리에 가로대를 더 놓아서 조금 더 쉽게 목표에 이르게 해주려고 노력하고 있다.

마지막으로 너무 열심히 일하고 있을 때는 이용할 수 없는 방식으로 나는 성공의 결실을 만끽하고 싶었다. 나는 세계 곳곳의 컨퍼런스 행사장 내부에는 들어가 봤지만 행사장 주변의 문화와 풍경에 내 자신을 온전히 내맡기고 그것을 즐길 기회는 거의 가져본 적이 없었다. 나는 아내와 가족들과 함께 더 많은 시간을 보내는 것을 기대하고 있었다. 자전거도 타고 골프 실력도 향상시키고 세계를 누비고 다니면서 수 년 동안 내가 얻은 많은 친구들 및 동료들과 함께 즐거운 시간을 보내고 싶었다.

오해는 하지 마시라. 나는 일을 그만두는 것은 아니었다. 단지 그 직무와 관계된 모든 부담을 내려놓고 CEO 자리에서 물러나는 것일 뿐이었다. 나는 현재 내 전문 분야를 훨씬 벗어나는 일일지라도 여전히 새로운 일을 시도하고 새로운 도전을 감행하기를 원했다. 나는 USATF 재단의 창립자이자 회장이었고 10년이 넘는 기간 동안 우리나라의 어린 육상 유망주들을 지원하면서 성취한 일들이 자랑스러웠지만 발전의 여지는 더 있었다. 뿐만 아니라 나는 기업가적 근성을 살려서 회사 창업을 돕는 일이나 젊은 기업을 건설하는 일도 하고 싶었다. 나는 다시 갑자기 나타난 훼방꾼이 되어 젊은 혁신 기업가들에게 멘토 역할을 하고 싶어 몸이 근질거렸다. 그리고 마침내 지난 시간을 더 직접적으로 반추하기 시작하면서 책 집필을 고려하게 되었다.

우리는 2016년 11월 14일 인사 발표를 했다. 아데나는 2017년 1월 1일부로 내 후임자로 공식 지명되었다. 발표가 있기 바로 전 주말에 나는 나스닥 직원들에게 편지를 쓰기 위해 집에 있는 내 서재에 앉았다. 그리고 좋은 와인을 잔에 따라 한 모금 마시는 동안 생각이 바뀌었다. 머리가 맑고 향수에 빠질 위험이 덜한 아침에 쓰기로 마음먹었다. 아침에 해가 뜨자 나는 펜을 들고 지금이 내가 CEO 자리에서 물러날 적기임을 뒷받침할 만한 다양한 사유들을 생각해 보았다. 하나의 진실이 다른 것들보다 두드러져 보였고 그것이 내가 떠나야겠다는 생각을 강화해준 것 같았다. 그것은 바로 시간은 한정적인 소중한 자원이며 우리가 나이가 들어감에 따라 그 사실을 더욱 뼈저리게 느끼게 된다는 진실이었다.

나는 다음과 같이 적었다.

"제가 깨닫게 된 것은 시간을 어떻게 소비할 것인가를 결정하는 기회비용은 선형적으로 증가하는 것이 아니고 스스로 남아 있다고 가정하는 날짜 수가 줄어듦에 따라 로그 함수처럼 증가한다는 것입니다…….

> "나스닥은 절박한 생존에서 진정한 번영으로의 자신의 길을 찾았다.
> 그리고 내가 그 놀라운 변화의 중심에 서 있었다는 사실이 자랑스러웠다."

심사숙고와 논의 끝에 CEO 자리는 항상 무한하고도 종합적인 책임을 짊어져야 하는 자리라는 점을 이해하며 줄리아와 나는 지금이 더 균형적인 내일을 계획해야 할 적당한 시기라고 결정했습니다."

나는 체격도 좋았고 건강했으며 정신적으로도 날카로움을 유지하고 있었지만 60세가 다가옴에 따라 앞으로 살아갈 날들의 수는 줄어들고 있었다. 나는 그 시간을 다른 일들을 하면서 보내고 싶었다. 나는 나스닥의 CEO로 일하는 것이 진심으로 행복했다. 하지만 시간은 쉬지 않고 흐르고 있었고 아데나는 모든 시험에서 통과했고 모든 기준을 넘어섰으며 내가 요구한 모든 일들을 해냈다. 이사회에서는 내 추천을 받아들였고 그녀를 선택했다. 이제 그녀가 훌륭한 조직의 미래를 바꿀 결정권을 거머쥐어야 할 때였다.

인사 발표가 나자 우리는 원리버티 플라자 50층에 모여 샴페인을 터뜨리며 축하연을 벌였다. 변화 발전과 함께 이별도 있는 아름답고도 씁쓸한 축하의 순간이었다. 나는 원리버티 플라자라는 강철 대들보를 상대로 경영자로서의 첫 경험을 했고 완전히 새로운 사람, 더 현명한 사람이 되어 이곳을 떠난다. 나스닥 또한 절박한 생존에서 진정한 번영으로의 자신의 길을 찾았다. 그리고 내가 그 놀라운 변화의 중심에 서 있었다는 사실이 자랑스러웠다. 나는 내 인생에서 가장 빛나는 시기를 조직에 바쳤고 조직은 그에 화답해 주었다.

한 달 남짓 후면 아데나는 CEO가 될 것이다. 나는 나스닥 이사회의 회장으로 잠시나마 아데나가 CEO로서 자리를 잡을 수 있도록 감독할 것이다. 내가 가장 좋아하는 시인인 밥 딜런(Bob Dylan)의 표현을 빌자면 이제 '새 성냥불을 켜고 새 출발을 할 때'였다.

마지막 건배

사직 의사를 발표하고 난 뒤 나는 우두커니 사무실에 앉아 있었다. 모두가 나와 이야기하고 싶어 했지만 나는 더 이상 무슨 말을 해야 할지 몰랐다. 그리고 때마침 전화기가 울렸고 수화기를 통해 하루 종일 들은 인사말이 흘러 나왔다.

"로버트, 나 빈센트네. 오늘 오후 늦게 나랑 한 잔 하는 게 어떤가?"

나는 선가드 근무 시절부터 버투 파이낸셜의 설립자인 빈센트 비올라와 친하게 지냈다. 육군사관학교 출신이자 육군 소령이었던 그는 개인적으로는 친구이자 성공적인 금융 기업의 창립자로, 우리가 처음 만난 후 수년이 지나 부유해졌다. 2009년에 크리스 콘캐논이 나스닥을 떠났을 때 그는(CBOE로 옮기기 전에) 버투로 가서 빈센트와 함께 일했다. 사실 빈센트는 내게 나스닥을 그만두고 그와 함께 일할 것을 수차례 설득한 바 있다. 하지만 그때마다 적당한 시기가 아니라고 생각했다.

오랜 친구에게서 연락이 온 것이 반가운 동시에 사무실을 일찍 빠져나갈 구실이 생겨 안심이 되었다. 나는 조용히 엘리베이터를 통해 빠져나와 빈센트가 두어 명의 친구들과 진을 치고 앉아 있는 구식 이탈리아 레스토랑이 위치한 맨해튼의 동부로 향했다.

"듀워즈 두 잔 주세요."

내가 자리에 앉기가 무섭게 빈센트가 웨이터에게 말했다. 우리 둘이 노동자들의 스카치위스키인 듀워즈를 마시는 것은 오랜 세월 동안의 습관이 되고 말았다. 금융 업계의 두 경영자에게는 두 사람 모두 더 비싼 것을 시킬 형편이 되지 못했던 시절의 암묵적인 합의였다. 우리는 둘 다 노동자 집안에서 자랐다. 그는 브루클린 출신이고, 나는 롱아일랜드 퀸즈 출신이다. 새롭게 부자가 되는 것의 장점은 돈 한 푼 없었던 시절이 어떠했는지 기억한다는 것이다.

"자네의 성공적인 퇴직을 위해 건배."

빈센트는 사신의 잔을 높이 치켜들었고 나도 따라서 내 잔을 들어 올렸다.

"그리고 전해줄 소식이 있네"라고 그는 말을 꺼냈다.

"우리 대통령 당선자께서 내게 육군성장관직을 제안하셨네."

"축하하네. 그것 참 영광스러운 일이군."

나는 축하의 말을 전했고 우리는 다시 건배했다.

나중에 알려진 내용이지만 빈센트는 사업 관계가 너무 복잡하게 얽혀 있어 결국 장관직을 고사하게 됐다. 하지만 그 순산에 그는 그런 제안을 받았다는 사실에 고무되어 흥분해 있었고 후보 지명 발표는 그 다음 달로 예정되어 있었다. 그리고 그는 이미 그의 회사와 관련해 향후 대책을 마련 중이었고 그래서 내게도 연락한 것이었다.

"로버트, 버투로 와서 일하게. 내 대신 회장이 되어 주게. 일이 많지는 않을 거고 대우는 잘 해주겠다고 내가 약속하지. 더그도 자네의 조언과 전문가적 시각을 필요로 할 것이 분명하네."

더그 시푸(Doug Cifu)는 버투의 공동 창립자이자 CEO이며 훌륭한 경영자이자 친구이기도 했다.

나스닥이 내게 과거가 되려고 하는 길목에서 내 삶과 직장생활을 되돌아보니 과거와 미래 모두 하루같이 짧게 느껴졌다. 빈센트의 제안을 생각해보면서 나는 내가 어린 나이에 이런 제안을 받았다면 어떻게 반응했을지 상상해 보았다. 놀랍도록 연봉이 높은 직장인 데다 업무도 부담스러운 일이 아니었다. 내 마음속 한구석에서는 25살의 내면의 목소리가 이렇게 외치고 있었다.

"너 제정신이야? 더 고민할 게 뭐가 있어? 어서 제안을 수락해!"

"고맙네, 빈센트."

나는 말했다.

"그런데 난 자네 제안을 받아들일 수 없네."

빈센트와 나는 항상 더 많은 시간을 함께 보내게 될 날을 고대했다. 그리고 나는 내 인생의 다음 단계에서는 아주 그럴듯한 이사직 자리에 쉽게 이름을 올리고 높은 연봉을 받으며 편안히 앉아 특전을 누릴 수 있을 것임을 알고 있었다. 하지만 그건 내 몫이 아니었다. 나는 절대로 그렇게 살지는 못할 것 같았다. 나는 다른 직장은 필요가 없었다. 나는 이미 세상에서 가장 좋은 직장을 가졌다. 내가 만약 이사직을 수락한다면 그것은 내가 그 회사의 실질적 지분을 보유하고 있어서 회사가 성장하는 것을 돕는 기업가로서의 도전을 정말 좋아하기 때문일 것이다. 그럼에도 나는 더그와 버투의 팀이 얼마나 똑똑하고 유능한지 잘 알고 있었다. 그들과 함께 일하면서 훌륭한 회사를 건설하도록 돕는 것은 흥분되는 일일 것이다. 아마 좋은 결과를 기대하는 것도 가능했을 것이다.

"나는 자네와 협력하여 뭔가를 함께하는 것은 좋다네. 우리 같이 동업을 하도록 하지. 뭘 하면 좋겠나? 우리가 함께 뭘 만들 수 있겠나? 뭘 설립할 수 있을까?"

빈센트와 나는 모든 가능성들을 타진해 보았다. 어느 순간 나이트 캐피탈이라는 이름이 떠올랐다. 버투와 나스닥은 몇 해 전 그 기업을 인수하려고 노력했으나 겟코에 빼앗기고 말았다. 이제는 KCG로 사명이 바뀌어 있었고 인수하기에 때가 무르익어 있었다. 빈센트는 흥분해서 더그에게 전화했다. 더그 또한 열광적인 반응을 보였다.

나는 현재 나스닥의 이사이자 내 친구인 글렌 허친스에게 전화했다. 글렌은 새로운 모험을 찾고 있었고 우리는 이미 협력 가능성을 논의한 바 있었다. 그는 사모펀드 업계에 대한 다양한 지식을 꺼내 놓았다. 그래서 어쩌겠다는 거지? 버투가 입찰할 수 있도록 도울 자금을 구할 수 있지 않을까? 아이디어가 머릿속에서 소용돌이쳤고 더 독한 스카치위스키를 마시자 나는 이미 그 인수에 따른 시너지 효과를 머릿속에 그릴 수 있었다.

그때 전화기가 울렸다. 나는 전화기를 내려다보고는 미소 지었다. 이제는 당연히 일보다는 가족이 우선이었다. 바비가 축하 인사를 하기 위해 전화했다. 우리는 그레그의 전화로 대화가 중단될 때까지 몇 분 동안 대화를 나눴다. 나중에는 마침 그 근처에 사는 케이티에게서 문자 메시지가 왔다. 나는 케이티를 레스토랑으로 불러냈고 우리의 사업 논의는 잠시 뒤로 밀렸다. 케이티가 우리와 함께 앉아 이야기를 나누는 동안 상쾌한 오후의 기운은 어느새 차가운 11월의 저녁 속으로 녹아들어갔다. 내게는 친구들과 가족이 있었고, 사업이 있었고, 새로운 계획도 있었다. 레스토랑에서 나와 내 평생의 사랑 줄리아와 더 많은 시간을 함께 보낼 생각을 하며 집으로 향할 즈음 나는 행복한 남자가 되어 있었다. 그 무엇도 나스닥 시절의 마법을 대신할 수는 없겠지만 멋진 미래가 나를 기다리고 있을 것이다.

마켓 무버

시장을 움직이는 손

초판 1쇄 발행 | 2020년 6월 25일
초판 2쇄 발행 | 2020년 8월 15일

지 은 이 | 로버트 그리필드
옮 긴 이 | 강성실
펴 낸 이 | 박효완
기   획 | 정서윤
아트디렉터 | 김주영
책임주간 | 맹한승
마 케 팅 | 신용천
물류지원 | 오경수

발 행 처 | 아이템하우스
출판등록번호 | 제2001-000315호
출판등록 | 2001년 8월 7일

주   소 | 서울 마포구 동교로 12길 12
전   화 | 02-332-4337
팩   스 | 02-3141-4347
이 메 일 | itembooks@nate.com

©ITEMHOUSE, 2020, Printed in Korea

ISBN 979-11-5777-117-2

■파본이나 잘못된 책은 구입하신 곳에서 바꿔드립니다.

이 도서의 국립중앙도서관 출판예정도서목록(CIP)은 서지정보유통지원시스템 홈페이지(http://seoji.nl.go.kr)와
국가자료공동목록시스템(http://www.nl.go.kr/kolisnet)에서 이용하실 수 있습니다.(CIP제어번호 : 2020021914)